北京四中
红楼通习课

BEIJING SIZHONG HONGLOU TONGXIKE

于鸿雁 白楠茁 著　上册

光明日报出版社

图书在版编目（CIP）数据

北京四中红楼通习课：上下册 / 于鸿雁，白楠茁著. 北京：光明日报出版社，2024.11. -- ISBN 978-7 -5194-8312-8

Ⅰ．G634.303

中国国家版本馆 CIP 数据核字第 2024N295J6 号

北京四中红楼通习课：上下册
BEIJING SIZHONG HONGLOU TONGXIKE

著　　者：于鸿雁　白楠茁

责任编辑：章小可　　　　　　　　责任校对：傅泉泽
封面设计：刘　僮　　　　　　　　责任印制：曹　诤

出版发行：光明日报出版社
地　　址：北京市西城区永安路 106 号，100050
电　　话：010-63169890（咨询），010-63131930（邮购）
传　　真：010-63131930
网　　址：http://book.gmw.cn
E-mail：gmcbs@gmw.cn
法律顾问：北京市兰台律师事务所龚柳方律师

印　　刷：北京华联印刷有限公司
装　　订：北京华联印刷有限公司

本书如有破损、缺页、装订错误，请与本社联系调换，电话：010-63131930

开　　本：170mm×240mm　　　　印　张：27
字　　数：350 千字　　　　　　　插　图：0 幅
版　　次：2024 年 11 月第 1 版　　印　次：2024 年 11 月第 1 次印刷
书　　号：ISBN 978-7-5194-8312-8

定　　价：98.00 元（上下册）

版权所有　　翻印必究

目录

上册

伴你读红楼 1

一　前言及第一、二回 001
　　视频课：红楼梦的开端：两个世界与破除人名恐惧症
　　本节参考答案 011

二　第三、四回 013
　　视频课：荣国府的院落布局
　　本节参考答案 022

三　第五、六回 025
　　视频课：两个进府的孩子
　　本节参考答案 031

四　第七、八回 035
　　视频课：从英莲到香菱

本节参考答案 045

五　第九、十回 049
视频课：贾府的义学
本节参考答案 055

六　第十一至十五回 061
视频课：宁国府管理五病
本节参考答案 069

七　第十六至十八回 075
视频课：元春之泪
本节参考答案 088

八　第十九至二十二回 093
视频课：小儿女真性情
本节参考答案 105

九　第二十三至二十八回 117
视频课：宝钗扑蝶与黛玉葬花
本节参考答案 131

十　第二十九至三十二回 139
视频课：宝玉的真心话大冒险
本节参考答案 152

十一　第三十三至三十六回 ················ 159

　　视频课：躺枪的薛蟠

　　本节参考答案 ························ 175

十二　第三十七至四十二回 ················ 183

　　视频课：两家礼物的对比

　　本节参考答案 ························ 200

下册

十三　第四十三至四十八回 ················ 213

　　视频课：凤姐的强与弱

　　本节参考答案 ························ 230

十四　第四十九至五十四回 ················ 237

　　视频课：贾母心中的孙媳妇

　　本节参考答案 ························ 256

十五　第五十五至六十一回 ················ 265

　　视频课：两种情深

　　本节参考答案 ························ 287

十六　第六十二至六十九回 299
　　　视频课：宝玉的朋友圈
　　　本节参考答案 312

十七　第七十至八十回 325
　　　视频课：抄检大观园的情理事由
　　　本节参考答案 353

十八　第八十一至九十八回 367
　　　视频课：红楼叙事中的悲喜交转
　　　本节参考答案 378

十九　第九十九至一一四回 387
　　　视频课：宝玉在大观园生活了多长时间
　　　本节参考答案 399

二十　第一一五至一二〇回 405
　　　视频课：假作真时真亦假
　　　本节参考答案 415

伴你读红楼

《红楼梦》是中国古典小说的高峰之作。近三百年里，流传一直绵延不绝，"红学"生命力蓬勃强健。2019年，《红楼梦》整本书阅读进入部编本普通高中语文教材，成了青少年的必学内容。

然而，要体味《红楼梦》在文学史上的"高峰"成就，是非常有难度的。《红楼梦》体量大，且人物多，即便曹雪芹已经在第二回和第五回进行了温馨提示，像剧本一样贴心地列出"人物表"和"人设"，又反复帮助读者进行总结和复习（如第五十三回里的"除夕祭宗祠"），还时不时帮助我们梳理人物形象特点，如第五十六回王熙凤和平儿对姐妹们的评价、第六十五回贾琏小厮兴儿向尤二姐汇报府内诸人的情况，但这样的文字，需要多阅读几遍后才能发现其妙处和作用。学生初读时认真严肃地准备了小本，却发现小本太小，"跨越了三页，也没搞明白人物关系"，不免望洋兴叹："到底要怎么样才能捋清他们家各个人的亲戚关系啊，我是一个连我自己家亲戚关系都捋不清的人啊。""初读《红楼梦》，真是感到无聊透顶，仅看到了刘姥姥进贾府便再也没兴趣往下翻一页了，觉得整个故事平淡无奇还拖拖沓沓。"即便硬"努"，学生在"乖巧"地往前推进时，也往往是云里雾里，八十回结束了，王熙凤到底是谁的妻子、"薛小妹"是薛宝钗还是薛宝琴，仍然弄不清楚。

可是，谁不知道文学世界里有个贾宝玉、林黛玉呢？谁不了解黛玉葬花、宝玉出家的桥段呢？谁没听说过"金陵十二钗"的说法呢？因而，《红楼梦》成了一本极为熟悉的陌生经典。曹雪芹笔下的隐喻、看似平淡文字背后的意蕴、人物形象寄托的精神追求、对作品现实性和悲剧性的理解，要么是观照不到，要么是流于表面化、概念化，只是泛泛言之。

从选文阅读到整本书阅读，基础教育界的一线老师一直在做各种实践探索。高校老师和研究学者的加入，无疑提供了很大帮助，带来更广阔、更前沿的分析视角和理论高度。《红楼梦》的阅读由文学研究领域走向了更有现实意义的文学教育天地。最近几年，无论是研究论文，还是讲读《红楼梦》的著作，都陆续发表和出版了很多，取得了丰厚的成果。尽管如此，最近几年中、高考语文试卷里增加的整本书阅读考查内容，还是让很多青少年既为《红楼梦》阅读分数而焦虑，也为不容易进入文本而深感无助。怎样才能更有质量地完成整本书阅读，不仅让学生在面对考查题目时有足够底气，同时让经典成为理解并传承中华民族文化精神的载体，这需要进一步在语文阅读教学上积淀蓄力，设计搭建让学生获得阅读乐趣和成就感的平台。

笔者在2017年版高中语文新课标发布之前，就面向高中学生开设了"中华经典文本细读之《红楼梦》"的校本选修课，在此基础上撰写了十五篇讲稿，与热爱《红楼梦》的读者共享红楼大观。新课标、新教材发布后，笔者也曾多次负责学校乃至市区的《红楼梦》教学备课辅导任务。为了更好地帮助学生持续推进整本书阅读，我们原创了二十个学案，借助题目拟制与作答解析，让学生得以在持续阅读中，感觉到自己被时不时"呼唤"了一下，抖了抖机灵，眼睛和心灵都更清亮了，在文本细读中获得了一些小得意和小确幸，有时甚至还深深沉浸于其中，感受到平淡讲述下的真挚炽热或惊心动魄。

这套学案不仅得到了学校同事的认可，在印制下发给历届学生后，更得到了众多学生的喜爱。同时，还通过多种方式传播到了更多的兄弟学校。为了让全国更多的学生与我们共享这份资源，承蒙鹿柴文化的邀约，我们将学案进行了修订完善，并出版发行。

本套书意在"伴读"——陪伴青少年阅读《红楼梦》，如同当下使用App进行身体锻炼时，总有鼓励的声音在耳边，总有示范的动作可参考，总有清楚的要领来提点。基于多年来对学情的了解和与高中生一起讨论交流的经验，我们明白，只是单纯地让学生捧起《红楼梦》来，并不能期待什么阅读效果，必须得有一些启发性、探究性的问题加以引导，有一些阅读发现放在学生前面加以激发，形成阅读氛围和团队加持，才能使学生读得有动力、有趣味、有成就。

本套书共二十个伴读学案，涉及前八十回的有十七个，涉及后四十回的有三个。每个伴读学案包含的回目数量不尽相同，比如前二十二回共有八个学案，之所以这么多，是因为前二十二回无论在人物、情节、场景、社会背景以及作品主旨上，都具有重要的架构意义，需要多下些功夫，以便于实现后续阅读的顺畅和深入。或者也可以这样说，伴读学案涉及的回目，也代表着我们在帮助大家对整本书阅读进行大段落切分。

学案里的题目，设置了四个部分，分别是"基础了解""阅读进阶""探究提升""真题重现"。第一部分问题指向的是对人物、事件的初步把握；第二部分侧重在文段阅读中进行理解分析，学案中有不少引用，是为了让大家在手边没有原著时也能随手拿起此书来阅读；第三部分"探究提升"，既有作品内容的整体关联、人物形象的多面解读、写作手法的鉴赏分析，也偶有与其他作品勾连起来的对照阅读启发；第四部分，我们加入了真题，让大家了解高考实战中的出题思路。当然，四个部分之间并不特别强调题目难度上的次第高低，因为个体阅读感受的触发点不同，所以不同的学生可能会在同一问题上有不同的难度感受。

需要特别叮嘱的是，前十七个伴读学案的"基础了解"部分里，都有回目抄录的任务。回目是中国古典章回小说的特色，作家为了吸引读者，流传后世，在回目的拟定上呕心沥血。《红楼梦》第一回里，有这样一段话："后因曹雪芹于悼红轩中披阅十载，增删五次，纂成目录，分出章回，则题曰《金陵十二钗》"。这段文字可看作是曹雪芹在标注自己的著作权。现存《红楼梦》有多个版本，有些回目是不一样的。回目异文现象当然有历史上传抄改易的因素，但也可以让我们揣测，在历时十载的著作过程中，作者一直在不断地斟酌回目，琢磨用语，可谓用心良苦。回目笔墨不多，却每有深意。

对读者而言，回目也是阅读作品的必经门径。借助回目，我们可以更好地回放相应的内容、品味作者的情感。因而，希望大家认真对待这个任务，在抄录时要用心用脑，从回目入手，主动开展阅读思辨。同时，鼓励大家尽量记诵一些重点回目，如"第一回 甄士隐梦幻识通灵 贾雨村风尘怀闺秀""第三十三回 手足耽耽小动唇舌 不肖种种大承笞挞""第五十六回 敏探春兴利除宿弊 时宝钗小惠全大体""第七十四回 惑奸谗抄检大观园 矢孤介杜绝宁国府"等。

伴读学案后面，除了个别题目，都附有"参考答案"。本书的"参考答案"，与一般教辅图书中的"答案详解"有本质不同。这里的"参考答案"许多内容是在教学实践中生成的表述，不追求评分标准的一致性，也没有字数的限定。其中帮助同学们进行整本书内容梳理的、实际理解中同学觉得困难的，则答案篇幅长；希望同学们能充分理解、不要错过作者幽深之意的，也会有比较长的答案篇幅。

关于人物形象和主旨分析这类问题的，答案并不完美，甚至有的同学看完后会有不同乃至完全相左的意见，这也没有什么特别令人惊异的，文学上本来就是诗无达诂，而且很多红学研究者在相关问题上也各持己论。所有答案意在启发思考，开拓更高维的审美空间。只要你的解读言之有理，有文本依据，能够自洽，自然也是极好的。

每一个伴读学案中，有十道左右题目，大家可以先阅读《红楼梦》文本后，完成"基础了解"部分，酌情选择第二、三部分中的两三道题目进行作答，之后再浏览全部的题目和对应的参考答案。这也正是我们几乎每道题目都拟制参考答案的动因——即便你没有完成全部题目，也可以在参考答案中获得相关信息。

伴读学案中的题目是为阅读者提供问题探究触角，参考答案是整本书通习支架，我们希望以学案为助力，带动《红楼梦》的阅读，而不是以此取代阅读，将整本书阅读转变为做题。

在拟制问题时，我们尽量让伴读学案呈现序列性、层级性、趣味性、统整性等特点，为充分的自主阅读做底线保障，提高自主阅读的质量。在相应的学案后，还列出了各省市的高考真题，帮助学生了解考查方向和考查形式。

除此之外，《红楼梦》整本书阅读教学当然还需要有声有色的课堂交流。为此，本书特别附赠视频课程，在导读视频里，我们对一些隐含于题目中，或者没有列在题目中的问题进行交流，也是对课堂教学的再现。

面对这样一部流行了两百多年的伟大经典，作为一线中学语文教师，我们由衷地希望通过自己的努力，可以有效地帮助到每一位为《红楼梦》整本书阅读而头疼的当代青少年。事实上，当我们看到学生这样总结自己的阅读成果时："一本《红楼梦》读完，我有了读书的自信""关于《红楼梦》的记忆丰富而明亮，因为我们在阅读中也充实、点亮了自己的青春与成长""整本书阅读就像地理学习一样，要有一个大的尺度观，从不同尺度去观察事物，得出的结果也不一样""这门课对我的影响还有很多，但我想最重要的莫过如是：它带我领略了另一种读《红楼梦》的方法，原来文本细读时，别有洞天"……

作为教师，便感觉到了温暖和幸福。这样的反馈，让《红楼梦》整本书阅读充实而有意义。

希望此书能够陪伴你，助力你的《红楼梦》整本书阅读和相应的考查，让你收获更多宝贵的成长体验。

2024 年 6 月

说明

1. 本书引用的小说文本内容，均出自《红楼梦》（曹雪芹著，无名氏续，人民文学出版社，2022年第4版）。

2. 为了便于读者参阅原文，引文后有具体页码信息。

3. 本书引用的评点，均出自《脂砚斋评石头记》（曹雪芹著，脂砚斋评，霍国玲、紫军校勘，上海三联书店，2011年5月）。

4. 鉴于高考题的实际评分标准是由阅卷现场的专家们在原有参考答案基础上的结合抽取的样卷作答情况讨论后确定的，故而本书不设参考答案，请读者朋友们谅解。

一 前言及第一、二回

第一、二回内容速看

第一回内容：女娲补天时的被弃顽石"无材补天"，他请求茫茫大士和渺渺真人将自己带往俗世红尘经历一番。甄士隐入梦，梦中见到这一僧一道，听到他们谈灵石下凡和绛珠还泪的故事，醒来后梦境消失，在街前遇到癞头和尚和跛足道人。他爱怜女儿甄英莲、济助没落子弟贾雨村。很快，甄家破败，士隐出家。

第二回内容：贾雨村因贪酷之弊，恃才侮上，被参革职，游历至扬州，谋聘为巡盐御史林如海的西宾。林如海正是荣国府的女婿，贾雨村所教授的学生林黛玉是其女儿。学生丧母，他闲居游逛，偶遇故交冷子兴，冷子兴由京都奇异事详说到贾家荣宁二府情况。

红楼梦的开端：两个世界与破除人名恐惧症

一、基础了解

1.《红楼梦》作者_____，主要生活于清朝_____、_____、_____三朝年间。曹家是正白旗人。曾祖父曹玺、祖父曹寅、父辈曹颙和曹𫖯一直深受清朝康熙帝的看重和眷顾，在_____之职上专差久任。直到雍正五年（1727），曹𫖯被抄家败落，曹家祖孙三代在江南先后共历六十余年。

2.《红楼梦》在乾隆初期，作者去世前十多年就已经传抄问世，共有_____回。后半部分由于某种原因未能传抄行世，最终佚失。乾隆五十六年（1791）至五十七年（1792），程伟元和高鹗将后四十回以木活字刻印出版。人民文学出版社的《红楼梦》校注本，总负责人是_____先生。

3. 请将第一、二回的回目抄写在下面。

第一回：_____

第二回：_____

4. 根据第一回内容，回答下列问题。

　　此开卷第一回也。作者自云：因曾历过一番梦幻之后，故将真事隐去，而借"通灵"之说，撰此《石头记》一书也。故曰"甄士隐"云云。但书中所记何事何人？自又云："今风尘碌碌，一事无成，忽念及当日所有之女子，一一细考较去，觉其行止见识，皆出于我之上。何我堂堂须眉，诚不若彼裙钗哉？……编述一集，以告天下人：我之罪固不免，然闺阁中本自历历有人，万不可因我之不肖，自护己短，一并使其泯灭也。……"

（1）本书最初名为《石头记》，其缘由在于：_____
_____
_____。

（2）本书第一回曾借助"作者自云"，道出本书的创作意图。找找看，这个创作意图是什么？
_____
_____
_____。

（3）本书在流传过程中，曾用名有哪些？
_____

（4）关于本书的写作缘起和流传有两首诗词，请尝试将它们默写出来。
_____
_____
_____。

二、阅读进阶

5. 阅读文段，回答问题。

　　当日地陷东南，这东南一隅有处曰姑苏，有城曰阊门者，最是红尘中一二等富贵风流之地。这阊门外有个十里街，街内有个仁清巷，巷内有个古庙，因地方窄狭，人皆呼作葫芦庙。庙旁住着一家乡宦，姓甄，名费，字士隐。嫡妻封氏，情性贤淑，深明礼义。家中虽不甚富贵，然本地便也推他为望族了。因这甄士隐禀性恬淡，不以功名为念，每日只以观花修竹、酌酒吟诗为乐，倒是神仙一流人品。只是一件不足：如今年已半百，膝下无儿，只有一女，乳名唤作英莲，年方三岁。

一日，炎夏永昼，士隐于书房闲坐，至手倦抛书，伏几少憩，不觉朦胧睡去。梦至一处，不辨是何地方。忽见那厢来了一僧一道，且行且谈。

只听道人问道："你携了这蠢物，意欲何往？"那僧笑道："你放心，如今现有一段风流公案正该了结，这一干风流冤家，尚未投胎入世。趁此机会，就将此蠢物夹带于中，使他去经历经历。"那道人道："原来近日风流冤孽又将造劫历世去不成？但不知落于何方何处？"那僧笑道："此事说来好笑，竟是千古未闻的罕事。只因西方灵河岸上三生石畔，有绛珠草一株，时有赤瑕宫神瑛侍者，日以甘露灌溉，这绛珠草始得久延岁月。后来既受天地精华，复得雨露滋养，遂得脱却草胎木质，得换人形，仅修成个女体，终日游于离恨天外，饥则食蜜青果为膳，渴则饮灌愁海水为汤。只因尚未酬报灌溉之德，故其五内便郁结着一段缠绵不尽之意。恰近日这神瑛侍者凡心偶炽，乘此昌明太平朝世，意欲下凡造历幻缘，已在警幻仙子案前挂了号。警幻亦曾问及，灌溉之情未偿，趁此倒可了结的。那绛珠仙子道：'他是甘露之惠，我并无此水可还。他既下世为人，我也去下世为人，但把我一生所有的眼泪还他，也偿还得过他了。'因此一事，就勾出多少风流冤家来，陪他们去了结此案。"

那道人道："果是罕闻，实未闻有还泪之说。想来这一段故事，比历来风月事故更加琐碎细腻了。"那僧道："历来几个风流人物，不过传其大概以及诗词篇章而已；至家庭闺阁中一饮一食，总未述记。再者，大半风月故事，不过偷香窃玉、暗约私奔而已，并不曾将儿女之真情发泄一二。想这一干人入世，其情痴色鬼、贤愚不肖者，悉与前人传述不同矣。"那道人道："趁此何不你我也去下世度脱几个，岂不是一场功德？"那僧道："正合吾意。你且同我到警幻仙子宫中，将蠢物交割清楚，待这一干风流孽鬼下世已完，你我再去。如今虽已有一半落尘，然犹未全集。"道人道："既如此，便随你去来。"

（第一回，页7~9）

（1）《红楼梦》中擅长运用谐音的艺术手法，暗含作者的创作意蕴，请在上述文段中找出相关文字，并标注出谐音的用意。

_____

_____

（2）文中说："趁此机会，就将此蠢物夹带于中，使他去经历经历。"文中提到的"蠢物"，指的是_____。"夹带"，指的是_____。

（3）请用四字概括僧人讲述的灵河岸上三生石畔的故事：_____。在本书中，它与"金玉良姻"的说法，形成了情节上的一大矛盾冲突。

（4）从道人的言谈中，我们可以了解到，本书的故事与历来风月故事不同之处在于：_____。

（5）以你对《红楼梦》的了解，这段对话具体提到的人物是_____、_____。文中说"如今虽已有一半落尘，然犹未全集"。"落尘"的，如_____（请写出人物名），"未全集"的，如_____（请写出人物名）。

6. 根据第一回相关内容，请描述小说中贾雨村刚出场时的人物形象特点。

_____

_____

7. 请尝试背诵《好了歌》及其解注中自己最喜欢的语句，尝试谈谈它们与小说情节的关联。

_____

_____

8. 阅读下面的段落，根据其内容，勾勒贾府家族谱系表。

子兴叹道："正说的是这两门呢。待我告诉你：当日宁国公【甲侧：贾演。】与荣国公【甲侧：贾源。】是一母同胞弟兄两个。宁公居长，生了四个儿子。【甲侧：贾蔷、贾菌之祖，不言可知矣。】宁公死后，长子贾代化袭了官，【甲侧：第二代。】也养了两个儿子：长名贾敷，至八九岁上便死了，只剩了次子贾敬袭了官，【甲侧：第三代。】如今一味好道，只爱烧丹炼汞，【甲侧：亦是大族末世常有之事，叹叹！】【蒙侧：偏先从好神仙的苦处说来。】馀者一概不在心上。幸而早年留下一子，名唤贾珍，【甲侧：第四代。】因他父亲一心想作神仙，把官到让他袭了。他父亲又不肯回原籍来，只在都中城外和道士们胡羼。这位珍爷也到生了一个儿子，今年才十六岁，名叫贾蓉。【甲侧：至蓉五代。】【觉双：至此五代。】如今敬老爹一概不管。这珍爷那里肯读书，只一味高乐不了，把宁国府竟翻了过来，也没有敢来管他的。再说荣府你听，方才所说异事就出在这里。自荣公死后，长子贾代善袭了官，【甲侧：第二代。】娶的是金陵世勋史侯家的小姐为妻。【甲侧：因湘云故及之。】生了两个儿子：长子贾赦，次子贾政。【甲侧：第三代。】如今代善早已去世，太夫人尚在。【甲侧：记真，湘云祖姑史氏太君也。】长子贾赦袭着官；次子贾政，自幼好喜读书，祖、父最疼，原欲以科甲出身的，不料代善临终时遗本一上，皇上因恤先臣，即时令长子袭官外，问还有几子，立刻引见，遂额外赐了这政老爹一个主事之衔，【甲侧：嫡真实事，非妄拥（拟）也。】令其入部习学，如今现已升了员外郎了。【甲侧：总是称功颂德。】这政老爹的夫人王氏，【甲侧：记清。】头胎生的公子，名唤贾珠，十四岁上进了学，不到二十岁就娶了妻生了一子，【甲侧：此即贾兰也，至第五代。】一病死了。第二胎生了一位小姐，生在大年初一，这就奇了。不想次年又生了一位公子，说来更奇，一落胎胞，嘴里便衔下一块五彩晶莹的玉来，上面还有许多字迹，【甲侧：青埂顽石已得下落。】就取名叫作宝玉。你道是新奇异事不是。"【甲眉：一部书中第一人，却如此淡淡带出，故不见后来玉兄文字繁难。】

....

子兴道："便是贾府中现有三个亦不错。政老爹之长女名元春，【甲侧：原也。】现因贤孝才德选入宫作女史去了。【甲侧：因汉以前例，妙。】二小姐乃赦老爹之妾所出，名迎春。【甲侧：应也。】三小姐乃政老爹之庶出，名探春。【甲侧：叹也。】四小姐乃宁府珍爷之胞妹，名唤惜春。【甲侧：息也。】因史老夫人极爱孙女，都跟在祖母这边一处读书，听得个个不错。"雨村道："更妙在甄家之风俗，女儿之名，亦皆从男子之名命字，不似别家另外用这些春红香玉等艳字的。何得贾府亦落此俗套？"子兴道："不然。只因现今大小姐是正月初一日所生，故名元春。馀者方从了春字。上一辈的，却也是从弟兄而来的。现有对证：目今你贵东家林公之夫人，即荣府中赦政二公之胞妹，【蒙侧：黛玉之入宁（荣）国府的根源，却借他二人之口，下文便不废（费）力。】她在家时名唤贾敏。不信时，你回去细访可知。"雨村拍案笑道："怪道这女学生读至凡书中有敏字，皆念作密字，每每如是。写字时若遇着敏字，又减一二笔，我心中就有些疑惑。今听你说，的是为此无疑矣。怪道我这女学生言语举止另是一样，不与近日女子相同。度其母必不凡，方得其女。今知为荣府之之孙，又不足罕矣，可其母伤上月竟亡故了。"子兴叹道："老姊妹四个，这一个是极小的，又没了。长一辈的姊妹，一个也没了。只看这少一辈的，将来之东床何如呢！"①

---

① 《脂砚斋评石头记》，上海三联书店，2011，页19~23。

请将下面的家族谱系表补充完整。（画斜线的格子不填。）

第一代	第二代	第三代	第四代	第五代
宁府 宁国公： _____ （名字）				贾蓉 秦可卿
荣府 荣国公： _____ （名字）	贾代善 史太君（贾母）			
		贾敏 林如海		

三、探究提升

9. 第二回里,贾雨村对天地之气"正邪两赋而来"的理论进行了阐述,并列举了很多位历史人物,请你选择一位熟悉的人物,结合书中的内容,谈谈自己的认识。

_____

_____

10. 吴组缃先生曾说,阅读《红楼梦》,"要紧的一条就是先要相信作者曹雪芹在书中说出的意见,发表的议论,但又不可偏信、全信"①。这句忠告提醒我们:第一,要认真读红楼文本;第二,要在阅读中品味言外之意。要做到第二点,需要有一些生活常识和历史知识。如周汝昌先生解读第二回贾雨村和冷子兴见面时的寒暄,如下:

> 他们二人在酒肆一落座,贾雨村便问:"近日都中可有新闻没有?"

今天的读者青年们,看到此句,除了"字面意义",是不会引起什么情怀意味的。但是假使你读过清初周亮工的《书影》(亮工是曹雪芹曾祖父曹玺的座上嘉客,文名甚盛,指点过幼年的曹寅,对曹氏的文学事业有相当大的影响),就知道那时候士大夫的习气,一见面先问:"都中可有甚新闻否?"而这"新闻"者,原本是指京师政治气候,诸如大官要职的升迁罢黜,人事关系的动态行情,等等之类。周亮工说自己家的家规若干条,头一条便是不许朋友见面问"新闻"。雪芹在此处只用开口一句话,就把这位利禄熏心、钻营奔竞的势利小人贾雨村的"精神"写得活灵活现。而且必侯读懂了这层道理,然后才体会出雪芹在本回回末就特写有人呼唤雨村,向他传报都中已有"起复"罢退的旧员的"喜信"

---

① 《〈红楼梦〉的艺术生命》,吴组缃,北京出版社,2020,页2。

了，其用笔之妙、文心之密，不肯细按者自然是读不出什么"意思""趣味"的。①

你在阅读中发现了什么"意思""趣味"没有？请简要谈谈体会。

_____

_____

四、真题重现

2009·江苏高考·简答题

概括说说《红楼梦》"冷子兴演说荣国府"的主要内容。

---
① 《红楼小讲》，周汝昌，北京出版社，2016，页38~39。

本节参考答案

一、基础了解

1. 曹雪芹　康熙、雍正、乾隆　江宁织造

2. 八十　冯其庸

3. 第一回：甄士隐梦幻识通灵　贾雨村风尘怀闺秀
   第二回：贾夫人仙逝扬州城　冷子兴演说荣国府

4. （1）《红楼梦》缘起于一个神话故事：一块被女娲抛弃的无材补天的顽石与入世的神仙一起幻历人间，享受荣华。几世几劫之后，其经历就被刻在了石头上，故名曰《石头记》。（2）为一众优异女子立传，以彰其才识。（3）《情僧录》《风月宝鉴》《金陵十二钗》（4）诗一：无材可去补苍天，枉入红尘若许年。此系身前身后事，倩谁记去作奇传？诗二：满纸荒唐言，一把辛酸泪。都云作者痴，谁解其中味！

二、阅读进阶

5. （1）甄费，字士隐——真废，事隐；甄英莲——真应怜；十里街——势利街；仁清巷——人情巷。（2）顽石　随着神仙投胎入世，一起进到人间，即贾宝玉诞生时嘴里衔着玉。（3）木石前盟（参读第五回里的《红楼梦曲·终身误》）（4）故事更丰富、更细腻，更注重表现人的真情、痴情。（5）林黛玉、贾宝玉　贾元春、贾迎春、甄英莲、薛宝钗、王熙凤等　贾宝玉、林黛玉、贾探春、贾惜春等。

6. 从他的言行和那副对联来看，贾雨村是一个有理想、有抱负、志向高远的读书人；从他的两首诗歌来看，他是一个渴望成功，渴望得到功名利禄，

有野心的人；从他不择吉日起程赶考，接受甄士隐的馈赠也丝毫不感到自卑这一点来看，他还是一个颇有文人大丈夫气概的知识分子，很是洒脱。

7.《好了歌》和《好了歌解注》勾画了荣枯悲欢迅速转递的图景，既以小说情节的依据，也带有人世规律的普遍性。前者如小说中贾府等四大家族的败落，柳湘莲、贾宝玉后来为盗、求乞，贾巧姐流落烟花巷（第五回《红楼梦曲·留馀庆》）等。

8.

第一代	第二代	第三代	第四代	第五代
宁府 宁国公：贾演	贾代化	贾敷（早逝）		
		贾敬	贾珍 尤氏	贾蓉 秦可卿
			贾惜春	
				贾蔷、贾菌
荣府 荣国公：贾源	贾代善 史太君（贾母）	贾赦 邢夫人	贾琏 王熙凤	巧姐
			贾迎春	
		贾政 王夫人	贾珠（早逝） 李纨	贾兰
			贾元春	
			贾宝玉	
			贾环、贾探春 （赵姨娘所生）	
		贾敏 林如海	林黛玉	

三、探究提升

9. 略

10. 略

四、真题重现

略

二 第三、四回

第三、四回内容速看

第三回内容： 贾母接外孙女黛玉入京。林如海托贾雨村陪同，并写信给贾政推举他。黛玉初进贾府谨言慎行，怕被人耻笑。贾母疼爱黛玉。"凤辣子"出场。宝黛初见。

第四回内容： 贾雨村复职补授应天府，上任就遇上薛蟠的官司。薛蟠与冯渊争买英莲，将冯渊打死。贾雨村了解薛、王、贾、史等家族情况后，徇情枉法，胡乱判案。薛蟠与母、妹二人进京，宝钗准备参选公主、郡主的入学陪侍。薛家进入贾府，住在梨香院。

荣国府的院落布局

一、基础了解

1. 请将第三、四回的回目抄写在下面。

第三回：_____

第四回：_____

2. _____ 可称得上是我国最早的报纸，也称 _____，起于汉代。贾雨村在林府得以见此，知道都中奏准起复旧员。

3. 贾雨村是 _____ 的女儿林黛玉的老师，他通过 _____ 的关系攀上了荣国府，得到了 _____ 的帮助。（均填写人名）

4. 阅读文段，回答问题。

　　如海道："天缘凑巧，因贱荆去世，都中家岳母念及小女无人依傍教育，前已遣了男女船只来接，因小女未曾大痊，故未及行。此刻正思向蒙训教之恩未经酬报，遇此机会，岂有不尽心图报之理。但请放心。弟已预为筹画至此，已修下荐书一封，转托内兄务为周全协佐，方可稍尽弟之鄙诚，即有所费用之例，弟于内兄信中已注明白，亦不劳尊兄多虑矣。"雨村一面打恭，谢不释口，一面又问："不知令亲大人现居何职？只怕晚生草率，不敢骤然入都干渎。"如海笑道："若论舍亲，与尊兄犹系同谱，乃荣公之孙：大内兄现袭一等将军，名赦，字恩侯；二内兄名政，字存周，现任工部员外郎，其为人谦恭厚道，大有祖父遗风，非膏粱轻薄仕宦之流，故弟方致书烦托。否则不但有污尊兄之清操，即弟亦不屑为矣。"雨村听了，心下方信了昨日子兴之言，于是又谢了林如海。如海乃说："已择了出月初二日小女入都，尊兄即同路而往，岂不两便?"雨村唯唯听命,心中十分得意。

（第三回,页35~36）

（1）解释文中画线词语。

向:＿＿＿＿＿＿　　修:＿＿＿＿＿＿　　干渎:＿＿＿＿＿＿

致书:＿＿＿＿＿＿　　出月:＿＿＿＿＿＿

（2）在林如海和贾雨村的对话中,指称亲属时有多处谦敬用法,请你找出来,并说出他们的具体身份和名字。

＿＿＿＿＿＿＿＿＿＿＿＿＿＿＿＿＿＿＿＿＿＿＿＿＿＿＿＿＿＿

＿＿＿＿＿＿＿＿＿＿＿＿＿＿＿＿＿＿＿＿＿＿＿＿＿＿＿＿＿＿

＿＿＿＿＿＿＿＿＿＿＿＿＿＿＿＿＿＿＿＿＿＿＿＿＿＿＿＿＿＿

5. 林黛玉进贾府,与众姐妹见面,其中:"肌肤微丰,合中身材,腮凝新荔,鼻腻鹅脂,温柔沉默,观之可亲"写的是＿＿＿＿＿＿；"削肩细腰,长挑身材,鸭蛋脸面,俊眼修眉,顾盼神飞,文彩精华,见之忘俗"写的是＿＿＿＿＿＿；"身量未足,形容尚小"写的是＿＿＿＿＿＿。（均填写人名）

（第三回,页38）

6. "贾不假,白玉为堂金作马。阿房宫,三百里,住不下金陵一个史。东海缺少白玉床,龙王来请金陵王。丰年好大雪,珍珠如土金如铁。"这段话说的是＿＿＿＿、＿＿＿＿、＿＿＿＿、＿＿＿＿四大家族。

（第四回,页58）

二、阅读进阶

7. 阅读文段，回答问题。

　　一语未了，只听后院中有人笑声，说："我来迟了，不曾迎接远客！"黛玉纳罕道："这些人个个皆敛声屏气，恭肃严整如此，这来者系谁，这样放诞无礼？"心下想时，只见一群媳妇丫鬟围拥着一个人从后房门进来。这个人打扮与众姑娘不同：彩绣辉煌，恍若神妃仙子。头上戴着金丝八宝攒珠髻，绾着朝阳五凤挂珠钗；项上戴着赤金盘螭璎珞圈；裙边系着豆绿宫绦双衡比目玫瑰佩；身上穿着缕金百蝶穿花大红洋缎窄裉袄，外罩五彩刻丝石青银鼠褂；下着翡翠撒花洋绉裙。一双丹凤三角眼，两弯柳叶吊梢眉，身量苗条，体格风骚。粉面含春威不露，丹唇未启笑先闻。黛玉连忙起身接见。贾母笑道："你不认得他，他是我们这里有名的一个泼皮破落户儿，南省俗谓作'辣子'，你只叫他'凤辣子'就是了。"

　　黛玉正不知以何称呼，只见众姊妹都忙告诉他道："这是琏嫂子。"黛玉虽不识，也曾听见母亲说过，大舅贾赦之子贾琏，娶的就是二舅母王氏之内侄女，自幼假充男儿教养的，学名王熙凤。黛玉忙陪笑见礼，以"嫂"呼之。

　　这熙凤携着黛玉的手，上下细细打谅了一回，仍送至贾母身边坐下，因笑道："天下真有这样标致的人物，我今儿才算见了！况且这通身的气派，竟不像老祖宗的外孙女儿，竟是个嫡亲的孙女，怨不得老祖宗天天口头心头一时不忘。只可怜我这妹妹这样命苦，怎么姑妈偏就去世了！"说着，便用帕拭泪。贾母笑道："我才好了，你倒来招我。你妹妹远路才来，身子又弱，也才劝住了，快再休提前话。"这熙凤听了，忙转悲为喜道："正是呢！我一见了妹妹，一心都在他身上了，又是喜欢，又是伤心，竟忘记了老祖宗。该打，该打！"又忙携黛玉之手，问："妹妹几岁了？可也上过学？现吃什么药？在这里不要想家,想要什么吃的、什么玩的,只管告诉我;丫头老婆们不好了,也只管告诉我。"一面又问婆子们:"林姑娘的行李东西可搬进来了?带了几个人来?你们赶早打扫两间下房,让他们去歇歇。"

　　说话时,已摆了茶果上来。熙凤亲为捧茶捧果。又见二舅母问他:"月钱放过了不曾?"熙凤道:"月钱已放完了。才刚带着人到后楼上找缎子,找了这半日,也并没有见昨日太太说的那样的,想是太太记错了?"王夫人道:"有没有,什么要紧。"因又说道:"该随手拿出两个来给你这妹妹去裁衣裳的,等晚上想着叫人再去拿罢,可别忘了。"熙凤道:"这倒是我先料着了,知道妹妹不过这两日到的,我已预备下了,等太太回去过了目好送来。"王夫人一笑,点头不语。

（第三回,页39~41）

（1）"这熙凤携着黛玉的手,上下细细打谅了一回",此一句甲戌侧批评价是:"写阿凤全部传神第一笔也。"请你结合该段内容,谈谈对这一评价的理解。

_____

_____

（2）"况且这通身的气派,竟不像老祖宗的外孙女儿,竟是个嫡亲的孙女",此一句甲戌侧批评价是:"却是极淡之语,偏能恰投贾母之意。"请你谈谈凤姐这句话妙在何处,如何能投合贾母之意。

_____

_____

_____

8. 阅读文段，回答问题。

　　雨村听如此说，便笑问门子道："如你这样说来，却怎么了结此案？你大约也深知这凶犯躲的方向了？"

　　门子笑道："不瞒老爷说，不但这凶犯躲的方向我知道，一并这拐卖之人我也知道，死鬼买主也深知道。待我细说与老爷听：这个被打之死鬼，乃是本地一个小乡绅之子，名唤冯渊，自幼父母早亡，又无兄弟，只他一个人守着些薄产过日子。长到十八九岁上，酷爱男风，最厌女子。这也是前生冤孽，可巧遇见这拐子卖丫头，他便一眼看上了这丫头，立意买来作妾，立誓再不交结男子，也不再娶第二个了，所以郑重其事，必待三日后方过门。谁知这拐子又偷卖与薛家，他意欲卷了两家的银子，再逃往他省。谁知又不曾走脱，两家拿住，打了个臭死，都不肯收银，只要领人。那薛家公子岂是让人的，便喝着手下人一打，将冯公子打了个稀烂，抬回家去三日死了。这薛公子原是早已择定日子上京去的，头起身两日前，就偶然遇见这丫头，意欲买了就进京的，谁知闹出这事来。既打了冯公子，夺了丫头，他便没事人一般，只管带了家眷走他的路。他这里自有弟兄奴仆在此料理，也并非为此些些小事值得他一逃走的。这且别说，老爷你当被卖之丫头是谁？"雨村道："我如何得知？"门子冷笑道："这人算来还是老爷的大恩人呢！他就是葫芦庙旁住的甄老爷的小姐，名唤英莲。"雨村罕然道："原来就是他！闻得养至五岁被人拐去，却如今才来卖呢？"

　　…………

　　雨村听了，亦叹道："这也是他们的孽障遭遇，亦非偶然。不然这冯渊如何偏只看准了这英莲？这英莲受了拐子这几年折磨，才得了个头路，且又是个多情的，若能聚合了，倒是件美事，偏又生出这段事来。这薛家纵比冯家富贵，想其为人，自然姬妾众多，淫佚无度，未必及冯渊定情于一人者。这正是梦幻情缘，恰遇一对薄命儿女。且不要议论他，只目今这官司，如何剖断才好？"门子笑道："老爷当年何其明决，今日何反成了个没主意的人了！小的闻得老爷补升此任，亦系贾府王府之力；此薛蟠即贾府之亲，老爷何不顺水行舟，作个整人情，将此案了结，日后也好去见贾府王府。"雨村道："你说的何尝不是。但事关人命，蒙皇上隆恩，起复委用，实是重生再造，正当殚心竭力图报之时，岂可因私而废法？是我实不能忍为者。"门子听了，冷笑道："老爷说的何尝不是大道理，但只是如今世上是行不去的。岂不闻古人有云：'大丈夫相时而动'，又曰：'趋吉避凶者为君子'。依老爷这一说，不但不能报效朝廷，亦且自身不保，还要三思为妥。"

　　雨村低了半日头，方说道："依你怎么样？"门子道："小人已想了一个极好的主意在此：老爷明日坐堂，只管虚张声势，动文书发签拿人。原凶自然是拿不来的，原告固是定要将薛家族中及奴仆人等拿几个来拷问，小的在暗中调停，令他们报个暴病身亡，令族中及地方上共递一张保呈，老爷只说善能扶鸾请仙，堂上设下乩坛，令军民人等只管来看。老爷就说：'乩仙批了，死者冯渊与薛蟠原因夙孽相逢，今狭路既遇，原应了结。薛蟠今已得了无名之病，被冯魂追索已死。其祸皆因拐子某人而起，拐之人原系某乡某姓人氏，按法处治，馀不略及'等语。小人暗中嘱托拐子，令其实招。众人见乩仙批语与拐子相符，馀者自然也都不虚了。薛家有的是钱，老爷断一千也可，五百也可，与冯家作烧埋之费。那冯家也无甚要紧的人，不过为的是钱，见有了这个银子，想来也就无话了。老爷细想此计如何？"雨村笑道："不妥，不妥。等我再斟酌斟酌，或可压服口声。"二人计议，天色已晚，另无话说。

　　至次日坐堂，勾取一应有名人犯，雨村详加审问，果见冯家人口稀疏，不过赖此欲多得些烧埋之费；薛家仗势倚情，偏不相让，故致颠倒未决。雨村便徇情枉法，胡乱判断了此案。冯家得了许多烧埋银子，也就无甚话说了。

　　雨村断了此案，急忙作书信二封，与贾政并京营节度使王子腾，不过说"令甥之事已完，不必过虑"等语。此事皆由葫芦庙内之沙弥新门子所出，雨村又恐他对人说出当日贫贱时的事来，因此心中大不乐意。后来到底寻了个不是，远远的充发了他才罢。

（第四回，页 59~63）

　　结合选段和前四回的内容，请你谈谈贾雨村是一个什么样的人。（关于贾雨村的人物形象，前面已有涉及，然读至第四回，让我们领略到贾雨村新的侧面，这正是《红楼梦》塑造人物性格、展现人性复杂的表现之一。）

_____

_____

_____

三、探究提升

9. 请阅读第三回的内容，循着林黛玉的足迹，勾画荣国府的院落。

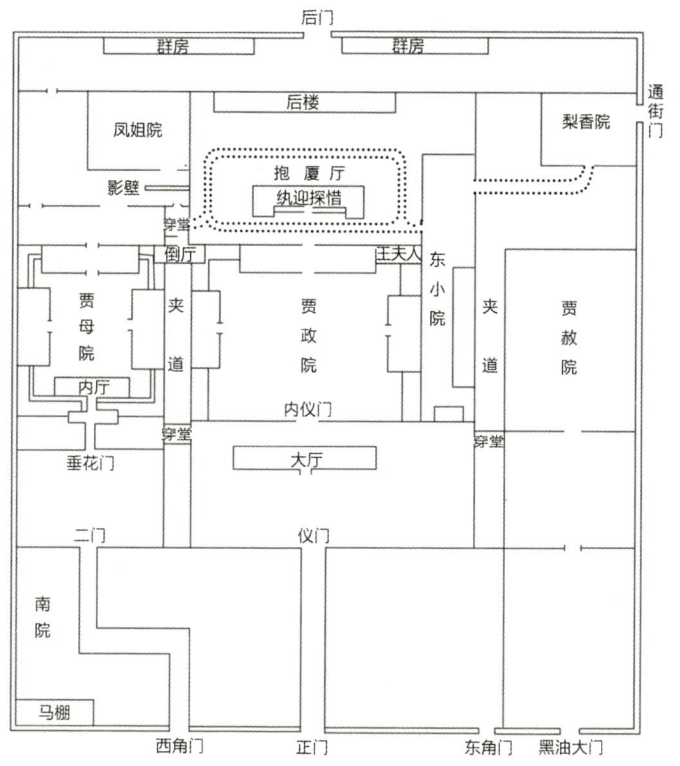

四、真题重现

2012·湖北高考·微写作

请用对偶句描述下面《红楼梦》中宝黛初会的情景，字数不超过30字。

黛玉一见，便吃一大惊，心下想道："好生奇怪，倒像在那里见过一般，何等眼熟到如此！"……宝玉看罢，因笑道："这个妹妹我曾见过的。"贾母笑道："可又是胡说，你又何曾见过他？"宝玉笑道："虽然未曾见过他，然我看着面善，心里就算是旧相识，今日只作远别重逢，亦未为不可。"

本节参考答案

一、基础了解

1. 第三回：贾雨村夤缘复旧职　林黛玉抛父进京都

   第四回：薄命女偏逢薄命郎　葫芦僧乱判葫芦案

2. 邸报　邸抄

3. 林如海　林如海　贾政

4. （1）向：之前的。　修：写。　干渎：冒犯。　致书：寄信。　出月：过了这个月，指下个月。　（2）贱荆：谦称，指自己的妻子，这里指贾敏。内兄：指自己妻子的哥哥，这里指贾政和贾赦。（令亲：尊称，指对方的亲人、亲戚。）

5. 迎春　探春　惜春

6. 贾　史　王　薛

二、阅读进阶

7. （1）为何传神？旁人都不敢妄动，只有凤姐可以拉着贾母外孙女的手从头到脚地细看，可见其在贾府的地位，只令人期待其细看后的评鉴，而凤姐之言语果然不会令人失望。（2）既表扬了黛玉，又表扬了贾母的三个孙女。

8. 这一回中对贾雨村的描写是他走向腐化的重要一笔。几处细节就已将一个在官场中攀附关系、徇私枉法、恩将仇报的社会蛀虫的形象刻画得栩栩如生。从最初的看门子眼色心下狐疑，到得知四大家族之势、询问门子该如何断案，再到胡乱断案用银钱堵住了苦主的嘴，最后还"急忙作书信二封，与贾政并京营节度使王子腾"，这里的"急忙"二字用得好！写出了其想要巴结权贵的无耻嘴脸！

此外，贾雨村的冷酷无情、恩将仇报之性也显现了出来，他怕门子说出自己当年的不堪，便将人发放了，可怜这门子错将自己的亨运发达托付在贾雨村身上。由此可见，贾雨村虽然已经知道当年恩人甄士隐走失的女儿在何处，但他根本没有意愿将人救出，也是自然而然的了。

三、探究提升

9. 可参考下图。

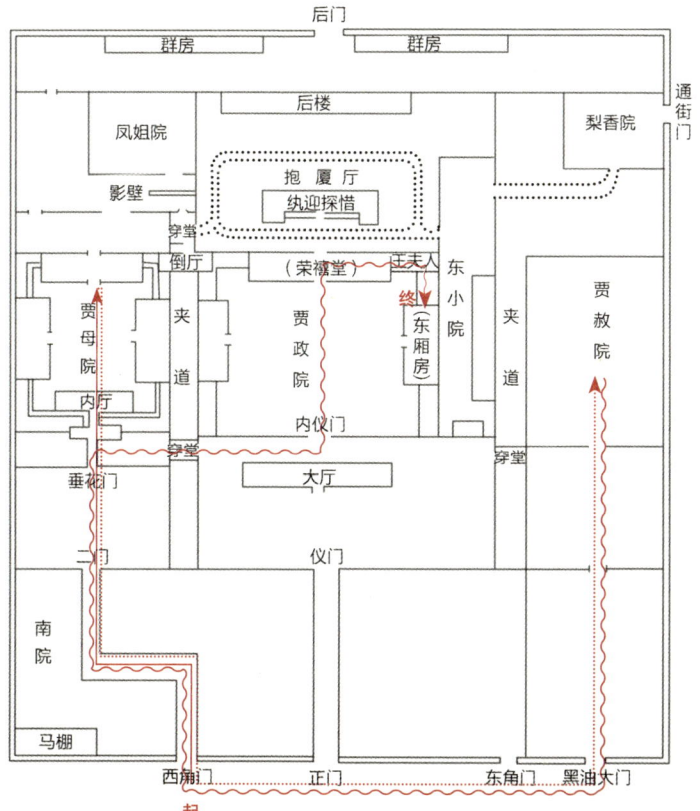

荣国府院宇示意图①

---

① 周汝昌《红楼梦新证》第四章第二节《院宇图说》附图，据1976年人民文学出版社重排本。括号内屋宇名称为作者所加。

直线为林黛玉见贾母的行走轨迹（对应原文"自上了轿"至"大家送至穿堂前"）。虚线部分为林黛玉至贾赦、邢夫人院的行走轨迹（对应原文"出了垂花门"至"眼看着车去了方回"）。波浪线部分为林黛玉至贾政、王夫人院的行走轨迹（对应原文"一时黛玉进了荣府"至"只休信他"）。可结合原著中林黛玉"不肯轻易多说一句话，多行一步路"加以体会。更详细内容，参见本节对应视频课。

四、真题重现

略

三 第五、六回

第五、六回内容速看

第五回内容： 宝钗来后，黛玉情意失衡，与宝玉常言语不合；贾母受邀率众人到宁府会芳园赏梅，秦可卿领宝玉去自己房中睡中觉；宝玉梦中见警幻仙子，游太虚幻境，观金陵十二钗各册，看曲演《红楼梦》。

第六回内容： 刘姥姥带着外孙板儿到贾府，攀旧交情，求好处，要施舍；在周瑞之妻的带领下，刘姥姥拜见了王熙凤；王熙凤给了刘姥姥二十两银子外加一吊钱，刘姥姥感激不尽。

两个进府的孩子

一、基础了解

1. 请将第五、六回的回目抄写在下面。

第五回：_____

第六回：_____

2. 根据第五回内容，依次写出"金陵十二钗"的人物名字：薛宝钗、林黛玉、_____、_____、_____、_____、_____、_____、_____、_____、_____、秦可卿。

3. 金陵十二钗副册之首是_____，又副册之首是_____。

4. "一个是阆苑仙葩，一个是美玉无瑕。若说没奇缘，今生偏又遇着他；若说有奇缘，如何心事终虚化？一个枉自嗟呀，一个空劳牵挂。一个是水中月，一个是镜中花。想眼中能有多少泪珠儿，怎经得秋流到冬尽，春流到夏！"这首曲的名字是_____。"阆苑仙葩"指的是_____，"美玉无瑕"指的是_____。"想眼中能有多少泪珠儿，怎经得秋流到冬尽，春流到夏"指的是_____。

5. 秦可卿领贾宝玉进入的第一个房间中挂着一副对联，文字是："世事洞明皆学问，_____。"

6. 贾宝玉在梦中随警幻仙姑来到"太虚幻境"大石牌下，看到了一副对联，写着："_____，无为有处有还无。"

7. "如今太太竟不大管事，都是琏二奶奶管家了。你道这琏二奶奶是谁？就是太太的内侄女，当日大舅老爷的女儿，小名凤哥的。"这位琏二奶奶就是_____。她的丈夫是_____，是_____的儿子。（均填人名）

二、阅读进阶

8. 若能将下面这支曲子背下来，那自是极好的。据此完成文段后面的问题。

[飞鸟各投林] 为官的（　　　），家业凋零；富贵的（　　　），金银散尽；有恩的（　　　），死里逃生；无情的（　　　），分明报应。欠命的，命已还；欠泪的（　　　），泪已尽。冤冤相报实非轻，分离聚合皆前定。欲知命短问前生，老来富贵也真侥幸。看破的（　　　），遁入空门；痴迷的，枉送了性命。好一似食尽鸟投林，落了片白茫茫大地真干净！

（1）请在文中画横线词语的后面写上《红楼梦》中与之对应的人物。

（2）最后这句"好一似食尽鸟投林，落了片白茫茫大地真干净"暗示着什么呢？

_____

_____

9. 请自行阅读第六回中刘姥姥见凤姐的一段文字，回答问题。

　　刘姥姥只听见咯当咯当的响声，大有似乎打箩柜筛面的一般，不免东瞧西望的。忽见堂屋中柱子上挂着一个匣子，底下又坠着一个秤砣般一物，却不住的乱幌。刘姥姥心中想着："这是什么爱物儿？有甚用呢？"正呆时，只听得当的一声，又若金钟铜磬一般，不防倒唬的一展眼。接着又是一连八九下。方欲问时，只见小丫头子们齐乱跑，说："奶奶下来了。"周瑞家的与平儿忙起身，命刘姥姥"只管等着，是时候我们来请你"。说着，都迎出去了。

刘姥姥屏声侧耳默候。只听远远有人笑声，约有一二十妇人，衣裙窸窣，渐入堂屋，往那边屋内去了。又见两三个妇人，都捧着大漆捧盒，进这边来等候。听得那边说了声"摆饭"，渐渐的人才散出，只有伺候端菜的几个人。半日鸦雀不闻之后，忽见二人抬了一张炕桌来，放在这边炕上，桌上碗盘森列，仍是满满的鱼肉在内，不过略动了几样。板儿一见了，便吵着要肉吃，刘姥姥一巴掌打了他去。

············

说话时，刘姥姥已吃毕了饭，拉了板儿过来，瞻舌咂嘴的道谢。凤姐笑道："且请坐下，听我告诉你老人家。方才的意思，我已知道了。若论亲戚之间，原该不等上门来就该有照应才是。但如今家内杂事太烦，太太渐上了年纪，一时想不到也是有的。况是我近来接着管些事，都不知道这些亲戚们。二则外头看着虽是烈烈轰轰的，殊不知大有大的艰难去处，说与人也未必信罢。今儿你既老远的来了，又是头一次见我张口，怎好叫你空回去呢。可巧昨儿太太给我的丫头们做衣裳的二十两银子，我还没动呢，你若不嫌少，就暂且先拿了去罢。"

那刘姥姥先听见告艰难，只当是没有，心里便突突的；后来听见给他二十两，喜的又浑身发痒起来，说道："嗳，我也是知道艰难的。但俗语说的：'瘦死的骆驼比马大'，凭他怎样，你老拔根寒毛比我们的腰还粗呢！"周瑞家的见他说的粗鄙，只管使眼色止他。凤姐看见，笑而不睬，只命平儿把昨儿那包银子拿来，再拿一吊钱来，都送到刘姥姥的跟前。凤姐乃道:"这是二十两银子,暂且给这孩子做件冬衣罢。若不拿着,就真是怪我了。这钱雇车坐罢。改日无事,只管来逛逛,方是亲戚们的意思。天也晚了,也不虚留你们了,到家里该问好的问个好儿罢。"一面说,一面就站了起来。

(第六回,页 97~98、页 101~102)

(1)请你来鉴赏一下曹雪芹是如何写刘姥姥看自鸣钟的,写刘姥姥看凤姐屋内的自鸣钟有何作用。

_____

_____

_____

_____

(2)请认真阅读刘姥姥见凤姐这一部分内容(不限引文),并将有关凤姐的动作、神态描写的语句画出来,试着分析这样描写的精彩之处。

_____

_____

_____

_____

_____

三、探究提升

10. 把金陵十二钗正册的判词背下来并默写(至少将薛宝钗、林黛玉、贾元春、贾探春、史湘云、妙玉的记住。)请从这六首判词中找一首,结合《红楼梦十二曲》中相应的曲子词,来解读一下相关人物的命运结局。

_____
_____
_____
_____
_____

四、真题重现

2021·天津高考·微写作

校文学社拟从《论语》《三国演义》《红楼梦》中选取一个场景拍摄视频短剧。假如你是导演,会选取哪部书中的哪个经典场景?请说明理由。要求100字左右。

本节参考答案

一、基础了解

1. 第五回：游幻境指迷十二钗　饮仙醪曲演红楼梦

    第六回：贾宝玉初试云雨情　刘姥姥一进荣国府

2. 贾元春　贾探春　史湘云　妙玉　贾迎春　贾惜春　王熙凤　巧姐　李纨

3. 香菱　晴雯

4. 《枉凝眉》　林黛玉　贾宝玉　绛珠还泪

5. 人情练达即文章

6. 假作真时真亦假

7. 王熙凤　贾琏　贾赦

二、阅读进阶

8. （1）为官的（贾府）　富贵的（贾府）　有恩的 [巧姐（王熙凤女儿）]　无情的（薛宝钗、妙玉）[1]　欠泪的（林黛玉）　看破的（贾惜春）

（2）这句话暗示了最终贾府的结局：树倒猢狲散，家散人亡。也有很多专家学者指出，这里面的每一句话都指向十二钗的结局，大家可以参考，在阅读中得出自己的结论。红学家周汝昌认为："<u>有恩的，死里逃生</u>"指

---

[1] 此说法见周汝昌《红楼小讲》北京出版社，2011，页119。周汝昌后来在《红楼夺目红》中又有其他说法，此处以《红楼小讲》为准。

的是巧姐，"无情的，分明报应"指的是宝钗和妙玉，"欠命的，命已还"指的是元春，"欠泪的，泪已尽"指的是黛玉，"冤冤相报实非轻"指的是迎春，"分离聚合皆前定"指的是探春和湘云，"欲知命短问前生"指的是凤姐，"老来富贵也真侥幸"指的是李纨，"看破的，遁入空门"指的是惜春，"痴迷的，枉送了性命"指的是秦可卿。

9.（1）①曹雪芹写刘姥姥眼中的自鸣钟不是用第三方全能视角来写，而纯粹是从一个农村老妇人的角度去看这个新奇物件儿。（另：这种从人物视角出发，带着读者走进故事的写法，在《红楼梦》里比比皆是，你能在读过的情节中找出一二来吗？我们能不能也学一下这种写法呢？）

②作用：第一，自鸣钟在当时是珍贵新奇的物件儿，凤姐屋内有一个，既表明了凤姐的贵气身份，也间接地表现了贾府的富贵气象。第二，写自鸣钟有另一个妙处，自鸣钟用以报时，这就很自然地在故事中交代了时间，你可以估算一下当时是几点。从后文来看，刘姥姥进到房间不久，前面正好吃完了早饭，王熙凤作为孙媳妇自然要伺候贾母和王夫人、邢夫人吃饭（这在第三回中就已经表现过了），她和李纨都不能和婆婆及贾母一起用餐，这也看出了大家族的礼数和规矩。所以，凤姐是回自己屋里吃饭的。那么凤姐吃早饭是几点呢？此外，自鸣钟的出现也使故事产生了延宕性，如果一上来就让刘姥姥见到了凤姐，这样不符合大家族规矩，既不真实，也无法用更多的空间来塑造王熙凤。可是不让她马上见到凤姐，那安排个什么情节好呢？总不能让刘姥姥干等着，所以自鸣钟的出场既表现了当时富贵人家和平民百姓之间生活的天壤之别，又交代了时间，明确了贾府平时的作息，还使得刘姥姥见凤姐这一情节更具戏剧性，也更真实。

（2）示例①

平儿站在炕沿边，捧着小小的一个填漆茶盘，盘内一个小盖钟。凤姐也不接茶，也不抬头，只管拨手炉内的灰，慢慢的问道："怎么还不请进来？"一面说，一面抬身要茶时，只见周瑞家的已带了两个人在地下站着呢。这才忙欲起身犹未起身时，满面春风的问好，又嗔着周瑞家的怎么不早说。　精彩之处：A. 两"不"显骄矜——"不接茶""不抬头"，身份之高贵、气势之凌人可见一斑；"怎么还不请进来？"表面看是着急见刘姥姥，怕怠慢了亲戚，但与前面的"慢慢"和"只管"一比对，就知道这是凤姐在作势呢。B. 凤姐"忙欲起身……"中的"忙"字，表现其待客礼数，真的是又骄傲又客套，又疏离又热情。C. "凤姐笑道……"文中有很多次，对姥姥"笑道"共四次，我们可以圈划出来，琢磨琢磨每次笑的背后都有怎样的潜台词。

示例②

凤姐应酬刘姥姥的那些话，写出了她的乖滑，先是道歉，接着推诿，似是倾诉，又分明是拒绝，最后拿出二十两银子，"你若不嫌少，就暂且先拿了去罢"，本是施舍，可又似乎因数量不多而不好意思。这番口舌实在是八面玲珑，九曲婉转。不过，相较于应景敷衍的二十两银子，那多拿出来的一吊钱，让刘姥姥雇车坐，确是有怜悯体恤之心。

三、探究提升

10. 示例

　　判词：

　　才自精明志自高，生于末世运偏消。

　　清明涕送江边望，千里东风一梦遥。

曲子词：

【分骨肉】一帆风雨路三千，把骨肉家园齐来抛闪。恐哭损残年，告爹娘，休把儿悬念。自古穷通皆有定，离合岂无缘？从今分两地，各自保平安。奴去也，莫牵连。

这讲的是探春的命运，从判词和曲子词中可以读出，这位女孩子聪明机灵，而且颇有志气，但无奈生在家族末世，没有了运势。她的结局是在清明时节远嫁异乡，一辈子都无法再见到爹娘，无法再回到家乡。"千里东风一梦遥"，最终她也只有在梦里才能再回家，或者说，家的距离就像梦一样无可企及。

四、真题重现

略

四 第七、八回

第七、八回内容速看

第七回内容：周瑞家的到梨香院给过去串门的王夫人回话，见到了已到薛家、改名为香菱的英莲；之后应薛姨妈之命，把皇宫内时兴的纱花头饰送予荣国府的姊妹们；一路走来，荣国府内宅路径再次得以呈现，众女孩们的活动和形象也一一展现出来。宝玉随王熙凤于宁国府初会秦可卿之弟秦钟，约秦钟同上贾府家塾。回府时，遇到焦大痛骂贾府子弟。

第八回内容：宝玉到宝钗处探病，宝钗与丫鬟莺儿互有帮衬，隐隐道出"金玉良姻"的说法。黛玉亦来看望宝钗，看到宝玉在此，吃茶喝酒时小女孩"含酸"情态毕露。

从英莲到香菱

一、基础了解

1. 请将第七、八回的回目抄写在下面。

第七回：_____

第八回：_____

2. 第七回写了周瑞家的在薛姨妈处接了一个差事——送宫花。请根据文本内容，完成题目。

（1）填写她的行走路线。（找到原文，一边读一边勾画）

周瑞家的在后门送走刘姥姥→王夫人上房→（转出东角门至东院）→① _____→王夫人房后三间小抱厦→② _____→穿过了穿堂→③ _____→"周瑞家的自去，无话"。

（2）请写出各居所的主人。

居所	主人	居所	主人
①_____		③_____	
②王夫人房后三间小抱厦		④_____	

（3）穿过穿堂时，周瑞家的遇见了着急来找自己的女儿，说女婿_____被人告到了衙门里。此人正是第一至第四回里都出现过的_____的好友。这样的故事连缀之法令人称奇，同时可以让读者从中体味出很多隐藏在字面之下的内容。（均填写人名）

（4）请对照学案二荣国府院落布局（见下页图），画出周瑞家的送宫花的路线图。

荣国府院宇示意图[①]

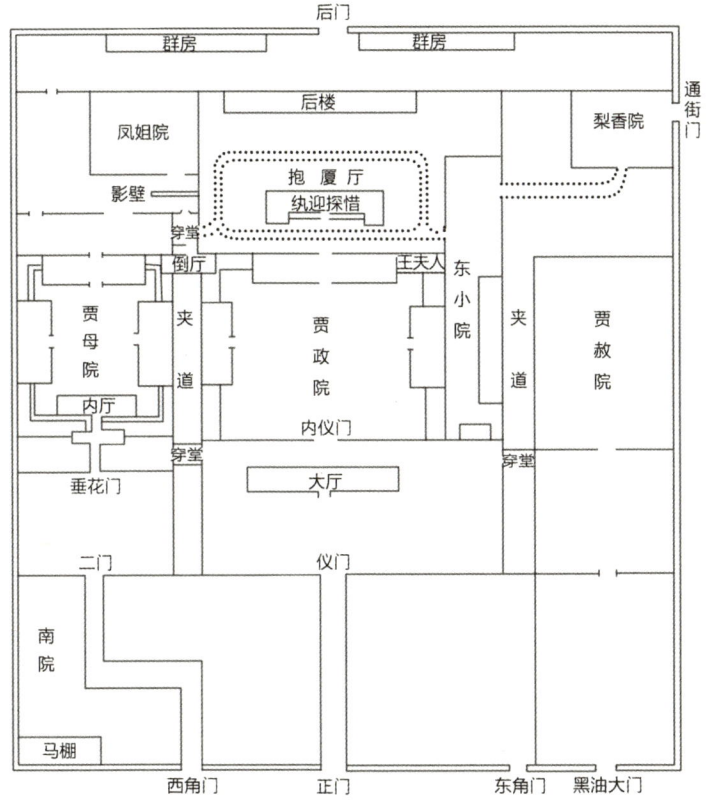

3. 小说从开篇便说顽石"幻形入世",可读者一直未明其具体样貌,甄士隐在梦中未见到,宝黛初见时也未从黛玉眼中看到,到第八回方写出来。请根据文本内容,回答下面的问题。

(1)填空。

宝钗因笑说道:"成日家说你的这玉,究竟未曾细细的赏鉴,我今儿倒要瞧瞧。"【甲双:自首回至此,回回说有通灵玉一物,余亦未曾细细赏鉴,今亦欲一见。】说着便挪近前来。宝玉亦凑了上去,从项上摘了下来,递在宝钗手内。宝钗托于掌上,只见_____,【甲侧:体。】_____,【甲侧:色。】_____,【甲侧:质。】_____。【甲侧:文。】这就是大荒山中青埂峰下的那块补天剩下的石头的幻相。【甲

---

① 周汝昌《红楼梦新证》第四章第二节《院宇图说》附图,据1976年人民文学出版社重排本。

侧：注明。】①

（2）请认读出通灵宝玉和宝钗金锁上的各8个篆体字。

通灵宝玉：_____，_____。

项圈金锁：_____，_____。

（3）"我听这两句话，倒像和姑娘的项圈上的两句话是一对儿。"说这句话的人是_____。此人还说，这个项圈是_____送给宝钗的。

这是小说中第一次出现宝玉和金锁"成对儿"的说法。在后续回目里，这一说法还出现过多次，如：

薛宝钗因往日母亲对王夫人等曾提过"金锁是个和尚给的，等日后有玉的方可结为婚姻"等语，所以总远着宝玉。昨儿见元春所赐的东西，独他与宝玉一样，心里越发没意思起来。幸亏宝玉被一个林黛玉缠绵住了，心心念念只记挂着林黛玉，并不理论这事。

（第二十八回，页391~392）

薛蟠见宝钗说的话句句有理，难以驳正，比母亲的话反难回答，因此便要设法拿话堵回他去，就无人敢拦自己的话了；也因正在气头上，未曾想话之轻重，便说道："好妹妹，你不用和我闹，我早知道你的心了。从先妈和我说，你这金要拣有玉的才可正配，你留了心，见宝玉有那劳什骨子，你自然如今行动护着他。"话未说了，把个宝钗气怔了。

（第三十四回，页461~462）

---

① 《脂砚斋评石头记》，上海三联书店，2011，页89。

（宝玉被父亲贾政笞挞，宝钗怀疑跟哥哥薛蟠有关，于是薛姨妈、宝钗一起批评薛蟠，薛蟠气不过母亲和妹妹冤枉自己，便用宝钗一直忌讳的说法来堵她的嘴。）

这里宝钗只刚做了两三个花瓣，忽见宝玉在梦中喊骂说："和尚道士的话如何信得？什么是金玉姻缘，我偏说是木石姻缘！"薛宝钗听了这话，不觉怔了。

（第三十六回，页481~482）

（4）通过了解以上相关内容，你有什么发现？

4. 阅读文段，回答问题。

宝玉此时与宝钗就近，只闻一阵阵凉森森甜丝丝的幽香，竟不知系何香气，遂问："姐姐熏的是什么香？我竟从未闻见过这味儿。"宝钗笑道："我最怕熏香，好好的衣服，熏的烟燎火气的。"宝玉道："既如此，这是什么香？"宝钗想了一想，笑道："是了，是我早起吃了丸药的香气。"宝玉笑道："什么丸药这么好闻？好姐姐，给我一丸尝尝。"宝钗笑道："又混闹了，一个药也是混吃的？"

（第八回，页122~123）

（1）他们提到的丸药名是_____，与第七回宝钗和周瑞家的谈话内容相呼应。

（2）这段文字表现出了宝玉什么样的特点？

二、阅读进阶

5.《红楼梦》中,"十二"是个多次出现的数字。脂批曰:"**凡用十二字样,皆照应十二钗。**"① 从第一回阅读至此,请你找一找,都有哪些内容与"十二"有关。

_____

_____

_____

6. 第七回里推出一些丫鬟形象,请你在阅读后,结合前面几回的内容,将丫鬟与所属的主子连线。

莺儿	贾　母
丰儿	王夫人
袭人(珍珠)	薛姨妈
香菱	王熙凤
雪雁	薛宝钗
入画	林黛玉
金钏儿	贾宝玉
紫鹃(鹦哥)	贾元春
侍书	贾迎春
司棋	贾探春
平儿	贾惜春
抱琴	

---

① 《脂砚斋评石头记》,上海三联书店,2011,页76。

7. 阅读相关内容，回答问题。

（1）第七回宁国府里乘醉而骂的人是_____。请简单介绍一下这个人物形象。

_____
_____
_____

（2）他痛骂的内容主要有哪些？（请分条列举出来）

_____
_____
_____
_____

（3）鲁迅曾评论焦大："看《红楼梦》，觉得贾府上是言论颇不自由的地方。焦大以奴才的身分，仗着酒醉，从主子骂起，直到别的一切奴才，说只有两个石狮子干净。结果怎样呢？结果是主子深恶，奴才痛嫉，给他塞了一嘴马粪。其实是，焦大的骂，并非要打倒贾府，倒是要贾府好，不过说主奴如此，贾府就要弄不下去罢了。然而得到的报酬是马粪。所以这焦大，实在是贾府的屈原，假使他能做文章，我想，恐怕也会有一篇《离骚》之类。"①

鲁迅将焦大比作"贾府的屈原"，其意在_____
_____。

8. 阅读文段，回答问题。

宝玉忽然想起早起的事来，因笑道："我写的那三个字在那里呢？"晴雯笑道："这个人可醉了。你头里过那府里去，嘱咐贴在这门斗上，这

---

① 《言论自由的界限》，鲁迅，《鲁迅全集》（第五卷），人民文学出版社，页122。

会子又这么问。我生怕别人贴坏了，我亲自爬高上梯的贴上，这会子还冻的手僵冷的呢。"宝玉听了，笑道："我忘了。你的手冷，我替你渥着。"说着便伸手携了晴雯的手，同仰首看门斗上新书的三个字。

…………

宝玉吃了半碗茶，忽又想起早起的茶来，因问茜雪道："早起沏了一碗枫露茶，我说过，那茶是三四次后才出色的，这会子怎么又沏了这个来？"茜雪道："我原是留着的，那会子李奶奶来了，他要尝尝，就给他吃了。"宝玉听了，将手中的茶杯只顺手往地下一掷，豁啷一声，打了个粉碎，泼了茜雪一裙子的茶。又跳起来问着茜雪道："他是你那一门子的奶奶，你们这么孝敬他？不过是仗着我小时候吃过他几日奶罢了。如今逞的他比祖宗还大了。如今我又吃不着奶了，白白的养着祖宗作什么！撵了出去，大家干净！"说着便要去立刻回贾母，撵他乳母。

原来袭人实未睡着，不过故意装睡，引宝玉来怄他顽耍。先闻得说字问包子等事，也还可不必起来；后来摔了茶钟，动了气，遂连忙起来解释劝阻。早有贾母遣人来问是怎么了。袭人忙道："我才倒茶来，被雪滑倒了，失手砸了钟子。"一面又安慰宝玉道："你立意要撵他，也好，我们也都愿意出去，不如趁势连我们一齐撵了。我们也好，你也不愁再有好的来服侍你。"宝玉听了这话，方无了言语，被袭人等扶至炕上，脱换了衣服。不知宝玉口内还说些什么，只觉口齿缠绵，眼眉愈加饧涩，忙服侍他睡下。袭人伸手从他项上摘下那通灵玉来，用自己的手帕包好，塞在褥下，次日带时便冰不着脖子。那宝玉就枕便睡着了。彼时李嬷嬷等已进来了，听见醉了，不敢前来再加触犯，只悄悄的打听睡了，方放心散去。

（第八回，页 127~128）

（1）宝玉和晴雯他们在自己居所门斗上书写和粘贴的三个字是：_____。

让我们联想到小说开篇,可与之相呼应的另外三个字_____,也可以让我们联想到后续情节中,宝玉在大观园的院落名称_____。

(2)选文表现了宝玉的两个丫鬟袭人和晴雯的形象特点,请结合具体内容,简要分析一下她们的性格特点。

晴雯:_____
_____。

袭人:_____
_____。

三、探究提升

9. 第八回里,薛姨妈留宝玉和黛玉二人在梨香院吃茶、吃酒,这是继第三回黛玉进贾府、第七回黛玉接宫花之后,小说第三次详细描写林黛玉的言行举止。请据此回答问题。

(1)本回回目中有"探宝钗黛玉半含酸"之语,请结合具体描写,阐述此回目的含义。

_____
_____
_____
_____

(2)请说明黛玉在成长过程中,其思想情感和性格特征上的变化及其原因。

_____

四、真题重现

2013·福建高考·简答题

阅读下面的《红楼梦》选段,回答问题。

媳妇们回说:"外头派了焦大,谁知焦大醉了,又骂呢。"

焦大因何事醉后骂人?宁国府怎样处置焦大?请复述原著相关情节。

2008·江苏高考·简答题

《红楼梦》中写道:"都道是金玉良姻,俺只念木石前盟。"请说说"金玉良姻""木石前盟"的含义。

本节参考答案

一、基础了解

1. 第七回：送宫花贾琏戏熙凤　宴宁府宝玉会秦钟

   第八回：比通灵金莺微露意　探宝钗黛玉半含酸

2.（1）①梨香院　②凤姐院　③贾母院（黛玉房间→宝玉房间）

（2）见下表

居所	主人	居所	主人
①梨香院	薛姨妈、薛蟠、薛宝钗	③凤姐院	贾琏、王熙凤、平儿等
②王夫人房后三间小抱厦	李纨、贾迎春、贾探春、贾惜春	④贾母院（黛玉房间→宝玉房间）	贾母、宝玉、黛玉

（3）冷子兴　贾雨村　（4）见下图

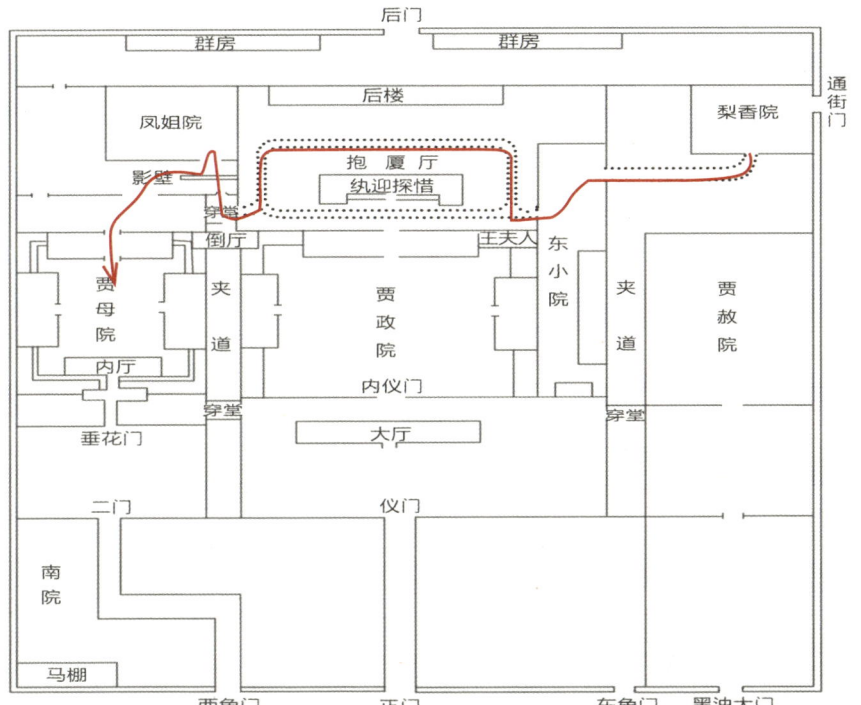

3.（1）大如雀卵　灿若明霞　莹润如酥　五色花纹缠护　（2）莫失莫忘，仙寿恒昌。　不离不弃，芳龄永继。（3）莺儿　一个癞头和尚　（4）金玉良姻的说法，薛家上下都了解，薛姨妈还告诉了王夫人。由此可见，薛家希望能够与荣国府联姻。薛家只有寡母和不顶事的儿子薛蟠、闺中弱质薛宝钗，无论是从家门兴旺上说，还是从女儿的终身大事上说，这都是极好的一门姻缘。金玉姻缘与木石姻缘的情感牵扯是《红楼梦》的情节线索之一。

4.（1）冷香丸　（2）其一，喜欢亲近女子，对女子的脂粉熏香等感兴趣。其二，愿意无条件认可女子。其三，尚有小儿习性，好奇淘气。

二、阅读进阶

5. ①开篇女娲补天的石头，高经十二丈，方经二十四丈。　②第五回里出现《金陵十二钗正册》《金陵十二钗副册》《金陵十二钗又副册》，另有《红楼梦十二曲》。　③薛宝钗服用的冷香丸，在制作材料上，有12个"十二"（你是否能找全这12个"十二"。）　④薛姨妈让周瑞家的帮助自己送了十二支宫花。最后有6个人拿到了宫花，三春、王熙凤、秦可卿、林黛玉。（李纨少寡，服饰朴素）

6.
莺儿	贾母
丰儿	王夫人
袭人（珍珠）	薛姨妈
香菱	王熙凤
雪雁	薛宝钗
入画	林黛玉
金钏儿	贾宝玉
紫鹃（鹦哥）	贾元春
侍书	贾迎春
司棋	贾探春
平儿	贾惜春
抱琴	

7.（1）焦大　焦大是宁国府的老仆。对于宁府而言，也是一位功臣。他曾追随当年的贾演、贾源在战场出生入死，并救过"太爷"的命。为此而被当年主子另眼相待。但现在的后辈们虽承恩奈他不得，却也并未将他特别放在心上。　焦大忠于宁府，看府第里子弟不济，风气日颓，时时愤慨。（2）其一，骂总管赖二管事不公。其二，骂贾蓉不够尊重自己，没有报恩意识，反倒摆主子架子。其三，骂宁国府子弟儿孙不肖，肮脏堕落。（3）赞其忠直，哀其忧愤。

8.（1）绛云轩　赤瑕宫　怡红院　（2）晴雯：心灵手巧、动作利索，完美主义者；宝玉的很多别人看来无所谓的举动，晴雯能够信之助之；常常娇嗔，惹人怜爱。　袭人：与宝玉之亲密，旁人不能比（特别在与宝玉有云雨之事后）；知心好姐姐，宝玉房里的大管家；懂事周到，体贴关爱；可以管束劝慰住宝玉（她知道怎么让宝玉稳定情绪，基本上只要表达要离开的意思，宝玉就消停了，虽然之后的宝玉并没有实质性改变）。

三、探究提升

9.（1）其一，黛玉去探望宝钗，发现宝玉也在这儿。她为宝玉没有和她一起来而不满。一句"嗳哟，我来的不巧了！"把心里的情绪流露了出来。其二，自宝钗进入贾府后，宝黛之间形影不离、两小无猜的局面被打破，黛玉之"酸"表现在，只要宝玉和宝钗走得亲密，黛玉心里就不舒服，就一定会在言谈中表现出来。其三，这次在梨香院，凡是别人说的，她一概表现为唱反调，先是针对宝玉（宝玉听从薛姨妈和薛宝钗的劝告不吃冷酒，黛玉的言语中隐含着抱怨——我说话你不听，别人说的你倒听），接着针对李嬷嬷，让李嬷嬷这个曾奶大宝玉的老仆非常尴尬无语。直到最后宝玉说"你要走，我和你一同走"，黛玉的不满才慢慢平息下来。

（2）初进贾府的黛玉处处小心留意，谨慎规矩，宝黛之间"言合意顺"；增加了宝钗之后，宝黛之间的双向沟通插入了一个第三者，又加上宝钗性格和顺，而宝玉还不曾分出"亲疏远近之别"，黛玉开始变得心性敏感，急于反击，语言尖刻。

请关注第五回起始的一段文字：

如今且说林黛玉自在荣府以来，贾母万般怜爱，寝食起居，一如宝玉，迎春、探春、惜春三个亲孙女倒且靠后；便是宝玉和黛玉二人之亲密友爱处，亦自较别个不同，日则同行同坐，夜则同息同止，真是言和意顺，略无参商。不想如今忽然来了一个薛宝钗，年岁虽大不多，然品格端方，容貌丰美，人多谓黛玉所不及。而且宝钗行为豁达，随分从时，不比黛玉孤高自许，目无下尘，故比黛玉大得下人之心。便是那些小丫头子们，亦多喜与宝钗去顽。因此黛玉心中便有些悒郁不忿之意，宝钗却浑然不觉。那宝玉亦在孩提之间，况自天性所禀来的一片愚拙偏僻，视姊妹弟兄皆出一意，并无亲疏远近之别。其中因与黛玉同随贾母一处坐卧，故略比别个姊妹熟惯些。既熟惯，则更觉亲密；既亲密，则不免一时有求全之毁，不虞之隙。

至于黛玉情感性格是否另有变化，请在后续章节的阅读中继续关注。

四、真题重现

略

五 第九、十回

第九、十回内容速看

第九回内容：宝玉入塾读书，与秦钟形影不离，又由秦钟交友引发贾府亲戚金荣争风吃醋，适逢贾代儒外出，其孙儿贾瑞情有所偏，处理不公，贾蔷激茗烟闹事，导致学堂闹学，最后以金荣磕头道歉而告一段落。

第十回内容：金荣的母亲与贾璜之妻金氏谈及金荣受屈一事，金氏为此前去宁府找秦可卿求助，先见到贾珍之妻尤氏。闲谈中，尤氏先提起秦可卿的病，又说及秦钟在学堂里被人欺侮，金氏因此不敢再多言。

贾府的义学

一、基础了解

1. 请将第九、十回的回目抄写在下面。

第九回：_____

第十回：_____

2. 请阅读贾家义学相关文段，完成下列填空。

①义学位置：_____

②义学创办人：_____

③创立目的：_____

④运转机制：_____

⑤现任老师：_____

⑥主要学生：_____

⑦义学现状：_____

⑧以上信息带给你的阅读感受：_____

_____

_____

_____

3. 秦钟不是贾府子弟，他能够进入贾府义学是因为他的姐姐是_____，其身份是_____的媳妇。她是_____国府的人，是贾府的长房长孙媳妇。她的公公、婆婆分别是_____、_____。随着姐姐这边的辈分，秦钟应该称呼贾宝玉为_____。和秦钟一样，靠着亲戚关系进入贾府义学的还有_____，他的姑姑嫁给了贾府玉字辈的嫡派，名_____。

4. 宁国府有一正派玄孙＿＿＿＿＿＿，从小跟着贾珍过活，与贾珍的儿子＿＿＿＿＿＿格外要好。

5. 尤氏因叫人叫了贾蓉来："吩咐来升照旧例预备两日的筵席，要丰丰富富的。你再亲自到西府里去请老太太、大太太、二太太和你琏二婶子来逛逛。你父亲今日又听见一个好大夫，业已打发人请去了，想必明日必来。你可将他这些日子的病症细细的告诉他。"

（第十回，页146）

请问，这段文字中出现的"西府"指的是＿＿＿＿＿＿；"老太太"指＿＿＿＿＿＿，"大太太"指＿＿＿＿＿＿，"二太太"指＿＿＿＿＿＿，"琏二婶子"指＿＿＿＿＿＿；之所以准备宴席，是给＿＿＿＿＿＿过生日（虽然他并未回家）；贾珍请的"好大夫"是＿＿＿＿＿＿，是托＿＿＿＿＿＿的关系请来的。

二、阅读进阶

6. 阅读文段，回答问题。

这贾菌亦系荣国府近派的重孙，其母亦少寡，独守着贾菌。这贾菌与贾兰最好，所以二人同桌而坐。谁知贾菌年纪虽小，志气最大，极是淘气不怕人的。他在座上冷眼看见金荣的朋友暗助金荣，飞砚来打茗烟，偏没打着茗烟，便落在他桌上，正打在面前，将一个磁砚水壶打了个粉碎，溅了一书黑水。贾菌如何依得，便骂："好囚攮的们，这不都动了手了！"骂着，也便抓起砚砖来要打回去。贾兰是个省事的，忙按住砚，极口劝道："好兄弟，不与咱们相干。"贾菌如何忍得住，便两手抱起书匣子来，照那边抢了去。终是身小力薄，却抢不到那里，刚到宝玉秦钟桌案上就落了下来。只听哗啷啷一声，砸在桌上，书本纸片等至于笔砚之物撒了一桌，又把宝玉的一碗茶也砸得碗碎茶流。贾菌便跳出来，要揪打那一个飞砚的。

金荣此时随手抓了一根毛竹大板在手，地狭人多，那里经得舞动长板。茗烟早吃了一下，乱嚷："你们还不来动手！"宝玉还有三个小厮：一名锄药，一名扫红，一名墨雨。这三个岂有不淘气的，一齐乱嚷："小妇养的！动了兵器了！"墨雨遂掇起一根门闩，扫红锄药手中都是马鞭子，蜂拥而上。贾瑞急的拦一回这个，劝一回那个，谁听他的话，肆行大闹。众顽童也有趁势帮着打太平拳助乐的，也有胆小藏在一边的，也有直立在桌上拍着手儿乱笑，喝着声儿叫打的。登时间鼎沸起来。

（第九回，页 138~139）

（1）这段顽童闹学堂的描写极为精彩、生动，还忙中偷闲刻画了一些人物形象，他们也许在《红楼梦》整个故事中出场次数并不多，但是也因而显得个性鲜明。请你结合这段描写，用简练的语言概括说明贾菌和贾兰二人的性格特点。

①贾菌：_____

②贾兰：_____

（2）贾瑞是贾代儒的长孙，被贾代儒委以重任，管理学堂，但为何却是"贾瑞急的拦一回这个，劝一回那个，谁听他的话，肆行大闹"这样的结果？请结合前文回答原因。

_____

（3）此回大闹学堂，有一个人始终没有出现，但他却多次出现在学堂小儿的口中，这人是_____。

7.《红楼梦》描写人物包罗万象，上至贵妃、王爷下至村姑、小儿，没有一个不精彩，没有一个不生动。有的人物哪怕全书中只出场一次，曹雪芹也要让这一次成为这一人物的经典。请你选择第十回中出现的一位小人物，来谈谈曹雪芹是如何刻画其人物形象的。

_____
_____

三、探究提升

8.《红楼梦》的写作笔法丰富多样，脂批本曾有评价（红字部分为作者批注）：

　　事则实事，然亦叙得有间架，有曲折，有顺逆，有映带，有隐有见，有正有闰。以至草蛇灰线、空谷传声【意思是在山谷里叫喊一声，立刻听到回声。形容说话、做事立刻就有效应】、一击两鸣、明修栈道、暗度陈仓【将真实的意图隐藏在表面的行动背后】、云龙雾雨【通过一件人或事物，制造或衍生出更多的其他事情】、两山对峙【是一种对称的艺术，如"红楼"中的"真""假"，风月宝鉴的"正""反"，太虚幻境的"有""无"，贾府的"盛""衰"等等】、烘云托月【比喻着意描绘和渲染周围事物以突出中心的写作方法】、背面傅粉【指不用全力对作品所描写的事物作正面刻画，而是着力去写与其特征相反或相对的其他事物，互相映衬对照，从而使这一事物的特征鲜明突出，该方法源于中国传统画中的"陪衬法"】、千皴万染【用皴染之法对描写的人物、事件加以多方面反复的皴擦和点染，对描写对象进行有层次、分步骤的构图造型，使之逐渐趋于清晰和丰满】，诸奇书中之秘法，亦不复少。①

以上这些小说创作手法在《红楼梦》中被反复使用，获得了极好的艺术效果，而其间的"草蛇灰线"则是指：以某样事件、人物为伏笔，用简单的动作或情节流畅地带动故事本身来为之后的文章做铺垫，而后的文章又准确呼应之前的铺垫，达到贯穿始终的目的，从而让读者在读到后面时会有恍然大悟的感觉。这也成了《红楼梦》这一长篇故事极为吸引人的精彩之处。

下面，请你努力在前十回或者你读过的章回中找出一条"草蛇灰线"，并分析鉴赏曹雪芹是如何安排伏笔的，这样的伏笔安排又有着怎样的用意。

_____

_____

_____

_____

四、真题重现

2020·北京高考·微作文

有的同学觉得阅读《红楼梦》《平凡的世界》等"大部头"名著太费时间和精力，不如读缩写本或连环画省时省力。对此你有什么看法？请阐述自己的观点。要求：观点明确，言之有据。150字左右。

---

① 《脂砚斋评石头记》，上海三联书店，2011，页3。括号内红字部分为老师讲解。

本节参考答案

一、基础了解

1. 第九回：恋风流情友入家塾　起嫌疑顽童闹学堂

   第十回：金寡妇贪利权受辱　张太医论病细穷源

2. ①距离荣国府一里　②贾演、贾源　③教育后辈、赈济亲族　④有官爵之人供给银两，能者多助　⑤贾代儒　⑥贾瑞、薛蟠、香怜、玉爱、贾宝玉、秦钟、金荣、贾蔷、贾菌、贾兰等　⑦师长管束无力，生员鱼龙混杂，上学为名，滥交为实　⑧世家大族大多极其看重后代的培养，贾府义学以子孙求学向上、家族之间赈济互助为目的。可义学从设立到现在，一百年过去，义学已经成了同流合污之地。从义学情况来看，贾府走向没落，是一种必然。

3. 秦可卿　贾蓉　宁　贾珍、尤氏　叔叔　金荣　贾璜

4. 贾蔷　贾蓉

5. 荣国府　贾母（史太君）　邢夫人（贾赦的夫人）　王夫人（贾政的夫人）　王熙凤　贾敬　张友士　冯紫英

二、阅读进阶

6.（1）①贾菌：年纪虽小但不肯吃亏，极为淘气，却也不先惹是生非。

②贾兰：性格比较沉稳，不愿陷入是非纠葛中。（可以深入思考一个问题：贾兰是贾宝玉的亲侄子，亲叔叔陷入纠纷中，亲侄子却说"不与咱们相

干",我们该如何理解?这恐怕与贾兰在贾府中的生存环境有关系。)

(2)因为贾瑞不能以德服人,不能为人师表。前文对贾瑞的描写是这样的:"原来这贾瑞最是个图便宜没行止的人,每在学中以公报私,勒索子弟们请他;后又附助着薛蟠图些银钱酒肉,一任薛蟠横行霸道,他不但不去管约,反助纣为虐讨好儿。"他自己本身就不干净,是一个贪得无厌毫无原则的人,又怎么能管理好晚辈呢?就连宝玉身边的李贵都说:"不怕你老人家恼我,素日你老人家到底有些不正经,所以这些兄弟才不听。就闹到太爷跟前去,连你老人家也是脱不过的。"

(3)薛蟠(分析:曹雪芹此笔极妙,正是"<u>有隐有见</u>""<u>烘云托月</u>""<u>一击两鸣</u>"之法。从第四回出场,到第八回,薛蟠就一直再没有出过场。读者自然会想平日里薛蟠都做些什么事情呢?曹雪芹想要将薛蟠这个人物带出,却并不直接写其举止言行。到了第九回,借着宝玉和秦钟上学一事,通过闹学堂将薛蟠平日里的所作所为全都揭露了,人们自然而然地从其他子弟身上看出了薛蟠这位大爷的影子。而且义学中不见他的影子正是应该,因为他根本不学习,但是他的影响却无处不在,更体现出薛蟠顽劣的性情来。妙极,妙极!)

7. 第九、十回中主要有以下几个小人物,如金荣的母亲胡氏、璜大奶奶金氏、张医生,还有茗烟、李贵等。以下为示例,可供参考。

其一,胡氏。胡氏与璜大奶奶虽然同为贾府边缘小人物,但因为璜大奶奶的丈夫贾璜确是贾府中人,而且是贾府玉字辈的嫡派,所以自然要比嫂子胡氏更要"拿劲儿"(金荣是其侄子,可见璜大奶奶姓金),所以当璜大奶奶听说自己的侄子被"欺负"后,马上就现出一股怒气,而且显得特别有理,决心要向尤氏去讨说法。在这里,她称秦可卿为"秦钟他姐姐"。当胡氏听她说要去讨说法之后,生怕因为这事儿而连累自己的儿子,因为她是好不容易才攀上贾府这一高枝儿,于是再三劝说璜大奶奶，但璜大奶奶执意要为自己的侄子讨说法。

而当璜大奶奶到了尤氏跟前之后，她又是如何表现的呢？根据原文细细体会。

到了宁府，进了车门，到了东边小角门前下了车，进去见了贾珍之妻尤氏。也未敢气高，殷殷勤勤叙过寒温，说了些闲话，方问道：'今日怎么没见蓉大奶奶？'

（第十回，页143）

金氏听了这半日话，把方才在他嫂子家的那一团要向秦氏理论的盛气，早吓的都丢在爪洼国去了。

（第十回，页144）

从这里，我们就能读出：在大家族中，传至三四代，嫡长者承爵袭位，其他旁支若不求上进，也只能傍人威势，仰人鼻息了。

此外，胡氏少寡（又是一个少寡的），养大儿子不易，不过，她是怎么看待儿子的教育学习的呢？大家也可阅读相关文段，体会胡氏的教育价值观。

其二，茗烟。茗烟是宝玉的书童、小厮，原文说"乃是宝玉第一个得用的，且又年轻不谙世事"，他聪慧灵活，关注主子宝玉，尽量想办法满足宝玉的很多奇思怪想（往后读的时候，请分一些注意力给他），从主子的角度看，他是个令人满意的伙伴（奴仆）。他因为聪慧，所以可以察言观色，也能够通晓事理人情。侍奉在宝玉身边，会因宝玉的身份而借到了一些威势。"这茗烟无故就要欺压人的"，再加上他毕竟年轻，做事情全凭冲劲来。

请注意他在"闹学堂"中的表现。贾蔷挑拨茗烟，茗烟便为宝玉出头，向金荣发起挑战，他直接喊"姓金的"，之后从言语冲突升级为对撞对打。他不仅仗势任性，且将金荣的底细抖搂出来："他是东胡同子里璜大奶奶的侄儿。那是什么硬正仗腰子的，也来唬我们。璜大奶奶是他姑娘。你那姑妈只会打旋磨子，给我们琏二奶奶跪着借当头。我眼里就看不起他那样的主子奶奶！"这段文字，可见茗烟的真实心理状态。他是贾府里"小太阳"宝玉的得势小厮。茗烟虽是可爱的，但他也是令人生厌的。

其三，李贵。李贵是宝玉奶母之子，被派遣跟随宝玉上学。

贾政因问："跟宝玉的是谁？"只听外面答应了两声，早进来三四个大汉，打千儿请安。贾政看时，认得是宝玉的奶母之子，名唤李贵。

（第九回，页132）

从小说文字来看，李贵年龄要比宝玉大一些，是成年壮汉。他没有读过书，否则就不会将"呦呦鹿鸣，食野之苹"说成"呦呦鹿鸣，荷叶浮萍"了。但他行事沉稳，答对贾政、劝诫宝玉、闹学堂时呵斥茗烟、安抚宝玉等，都可看出来，与茗烟形成了鲜明的对照。

人物各有其声色，各有其定位，曹雪芹真是太会写了。

三、探究提升

8. 前十回中有很多伏笔。

其一，第四回结尾处作者写道："谁知自从在此住了不上一月的光景，贾宅族中凡有的子侄，俱已认熟了一半，凡是那些纨袴气习者，莫不喜与他来往，今日会酒，明日观花，甚至聚赌嫖娼，渐渐无所不至，引诱的薛蟠比当日更坏了十倍。"之后就不提薛蟠之事了，直到第九回，我们才发现这薛蟠何以被引诱得比往日更坏了十倍。

其二，冷子兴出现在第二回里，给贾雨村认认真真地讲了半天贾府的人物关系，大家不觉得奇怪吗？他一个姓冷的人怎么对贾家这么熟悉呢？而且他还能说出宝玉抓周、贾府儿孙一代不如一代这样的话，这人一定有来头。结果读到第七回，读者才恍然大悟，原来冷子兴是王夫人陪房周瑞家的女婿。

> 原来这周瑞的女婿，便是雨村的好友冷子兴，近因卖古董和人打官司，故教女人来讨情分。周瑞家的仗着主子的势利，把这些事也不放在心上，晚间只求求凤姐儿便完了。
>
> （第七回，页110）

而冷子兴所谓"<u>如今的儿孙，竟一代不如一代了</u>"，在第九回里也得到了初步显现。

其三，第三回林黛玉进贾府，我们都知道了各人的住处，只是不知道三春和李纨住在哪里，直到第七回周瑞家的去送宫花，我们才又和周瑞家的走了一遍贾府，知道了三春和李纨的住处，也了解到贾宝玉和林黛玉仍在贾母处，已分房而居，与第二回安排林黛玉的住处相呼应。

四、真题重现

略

六 第十一至十五回

第十一至十五回内容速看

此五回内容：贾瑞对王熙凤生出觊觎之心，反被凤姐设计惩治。贾瑞因此重病不起，跛足道人送他"风月宝鉴"以救其性命，怎奈贾瑞不遵嘱咐，一命呜呼。秦可卿临死之际托梦王熙凤，交代贾府永全之计。秦可卿丧事期间，王熙凤协理宁国府，大显治家才能。秦可卿丧事办理得极为风光。送殡之际，王熙凤在铁槛寺附近的馒头庵借宿，贪财舞弊，拆散姻缘，导致一对男女殉情而死。

宁国府管理五病

一、基础了解

1. 第十一至十五回，发生的事情主要有：

请将第十一至十五回的回目抄写在下面。

第十一回：_____

第十二回：_____

第十三回：_____

第十四回：_____

第十五回：_____

①宁荣二府共庆贾敬生辰。

②秦可卿亡故。

③贾瑞因色而亡。

④林如海扬州任上病亡。

⑤王熙凤协理宁国府丧事，大展才干。

时间上，是从上一年的九月半至次年上半年。（阅读时可在小说文本中找找时间线索）

2. 阅读文段，回答问题。

　　于是，尤氏的母亲并邢夫人、王夫人、凤姐儿都吃毕饭，漱了口，净了手；才说要往园子里去，贾蓉进来向尤氏说道："老爷们并众位叔叔哥哥兄弟们也都吃了饭了。<u>大老爷</u>①说家里有事，<u>二老爷</u>②是不爱听戏又怕人闹的慌，都才去了。别的一家子爷们都被琏二叔并蔷兄弟让过去听戏去了。方才南安郡王、东平郡王、西宁郡王、北静郡王四家王爷，并镇国公牛府等六家，忠靖侯史府等八家，都差人持了名帖送寿礼来，俱回了<u>我父亲</u>③，先收在帐房里了，礼单都上上档子了。<u>老爷</u>④的领谢的名帖都交给各来人了,各来人也都照旧例赏了,众来人都让吃了饭才去了。母亲⑤该请二位太太⑥、老娘⑦、婶子⑧都过园子里坐着去罢。"尤氏道:"也是才吃完了饭,就要过去了。"

(第十一回,页153~154)

以上是贾蓉向母亲回话的内容,请将他提到的诸位家族亲友的名字写出来。

① "大老爷":_____ ② "二老爷":_____ ③ "我父亲":_____
④ "老爷":_____ ⑤ "母亲":_____ ⑥ "二位太太":_____
⑦ "老娘":_____ ⑧ "婶子":_____

3. 阅读文段,完成问题。

原来贾瑞父母早亡,只有他祖父代儒教养。那代儒素日教训最严,不许贾瑞多走一步,生怕他在外吃酒赌钱,有误学业。今忽见他一夜不归,只料定他在外非饮即赌,嫖娼宿妓,那里想到这段公案,因此气了一夜。贾瑞也捻着一把汗,少不得回来撒谎,只说:"往舅舅家去了,天黑了,留我住了一夜。"代儒道:"自来出门,非禀我不敢擅出,如何昨日私自去了?据此亦该打,何况是撒谎。"因此,发狠到底打了三四十板,不许吃饭,令他跪在院内读文章,定要补出十天的工课来方罢。贾瑞直冻了一夜,今又遭了苦打,且饿着肚子,跪着在风地里读文章,其苦万状。

(第十二回,页163~164)

(1)文中提到的"这段公案"指的是_____。
(2)贾瑞不知利害轻重,之后又发生了_____。
(3)两次"冻恼奔波"之后,贾瑞患上重病。有一个前来化斋的跛足道人，给了他一面镜子，镜把上面錾着"＿＿＿＿"四字。并说这面镜子来自＿＿＿＿＿＿＿＿，是＿＿＿＿＿＿＿＿所制。"专治邪思妄动之症，有济世保生之功。"

（4）跛足道人告诫贾瑞，"千万不可照正面，只照他的背面，要紧，要紧！"贾瑞在镜子正面看到的是＿＿＿＿，在镜子背面看到的是＿＿＿＿。由"正面""背面"之说，脂砚斋点评提醒读者：【蒙双：观者记之，不要看这书正面，方是会看。】【庚侧：谁人识得此句？】

4."三春去后诸芳尽，各自须寻各自门。"这句警语出自＿＿＿＿＿＿之口。此人不仅预言了贾府的没落，并希望府中人能够筹谋将来可以借此保全世业的两件事情。这两件事情分别是＿＿＿＿＿＿＿＿＿＿＿＿＿＿＿＿、

＿＿＿＿＿＿＿＿＿＿＿＿＿＿＿＿＿＿＿＿＿＿＿＿＿＿＿＿＿＿＿，

以备将来家族败落之后，子孙回家尚能读书务农，并可永继祭祀。

5. 阅读文段，回答问题。

　　至天明，吉时已到，一班六十四名青衣请灵，前面铭旌上大书：奉天洪建兆年不易之朝诰封一等宁国公冢孙妇防护内廷紫禁道御前侍卫龙禁尉享强寿贾门秦氏恭人之灵柩。

　　一应执事陈设，皆系现赶着新做出来的，一色光艳夺目。宝珠自行未嫁女之礼外，摔丧驾灵，十分哀苦。

（第十四回，页 189~190）

（1）请用"/"为文中画横线的语句做语气停顿标志。

　　奉天洪建兆年不易之朝诰封一等宁国公冢孙妇防护内廷紫禁道御前侍卫龙禁尉享强寿贾门秦氏恭人之灵柩

（2）解释加点词语的意思。

诰封：_____

冢孙：_____

享强寿：_____

恭人：_____

6. 铁槛寺，由_____建造，其初衷是_____；馒头庵，即_____，因其馒头做得好而得此诨号。寺和庵相距不远。此庵有女尼_____、_____、_____等。秦可卿出殡之时，_____带着_____、_____下榻在此处。

二、阅读进阶

7. 阅读下面的选段，结合相关内容回答问题。

那凤姐必知今日人客不少，在家中歇宿一夜，至寅正，平儿便请起来梳洗。及收拾完备，更衣盥手，吃了两口奶子糖粳米粥，漱口已毕，已是卯正二刻了。来旺媳妇率领诸人伺候已久。凤姐出至厅前，上了车，前面打了一对明角灯，大书"荣国府"三个大字，款款来至宁府。

大门上门灯朗挂，两边一色戳灯，照如白昼，白汪汪穿孝仆从两边侍立。请车至正门上，小厮等退去，众媳妇上来揭起车帘。凤姐下了车，一手扶着丰儿，两个媳妇执着手把灯罩，簇拥着凤姐进来。宁府诸媳妇迎来请安接待。

（第十四回，页184~185）

（1）"寅正"即_____，"卯正二刻"即_____。协理宁国府期间，王熙凤这样的到岗时间持续了_____。

（2）"五七正五日上"，负责迎送亲客的一个仆妇迟到，受到的惩罚是_____。从此，宁府之人再不敢偷闲。

（3）惩处此人，凤姐立威，小说描写一波三折，有多次"摇曳"和"顿挫"，煞是好看。凤姐且不发放这人，先问荣国府的王兴媳妇有什么事，之后又来了荣国府的四位执事，其中两人的诉求被驳回；接着是张材家的取帖儿，王兴家的交对牌，得了回押，吩咐张材家的去领，张材家的再来缴清。彩明站立一侧读帖儿、登记，其中有多次登记、领牌、交牌等。这样写来，有什么表达效果？

_____
_____
_____

8. 阅读文段，回答问题。

　　凤姐也略坐片时，便回至净室歇息，老尼相送。此时众婆娘媳妇见无事，都陆续散了，自去歇息，跟前不过几个心腹常侍小婢，老尼便趁机说道："我正有一事，要到府里求太太，先请奶奶一个示下。"凤姐因问何事。

　　老尼道："阿弥陀佛！只因当日我先在长安县内善才庵内出家的时节，那时有个施主姓张，是大财主。他有个女儿小名金哥，那年都往我庙里来进香，不想遇见了长安府府太爷的小舅子李衙内。那李衙内一心看上，要娶金哥，打发人来求亲，不想金哥已受了原任长安守备的公子的聘定。张家若退亲，又怕守备不依，因此说已有了人家。谁知李公子执意不依，定要娶他女儿，张家正无计策，两处为难。不想守备家听了此信，也不管青红皂白，便来作践辱骂，说一个女儿许几家，偏不许退定礼，就打官司告状起来。那张家急了，只得着人上京来寻门路，赌气偏要退定礼。我想如今长安节度云老爷与府上最契，可以求太太与老爷说声，打发一封书去，求云老爷和那守备说一声，不怕那守备不依。若是肯行，张家连倾家孝顺也都情愿。"

凤姐听了笑道："这事倒不大，只是太太再不管这样的事。"老尼道："太太不管，奶奶也可以主张了。"凤姐听说笑道："我也不等银子使，也不做这样的事。"净虚听了，打去妄想，半晌叹道："虽如此说，张家已知我来求府里，如今不管这事，张家不知道没工夫管这事，不希罕他的谢礼，倒像府里连这点子手段也没有的一般。"

凤姐听了这话，便发了兴头，说道："你是素日知道我的，从来不信什么是阴司地狱报应的，凭是什么事，我说要行就行。你叫他拿三千银子来，我就替他出这口气。"老尼听说，喜不自禁，忙说："有，有！这个不难。"凤姐又道："我比不得他们扯蓬拉纤的图银子。这三千银子，不过是给打发说去的小厮做盘缠，使他赚几个辛苦钱，我一个钱也不要他的。便是三万两，我此刻也拿的出来。"老尼连忙答应，又说道："既如此，奶奶明日就开恩也罢了。"凤姐道："你瞧瞧我忙的，那一处少了我？既应了你，自然快快的了结。"老尼道："这点子事，在别人的跟前就忙的不知怎么样，若是奶奶的跟前，再添上些也不够奶奶一发挥的。只是俗语说的，'能者多劳'，太太因大小事见奶奶妥贴，越性都推给奶奶了，奶奶也要保重金体才是。"一路话奉承的凤姐越发受用，也不顾劳乏，更攀谈起来。

（第十五回，页198~200）

凤姐帮助老尼净虚解决了张家的问题，得了三千两银子。其推托之间，全在言语往来，请你细品文字，分析二人的言外之意。

三、探究提升

9. 脂砚斋评语中有言："写秦氏之丧，却只为凤姐一人。"① 通读第十一至十五回，说一说，从这几回与秦可卿有关的内容来看，都写出了王熙凤的哪些方面。请结合具体情节，做出完整而简要的解读。

四、真题重现

2009·福建高考·简答题

简述《红楼梦》中贾珍请王熙凤到宁国府协理秦可卿丧事的原因和过程。100字左右。

---

① 《脂砚斋评石头记》，上海三联书店，2011，页144。

本节参考答案

一、基础了解

1. 第十一回：庆寿辰宁府排家宴　见熙凤贾瑞起淫心

   第十二回：王熙凤毒设相思局　贾天祥正照风月鉴

   第十三回：秦可卿死封龙禁尉　王熙凤协理宁国府

   第十四回：林如海捐馆扬州城　贾宝玉路谒北静王

   第十五回：王凤姐弄权铁槛寺　秦鲸卿得趣馒头庵

2. ①贾赦　②贾政　③贾珍　④贾敬　⑤尤氏　⑥邢夫人　王夫人　⑦尤氏之母　⑧王熙凤

3. （1）王熙凤骗贾瑞让他在穿堂里冻了一夜　（2）受骗出丑，被贾蓉、贾蔷讥嘲、勒索共计100两，被泼粪桶　（3）风月宝鉴　太虚幻境空灵殿上　警幻仙子　（4）王熙凤　骷髅

4. 秦可卿　在祖茔附近购置大量田产，以备四时祭祀供给费用　家塾的费用也出自这些田产中，设置规则按房轮流掌管

5. （1）奉天洪建/兆年不易之朝/诰封一等宁国公冢孙妇/防护内廷紫禁道御前侍卫龙禁尉/享强寿/贾门秦氏恭人/之灵柩　（2）诰封：古代社会里皇帝赏赐的封号。冢孙：嫡长孙。冢：大，引申为嫡长之意。享强寿：寿命终于强健之年，也暗指了秦氏早早因故去世这件事。恭人：古代社会里，女性根据丈夫或子孙的官职品级受到的封赠称号。（明清时期四品官的妻子叫"恭人"，五品官的妻子叫"宜人"。贾珍给贾蓉捐官为五品龙禁尉，此处写"恭人"，或隐含暗讽。）

6. 宁、荣二公　寄放京中死去人口之尸棺　水月庵　净虚　智善　智能　王熙凤　宝玉　秦钟

二、阅读进阶

7.（1）凌晨 4:00　6:30　一个多月（停灵七七四十九天）　（2）打二十板，革一月银米

附：

古称	现代时刻	古称	现代时刻	古称	现代时刻
子时	23:00～01:00	子初	23:00	子正	0:00
丑时	01:00～03:00	丑初	1:00	丑正	2:00
寅时	03:00～05:00	寅初	3:00	寅正	4:00
卯时	05:00～07:00	卯初	5:00	卯正	6:00
辰时	07:00～09:00	辰初	7:00	辰正	8:00
巳时	09:00～11:00	巳初	9:00	巳正	10:00
午时	11:00～13:00	午初	11:00	午正	12:00
未时	13:00～15:00	未初	13:00	未正	14:00
申时	15:00～17:00	申初	15:00	申正	16:00
酉时	17:00～19:00	酉初	17:00	酉正	18:00
戌时	19:00～21:00	戌初	19:00	戌正	20:00
亥时	21:00～23:00	亥初	21:00	亥正	22:00

（3）行文如此"摇曳"和"顿挫"，更加凸显了惩处迟到者时凤姐的威风。她处理的都是荣国府的事宜，且整个过程中头绪清楚、账目清明，让宁府人看到了她在荣府的位置和断事能力。在延宕的过程中，迟到者也会更加感受到情势的威压，为自己犯的错误忐忑不安、愧疚懊悔，让随后的惩处执行得更加顺当。更好地表现了王熙凤克己勤勉，能够杀伐决断的处事能力。

此事之后，接着写秦钟和贾宝玉过来，二人对于领牌、对牌一事都不甚了解，宝玉奇怪"怎么咱们家没人领牌子做东西"，凤姐说道"人家来领的时候，你还做梦呢"。小说从这些穿插映衬处，将王熙凤的理家才能描写了出来。

8. 水月庵靠的是施主布施和香火资费。第七回里，周瑞家的送宫花，到了三春那里，看到惜春正在跟智能玩儿，这是水月庵第一次出现在小说里。周瑞家的曾问智能，十五的月例香供银子可曾得了没有。净虚和智能等虽是出家人，却因身份特殊，得以在豪门贵族的庭院里自由出入，因而牵绊出各种社会关系。

看净虚求贾府办事，说要先通过凤姐，将凤姐身份地位抬高。之后一句"阿弥陀佛"，虽是出家人口气，然而随之说的却皆是红尘风情之事。在诉说事情原委时，不清不楚、偏袒之处甚多，不过是张家希望与长安府府太爷之间用女儿的婚嫁联系得更紧密一些，是富户和官员之间的交易。净虚言谈之间，倒是守备家莽撞在先了。看第十六回的补叙，我们便可知整个事件的原委了。

长安县的张家居然能够找到已离开县内善才庵的净虚，净虚又能得知长安节度与贾府之间的关系，可见净虚老尼既不"净"也不"虚"。

"不怕那守备不依"，此句里也有出家人不该有的权势威压感。"张家连倾家孝顺也都情愿"，那种用金钱打点一切的嘴脸，真是既谄媚又可恶。

在凤姐表示不愿意出头的时候，净虚又用激将法，"倒像府里连这点子手段也没有的一般"，倒逼了凤姐一把。不仅如此，她已是在心里摸准了凤姐的脾性，将其推在上头、前头、高处，要求更进了一步，"既如此，奶奶明日就开恩也罢了"，奉承话一跟上，倒是让凤姐成了她的一杆如意枪。

由此可知，此事在老尼这里是已有筹谋的，秦氏出殡让她有了一个时机。言谈之际，老尼又谨慎又大胆，又有奉承又有推进，策略性地完成了一件阴谋。

王熙凤喜欢揽事、揽权，因为她能干、肯干，她也并不惧怕出头露面。秦氏出殡，其他人都暂住铁槛寺，凤姐却独到水月庵，再加上又带了宝玉，贾母等生怕宝玉出岔子，所以，也就并不显得特立独行。净虚有求于她，定会打出十二分精神来伺候，这也让王熙凤很是受用。

在凤姐这里，对话的转折点在老尼激将之后，虽然老尼说的是张家会认为是府里没手段，在凤姐这里，其实更多是理解成自己没手段。"我说要行就行"，这是凤姐的口气，也是凤姐心里的胆气和豪气。特别是协理宁府持续一段时间之后，她得到了历练，也得到了更大范围的认可和敬重，府里的事情照拂到位，府外的事情捎带手也可做一下。

三千两银子，是凤姐开出的价码。她嘴上说"不等银子使"，这些钱是给跑腿人的，实际上不是这么回事。第十一回里，便提到凤姐去看望秦可卿时，平儿在家，收下了来旺媳妇送来的"那三百银子的利银"。这是小说中第一次出现凤姐放贷的信息。第十六回，贾瑞从苏州回来，夫妻二人在房间内，来旺媳妇再来送利银，平儿帮着在贾瑞面前瞒了过去。这是第二次出现放贷信息。三百两银子，凤姐都赶快挪用去放高利贷，更何况三千两了。

凤姐是一个给她舞台就灿烂的人物，她的确可以把事情处理得很有效率、很有效果。但她又很有些意气用事和想当然，她聪明，但聪明里又有些痴傻。老尼这件事情，凤姐得了钱财，得了得意，可是这些都是放不到台面上的，不是光明正大的，与她协理宁国府完全不同。用书中的词汇说，得到的，只是冤孽而已。

第十六回开头有一段对此事的补充：

这里凤姐却坐享了三千两，王夫人等连一点消息也不知道。自此凤姐胆识愈壮，以后有了这样的事，便恣意的作为起来，也不消多记。

"不消多记"，是以此为例，不再多写，但我们读者需要记得这些事情，以此勾勒出凤姐的一生来。

三、探究提升

9.（1）第十一回，王熙凤在为贾敬庆生辰之日看望秦可卿，这是九月半的事情。之后一直到腊月，她常常去宁府，为的主要是秦可卿。她们虽然是婶子与侄媳妇的关系，但在情感上很是亲近。王熙凤一方面为秦氏伤心流泪，一方面还要宽解她，宽解贾母、宝玉等人，是个通情达理，可以知心、交心的好朋友、好晚辈。（2）第十三回，小说写秦可卿临死之际托梦给王熙凤，将家族的未来家业托付给她，以此写出秦可卿和王熙凤两人的慧眼之处。秦可卿作为宁府长孙媳妇，虽然一贯温婉，但却能看得长远，并将长远之计独独说与凤姐，凤姐管家，自是了解家族财务收支的真实情况。"非告诉婶子，别人未必中用"，以此凸显凤姐是个可以托付的好总管。（3）看下面文段，可以了解凤姐管家的日常状况和非常状况。维持一个家族正常运转需要有序的管理和调度，凤姐的确分身有术，克勤克勉，是个管理人才。恃才而宠、恃才而骄，其前提还是要有才。

里面凤姐见日期有限，也预先逐细分派料理，一面又派荣府中车轿人从跟王夫人送殡，又顾自己送殡去占下处。目今正值缮国公诰命亡故，王邢二夫人又去打祭送殡；西安郡王妃华诞，送寿礼；镇国公诰命生了长男，预备贺礼；又有胞兄王仁连家眷回南，一面写家信禀叩父母并备带往之物；又有迎春染病，每日请医服药，看医生启帖、症源、药案等事，亦难尽述。又兼发引在迩，因此忙的凤姐茶饭也没工夫吃得，坐卧不能清净。刚到了宁府，荣府的人又跟到宁府；既回到荣府，宁府的人又找到荣府。凤姐见如此，心中倒十分欢喜，并不偷安推托，恐落人褒贬，因此日夜不暇，筹画得十分的整肃。于是合族上下无不称叹者。

这日伴宿之夕，里面两班小戏并耍百戏的与亲朋堂客伴宿，尤氏犹卧于内室，一应张罗款待，独是凤姐一人周全承应。合族中虽有许多妯娌，但或有羞口的，或有羞脚的，或有不惯见人的，或有惧贵怯官的，种种之类，俱不及凤姐举止舒徐，言语慷慨，珍贵宽大；因此也不把众人放在眼里，挥霍指示，任其所为，目若无人。一夜中灯明火彩，客送官迎，那百般热闹，自不用说的。

（第十四回，页189）

四、真题重现

略

七 第十六至十八回

第十六至十八回内容速看

此三回内容：贾元春晋封，宫中又发妃嫔可回家省亲的恩旨，贾府着手修建省亲别院。秦钟病重而亡，宝玉痛失挚友。省亲工程告竣，贾政命宝玉一起入园观览题咏，移步换景之际，宝玉灵慧才华得以展现。小厮们讨要彩头，抢走他身上很多佩饰挂物。林黛玉以为自己缝的荷包也没了，怒气之下，剪坏香囊。十二女伶和妙玉入府。一切修整装饰完毕，元春于正月十五归家省亲，贾府一派富丽华贵之象。

元春之泪

一、基础了解

1. 请将第十六至十八回的回目抄写在下面。

第十六回：_____

第十七回至十八回：_____

从第十六至第十八回，发生的事情主要有：

①庆贾政生日之际，贾元春晋封为凤藻宫尚书，加封贤德妃。

②贾府筹划兴建省亲别院。

③秦钟因病而亡。

④贾琏携孤女林黛玉返回贾府。

⑤贾珍引领，贾政携宝玉及清客们游赏省亲之园。

⑥元妃省亲。

2. 请根据小说内容，梳理贾琏与黛玉回来的情节内容及相关细节。

（1）此次返回，一路之上，除贾琏和黛玉之外，还有一人同路做伴。他是贾琏同宗兄弟（后认的），与黛玉有师从之谊，他是_____。此人由_____累上保本，来候补京缺。

（2）林黛玉回南方探望重病的父亲，父亲病逝后处理后事，如此一来，离开贾府有_____（时间长度）。再次回到贾府，黛玉与众人见面_____（场面状态及心情），一则自己成了孤女，一则正逢元春受封，阖府欢欣。

（3）林黛玉带回来的东西主要有_____等。宝黛再见，宝玉赠送黛玉_____，被黛玉拒绝。

（4）贾琏一回来，就开始参与_____中。从中找到工作机会的先后有_____等人。

3. 秦钟临死前，叮嘱宝玉_____
_____。

4. 阅读文段，回答问题。

　　凤姐忙接道："我们王府也预备过一次。那时我爷爷单管各国进贡朝贺的事，凡有的外国人来，都是我们家养活。粤、闽、滇、浙所有的洋船货物都是我们家的。"

　　赵嬷嬷道："那是谁不知道的？如今还有个口号儿呢，说'_____'，这说的就是奶奶府上了。还有如今现在江南的甄家，嗳哟哟，好势派！独他家接驾四次，若不是我们亲眼看见，告诉谁谁也不信的。别讲银子成了土泥，凭是世上所有的，没有不是堆山塞海的，'罪过可惜'四个字竟顾不得了。"凤姐道："常听见我们太爷们也这样说，岂有不信的。只纳罕他家怎么就这么富贵呢？"赵嬷嬷道："告诉奶奶一句话，也不过是拿着皇帝家的银子往皇帝身上使罢了！谁家有那些钱买这个虚热闹去？"

　　　　　　　　　　　　　　　　　（第十六回，页211）

（1）赵嬷嬷说的那个口号儿应该是（　　）。

A. 贾不假，白玉为堂金作马

B. 阿房宫，三百里，住不下金陵一个史

C. 东海少了白玉床，龙王来请江南王

D. 丰年好大雪，珍珠如土金如铁

（2）你是如何理解赵嬷嬷说的"谁家有那些钱买这个虚热闹去"这句话的？

_____

_____

5. 请根据小说内容，在横线处作答。

（1）贾政带贾宝玉游园，走到一处，笑道："这一处还罢了。若能月夜坐此窗下读书，不枉虚生一世。"此处居所的主要景物及特点是：_____。贾宝玉为此处题匾为"_____"，后来赐名为"_____"。

（2）之后一行人又来到一处，贾政评价说："倒是此处有些道理。固然系人力穿凿，此时一见，未免勾引起我归农之意。"此处居所的主要景物及特点是：_____

_____

_____。

贾政建议，要再添上_____，贾珍补充再买些_____放养。宝玉为此处题匾为"_____"，主张不要叫"杏花村"，叫_____为妙。

（3）随后一行人又来到一处种满了奇香异草的院落，贾政称："此轩中煮茶操琴，亦不必再焚名香矣。"宝玉为此处题匾为"_____"，后来赐名为"_____"。

（4）说着，大家出来。行不多远，则见崇阁巍峨，层楼高起，面面琳宫合抱，迢迢复道萦纡，青松拂檐，玉栏绕砌，金辉兽面，彩焕螭头。贾政道："这是正殿了，只是太富丽了些。"众人都道："要如此方是。虽然贵妃崇节尚俭，天性恶繁悦朴，然今日之尊，礼仪如此，不为过也。"一面说，一面走，<u>只见正面现出一座玉石牌坊来，上面龙蟠螭护，玲珑凿就</u>。贾政道："此处书以何文？"众人道："必是'蓬莱仙境'方妙。"贾政摇头不语。

宝玉见了这个所在，<u>心中忽有所动，寻思起来，倒像那里曾见过的一般，却一时想不起那年月日的事了。</u>贾政又命他作题，宝玉只顾细思前景，全无心于此了。

（第十七回至十八回，页229~230）

请问：宝玉为何感觉此处似曾相识？他是什么时候见过的呢？

_____

_____

6. 请根据第十六至十八回的内容，完成下面的表格。

大观园兴建的原因	
大观园的整体面积	
大观园的大体位置	
大观园的总设计师	
大观园工程的具体负责人	

二、阅读进阶

7. 阅读文段，回答问题。

抬头忽见山上有镜面白石一块，正是迎面留题处。贾政回头笑道："诸公请看，此处题以何名方妙？"

…………

贾政听了，便回头命宝玉拟来。宝玉道："尝闻古人有云：'编新不如述旧，刻古终胜雕今。'况此处并非主山正景，原无可题之处，不过是探景一进步耳。莫若直书'曲径通幽处'这句旧诗在上，倒还大方气派。"众人听了，都赞道："是极！二世兄天分高，才情远，不似我们读腐了书的。"贾政笑道："不可谬奖。他年小，不过以一知充十用，取笑罢了。再俟选拟。"

（第十七回至十八回，页220~221）

宝玉听说，连忙回道："老爷方才所议已是。但是如今追究了去，似乎当日欧阳公题酿泉用一'泻'字则妥，今日此泉若亦用'泻'字，则觉不妥。况此处虽云省亲驻跸别墅，亦当入于应制之例，用此等字眼，亦觉粗陋不雅。求再拟较此蕴藉含蓄者。"贾政笑道："诸公听此论若何？方才众人编新，你又说不如述古；如今我们述古，你又说粗陋不妥。你且说你的来我听。"宝玉道："有用'泻玉'二字，则莫若'沁芳'二字，岂不新雅？"贾政拈髯点头不语。

（第十七回至十八回，页221~222）

宝玉见问，答道："都似不妥。"贾政冷笑道："怎么不妥？"宝玉道："这是第一处行幸之处，必须颂圣方可。若用四字的匾，又有古人现成的，何必再作。"贾政道："难道'淇水''睢园'不是古人的？"宝玉道："这太板腐了。莫若'有凤来仪'四字。"众人都哄然叫妙。贾政点头道："畜生，畜生，可谓'管窥蠡测'矣。"

（第十七回至十八回，页223）

大家想着，宝玉却等不得了，也不等贾政的命，便说道："旧诗有云：'红杏梢头挂酒旗'。如今莫若'杏帘在望'四字。"众人都道："好个'在望'！又暗合'杏花村'意。"宝玉冷笑道："村名若用'杏花'二字，则俗陋不堪了。又有古人诗云：'柴门临水稻花香'，何不就用'稻香村'的妙？"众人听了，亦发哄声拍手道："妙！"贾政一声断喝：

"无知的业障！你能知道几个古人，能记得几首熟诗，也敢在老先生前卖弄！你方才那些胡说的，不过是试你的清浊，取笑而已，你就认真了！"

说着，引人步入茆堂，里面纸窗木榻，富贵气象一洗皆尽。贾政心中自是欢喜，却瞅宝玉道，"此处如何？"众人见问，都忙悄悄的推宝玉，教他说好。宝玉不听人言，便应声道："不及'有凤来仪'多矣。"贾政听了道："无知的蠢物！你只知朱楼画栋、恶赖富丽为佳，那里知道这清幽气象。终是不读书之过！"宝玉忙答道："老爷教训的固是，但古人常云'天然'二字，不知何意？"

（第十七回至十八回，页225~226）

贾政拈髯沉吟，意欲也题一联。忽抬头见宝玉在旁不敢则声，因喝道："怎么你应说话时又不说了？还要等人请教你不成！"

…………

贾政笑道："这是套的'书成蕉叶文犹绿'，不足为奇。"众客道："李太白'凤凰台'之作，全套'黄鹤楼'，只要套得妙。如今细评起来，方才这一联，竟比'书成蕉叶'犹觉幽娴活泼。视'书成'之句，竟似套此而来。"贾政笑说："岂有此理！"

（第十七回至十八回，页229）

（1）请细品文段中贾政的行为和语言，分析贾政在宝玉表明观点之后的几次"笑"或"点头"的含义。

（2）曹雪芹借贾政和宝玉的眼睛，带我们游览了一遍大观园。请你根据他们的游览轨迹，在下图中标注出各处院所的最终名称。

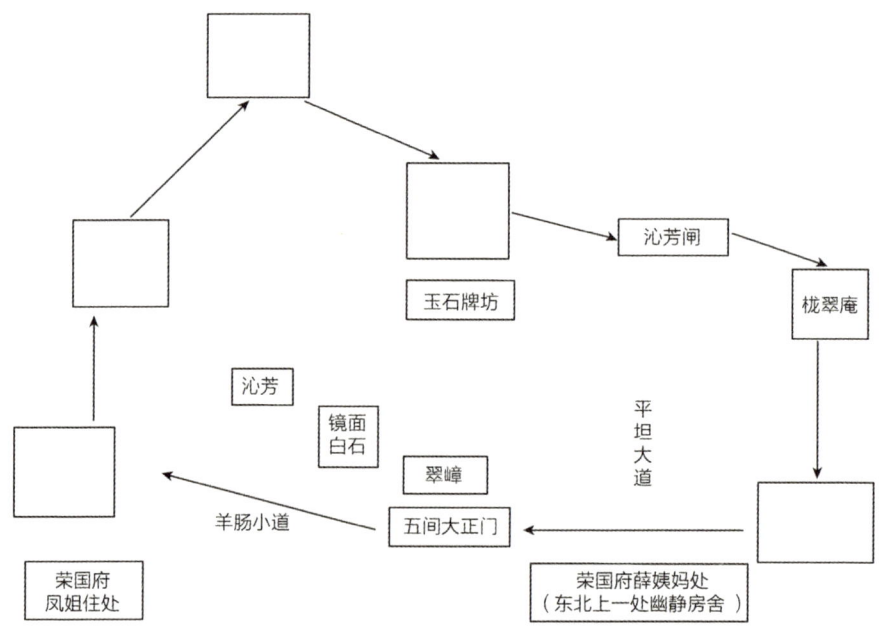

8. 阅读文段，回答问题。

　　展眼元宵在迩，自正月初八日，就有太监出来先看方向：何处更衣，何处燕坐，何处受礼，何处开宴，何处退息。又有巡察地方总理关防太监等，带了许多小太监出来，各处关防，挡围幕；指示贾宅人员何处退，何处跪，何处进膳，何处启事，种种仪注不一。外面又有工部官员并五城兵备道打扫街道，撵逐闲人。贾赦等督率匠人扎花灯烟火之类，至十四日，俱已停妥。这一夜，上下通不曾睡。

（第十七回至十八回，页237）

　　且说贾妃在轿内看此园内外如此豪华，因默默叹息奢华过费。忽又见执拂太监跪请登舟，贾妃乃下舆。只见清流一带，势如游龙，两边石栏上，皆系水晶玻璃各色风灯，点的如银花雪浪；上面柳杏诸树虽无花叶，然皆用通草绸绫纸绢依势作成，粘于枝上的，每一株悬灯数盏；更兼池中荷荇凫鹭之属，亦皆系螺蚌羽毛之类作就的。诸灯上下争辉，真系玻璃世界，珠宝乾坤。船上亦系各种精致盆景诸灯，珠帘绣幰，桂楫兰桡，自不必说。

（第十七回至十八回，页238~239）

茶已三献，贾妃降座，乐止。退入侧殿更衣，方备省亲车驾出园。至贾母正室，欲行家礼，贾母等俱跪止不迭。贾妃满眼垂泪，方彼此上前厮见，一手搀贾母，一手搀王夫人，三个人满心里皆有许多话，只是俱说不出，只管呜咽对泣。邢夫人、李纨、王熙凤、迎、探、惜三姊妹等，俱在旁围绕，垂泪无言。

半日，贾妃方忍悲强笑，安慰贾母、王夫人道："当日既送我到那不得见人的去处，好容易今日回家娘儿们一会，不说说笑笑，反倒哭起来。一会子我去了，又不知多早晚才来！"说到这句，不禁又哽咽起来。

（第十七回至十八回，页240~241）

贾政又启："园中所有亭台轩馆，皆系宝玉所题；如果有一二稍可寓目者，请别赐名为幸。"元妃听了宝玉能题，便含笑说："果进益了。"贾政退出。贾妃见宝、林二人亦发比别姊妹不同，真是姣花软玉一般。因问："宝玉为何不进见？"贾母乃启："无谕，外男不敢擅入。"元妃命快引进来。小太监出去引宝玉进来，先行国礼毕，元妃命他进前，携手揽于怀内，又抚其头颈笑道："比先竟长了好些……"一语未终，泪如雨下。

（第十七回至十八回，页242）

贾蔷忙张罗扮演起来。一个个歌欺裂石之音，舞有天魔之态。虽是妆演的形容，却作尽悲欢情状。刚演完了，一太监执一金盘糕点之属进来，问："谁是龄官？"贾蔷便知是赐龄官之物，喜的忙接了，命龄官叩头。太监又道："贵妃有谕，说'龄官极好，再作两出戏，不拘那两出就是了'。"贾蔷忙答应了，因命龄官做《游园》《惊梦》二出。龄官自为此二出原非本角之戏，执意不作，定要作《相约》《相骂》二出。贾蔷扭他不过，只得依他作了。贾妃甚喜，命"不可难为了这女孩子，好生教习"，额外赏了两匹宫缎、两个荷包并金银锞子、食物之类。

（第十七回至十八回，页249~250）

元妃省亲是贾府一件"烈火烹油，鲜花着锦"之盛事（秦可卿之语，第十三回，页171），脂批说："大观园用省亲事出题，是大关键事，方见大手笔行文之立意。"[①] 请你结合以上五个段落谈谈曹雪芹借元妃省亲一事都写出了哪些立意。

_____

_____

9. 阅读文段，回答问题。

彼时宝玉尚未作完，只刚作了"潇湘馆"与"蘅芜苑"二首，正作"怡红院"一首，起草内有"绿玉春犹卷"一句。宝钗转眼瞥见，便趁众人不理论，急忙回身悄推他道："他因不喜'红香绿玉'四字，改了'怡红快绿'；你这会子偏用'绿玉'二字，岂不是有意和他争驰了？况且蕉叶之说也颇多，再想一个字改了罢。"宝玉见宝钗如此说，便拭汗道："我这会子总想不起什么典故出处来。"宝钗笑道："你只把'绿玉'的'玉'字改作'蜡'字就是了。"宝玉道："'绿蜡'可有出处？"宝钗见问，悄悄的咂嘴点头笑道："亏你，今夜不过如此，将来金殿对策，你大约连'赵钱孙李'都忘了呢！唐钱珝咏芭蕉诗头一句'冷烛无烟绿蜡干'，你都忘了不成？"宝玉听了，不觉洞开心臆，笑道："该死，该死！现成眼前之物偏倒想不起来了，真可谓'一字师'了。从此后我只叫你师父，再不叫姐姐了。"宝钗亦悄悄的笑道："还不快作上去，只管姐姐妹妹的。谁是你姐姐，那上头穿黄袍的才是你姐姐！你又认我这姐姐来了。"一面说笑，

[①] 《脂砚斋评石头记》，上海三联书店，2011，页161。

因说笑又怕他耽延工夫，遂抽身走开了。宝玉只得续成，共有了三首。

此时林黛玉未得展其抱负，自是不快。因见宝玉独作四律，大费神思，何不代他作两首，也省他些精神不到之处。想着，便也走至宝玉案旁，悄问："可都有了？"宝玉道："才有了三首，只少'杏帘在望'一首了。"黛玉道："既如此，你只抄录前三首罢。赶你写完那三首，我也替你作出这首了。"说毕，低头一想，早已吟成一律，便写在纸条上，搓成个团子，掷在他跟前。宝玉打开一看，只觉此首比自己所作的三首高过十倍，真是喜出望外，遂忙恭楷呈上。

（第十七回至十八回，页246~247）

曹公在写元妃省亲时也忙里偷闲写了宝钗和黛玉二人的性情，请你结合文段内容，分析二人表现出来的性情有何不同。

_____

_____

三、探究提升

10. 那时贾蔷带领十二个女戏，在楼下正等的不耐烦，只见一太监飞跑来说："作完了诗，快拿戏目来！"贾蔷急将锦册呈上，并十二个花名单子。少时，太监出来，只点了四出戏：

第一出，《豪宴》（《一捧雪》中伏_____）；

第二出，《乞巧》（《长生殿》中伏_____）；

第三出，《仙缘》（《邯郸梦》中伏_____）；

第四出，《离魂》（《牡丹亭》中伏_____）。

（第十七回至十八回，页249）

脂砚斋点评说："所点之戏剧伏四事，乃通部书之大过节、大关键。"① 请大家结合这四出戏的具体剧情，思考元妃所点之戏剧所伏的四事是"红楼"故事中的哪四件事（填在文中横线处）？为什么这四件事是整个《红楼梦》的关键所在？

_____

_____

_____

● 附四出戏剧介绍

1.《豪宴》一出出自清初戏剧家李玉的《一捧雪》，写了明代严世蕃倚仗其父严嵩之势，把持朝政，卖官鬻爵，为夺取一只名为"一捧雪"的玉杯，害得玉杯主人莫怀古家破人亡的故事。《豪宴》是《一捧雪》的第五出，写莫怀古初到京城，拜见严世蕃，向严介绍古玩，推荐善识古董的汤勤，在严府饮宴，为后来遭受迫害埋下祸根。

2.《乞巧》一出出自清初戏剧家洪昇的《长生殿》，全剧共五十出。天宝十载，大唐天子李隆基和贵妃杨玉环在长生殿中七夕乞巧，对天盟誓，唯愿永世结为夫妻。不想，马嵬坡之变突起，唐明皇携杨贵妃避难蜀中的途中，将士们高呼"不杀贵妃，誓不扈驾"。无奈之下，杨贵妃自缢于梨花树下。叛乱平复后，又是一年的七夕夜，唐明皇梦中与杨贵妃重逢，阴阳相隔，爱恋不减。

3.《仙缘》是明代汤显祖传奇剧《邯郸梦》的第三十出，折子戏上称作《合仙》。《邯郸梦》是汤显祖的"临川四梦"之一，说的是吕洞宾瞄见一个叫卢生的穷书生有些仙气儿，便想度卢生成仙。无奈这个卢生热衷仕途，功名心太炙，吕洞宾通过一个有魔法的枕头引卢生入梦。梦中的卢

---

① 《脂砚斋评石头记》，上海三联书店，2011，页192。

生娶妻、入仕、遭贬、受奖、挂帅、勒石、封相、受诏、戴罪、昭雪、复官、享乐、寿终,一个跌宕起伏的人生让卢生觉得死而无憾,梦醒时才发现一锅黄粱竟然都没煮熟,妻儿财官都是虚幻,生死祸福也无非大梦一场,就开悟了,离了红尘,去给何仙姑当扫花人去了。

4.《离魂》是《牡丹亭》的昆曲演出本。《牡丹亭》是明代汤显祖的"临川四梦"之一。这一出在《牡丹亭》原著中是第二十出《闹殇》。该剧描写了官家千金杜丽娘对梦中书生柳梦梅倾心爱慕,竟伤情而死,化为魂魄寻找现实中的爱人,人鬼相恋,最后起死回生,终于与柳梦梅永结同心的故事。

四、真题重现

2021·北京高考·简答题

根据要求,回答问题。

《红楼梦》第十三回,秦可卿去世前向王熙凤托梦,说道:

若目今以为荣华不绝,不思后日,终非长策。眼见不日又有一件非常喜事,真是烈火烹油、鲜花着锦之盛。<u>要知道,也不过是瞬息的繁华,一时的欢乐,万不可忘了那"盛筵必散"的俗语。</u>……我与婶子好了一场,临别赠你两句话,须要记着。因念道:<u>三春去后诸芳尽,各自须寻各自门。</u>

(1)这里说的"非常喜事"在小说中指什么?

(2)画线的部分与小说后续情节有何关系?请结合原著,举例说明。

本节参考答案

一、基础了解

1. 第十六回：贾元春才选凤藻宫　秦鲸卿夭逝黄泉路

   第十七至十八回：大观园试才题对额　荣国府归省庆元宵

2. （1）贾雨村　王子腾　（2）一年　悲喜交集，又是大哭，又是致庆（3）书籍、纸笔　鹡鸰香串（北静王赠送宝玉，宝玉转赠）　（4）筹备建造省亲别院　贾蔷、来升（管家）的两个儿子、赵嬷嬷（贾琏的乳母）的两个儿子赵天梁、赵天栋

3. 以后还该立志功名，以荣耀显达为是

4. （1）C　（2）首先，这里透露出接驾所花的银子绝不在少数，甚至是我们常人难以想象的，所以很大程度上这钱应该是国库中的，也就是从百姓手中征敛而来的钱财。按赵嬷嬷的话就是"拿着皇帝家的银子往皇帝身上使"，这也为甄家和贾家的结局留下了伏笔，也暗含了现实中的曹家之结局。其次，这里的关键是"虚"字，看似是热热闹闹，是皇恩浩大，是无上荣耀，但是对于家族发展而言并没有实际的意义和用处。元妃只在贾府一个晚上，然而建造大观园却耗费了大量的人力、物力和财力，这些投资也并不能换来更多的收益，只有当探春协助凤姐理家之时，她才开始从下人赖大家里悟到了利用园子的生财之道（详见第五十六回）。

5. （1）有千百竿翠竹遮映，清泉由后院流出，环绕盘旋，环境清幽；房舍小而别致。　有凤来仪　潇湘馆　（2）有黄泥矮墙环绕，墙头皆用

稻茎掩护；有几百株杏花，如喷火蒸霞一般；房屋建造为茅屋样貌，有桑树、榆树、槿树、柘树；围以青篱笆；篱笆外边有山坡，山坡下有土井，再下面是一大片田野菜畦；一派田舍风光。 酒幌 鹅鸭鸡 杏帘在望 稻香村 （3）蘅芷清芬 蘅芜苑 （4）此为宝玉在第五回梦游时所见的太虚幻境入口处。此处景致还曾出现于小说第一回贾雨村梦中，至此，这是小说中第三次出现。

6.

大观园兴建的原因	为了迎接元妃省亲
大观园的整体面积	从东边一带，借着东府里花园起，转至北边，一共丈量准了，三里半大
大观园的大体位置	从荣府东北角起一直往北
大观园的总设计师	山子野
大观园工程的具体负责人	贾珍、贾琏

二、阅读进阶

7.（1）贾政既然"笑"，然后口中却说"岂有此理""不可谬奖""畜生畜生"，如此矛盾的言行恰恰表现了贾政作为父亲的一种真实的复杂的心情。一方面感觉儿子虽然不爱读《四书》《五经》，但还是有才的，是有自己的认识与见解的，不是全然不学无术，所以内心还是比较满意，也有一些小得意的；但是另一方面，毕竟和宝玉在一起的有很多是他的长辈，也有很多自己的同僚清客，还是不能过于骄傲，因此要谦虚一些，这也是中国家长所特有的风采吧。

（2）

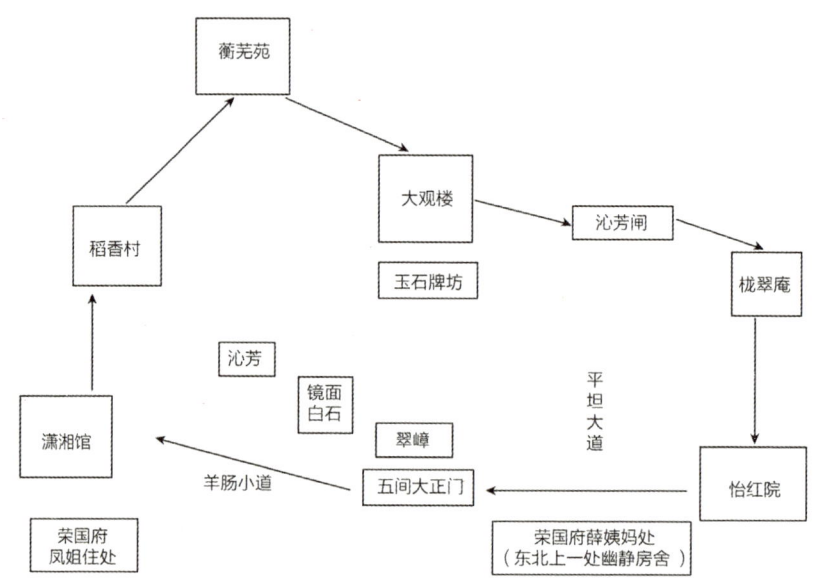

8. 大观园在《红楼梦》中是非常重要的一个处所，与"太虚幻境"遥相呼应，也是红楼女孩们的主要活动场所，这个场所由四春之首"元春"引起也是非常合情合理的。而论其立意，有以下几点。

第一，此事暗伏贾府由盛转衰（请回看第十三回，秦可卿托梦王熙凤），力写筹建之烦琐与奢华，也就尽力写出了贾府之内库空虚之由。

第二，借此事可以重点刻画元春在宫中的真实感受。

第三，可以展现宝玉与元妃之间的姐弟情深。

第四，可以借机展露宝钗和黛玉的才华和性情（全书中第一次正式写诗）。

第五，为下文宝玉和姐妹们进大观园做铺垫。

9. 宝钗在这段情节中不仅展现了自己的才华（典故信手拈来），也展现了她心思细腻，善于观察的特点（能从元妃把"红香绿玉"改为"怡红快绿"中就猜到元妃不喜欢"玉"），同时也透出她对贾宝玉的好感，她会和宝玉说笑，而且还怕说笑耽误宝玉写诗而走开，这个宝姐姐确实让人喜欢。

黛玉的风格则明显不一样了。首先，黛玉有着很高的才华，写诗于她而言不在话下，所以她一心想拿下头筹，将众人比下去。这一笔除了写出她的才华和心气儿，更写出她对宝玉的不一般的体贴。宝钗是从外在来看问题，怕宝玉写"绿玉"惹元妃不高兴，所以助他一臂之力；黛玉则是为了帮助宝玉，不想让他太费神，让他省些精神，是从宝玉的角度来帮他。来体味一下，哪一个更亲近呢？其次，黛玉竟然能够将写好的诗揉成一团丢给宝玉，可见黛玉是很俏皮的，不如宝钗稳重。简单的一笔写诗，竟也能比较出钗黛之间的不同，曹公真是高明啊！

三、探究提升

10. 贾家之败　元妃之死　甄宝玉送玉（宝玉最后之结局）　黛玉之死

《豪宴》暗示贾家之败也是由小事而起，在不经意之间埋下了祸根。大家在阅读中可以多多关注，贾府中人为自己家族日后的被抄家埋下了什么祸根。

《乞巧》暗示了元妃最终的结局。我们并不知道元妃在皇宫的生活如何，但从她所点的这出戏可以看出，她和皇帝之间一定是恩爱的，但外在的环境未必尽如人意，这一点也可以从元妃说皇城是"不得见人的去处"中窥得一二。究竟元妃为何会突然生病去世呢？当然我们不去考究这些，只是从元妃点的这出戏看出，安史之乱是唐王朝命运的转折点，那么，元妃去世就是贾府命运的转折点。

《仙缘》直接指出了那块大顽石的遭际，一心念着红尘乐事，结果在红尘享受了十九年后，最终还是了悟，回归仙界，回归本身，这也是贾宝玉的最终归宿。书中还有一位甄宝玉，结局与贾宝玉不同，大家在阅读的时候可以多加关注。

与《离魂》中的杜丽娘一样，黛玉也是一往情深之女子，问世间情为何物，直教人生死相许，之前为了还泪报恩投胎为人，报恩之后则又回归仙界。

为何说这四件事是《红楼梦》的关键之处呢？前两出戏与贾府命运相关，后两出戏与宝黛命运相关。至于还有什么潜在的含义，还请大家在阅读中多多体会和思考。

四、真题重现

略

八 第十九至二十二回

第十九至二十二回内容速看

此四回内容：袭人以母亲欲赎自己回家一事，吓唬宝玉，与宝玉约法三章，规束宝玉言行。宝玉探望黛玉，笑闹之间情意纯真。李嬷嬷作为宝玉的奶娘，大骂袭人。正月里多有闲时，贾环与众人掷骰子输了，生出家常风波。湘云到贾府，宝、黛、湘之间互有赌气斗嘴。正月二十一，贾母特为宝钗做十五岁生日，宝钗很会讨好迎合贾母；湘云直爽，说出演戏一个小旦长相似黛玉，宝玉给湘云使眼色，使得二人都与宝玉生了气。元妃从宫中送出灯谜，贾母生出兴致，命大家各自拟制灯谜，贾政品味各人出的灯谜，觉得不祥，颇为伤感悲戚。

小儿女真性情

一、基础了解

1.（1）请将第十九至二十二回的回目抄写在下面。

第十九回：_____

第二十回：_____

第二十一回：_____

第二十二回：_____

（2）从第十九至二十二回，继元妃省亲之后，时间仍在正月里。过节期间，无什么大事。不过，虽都是些小事儿，却都很重要。请你尝试梳理一下主要事件。

_____

_____

2. 第十九回，宝玉趁着宁府看戏的空当去找回家的袭人，虽并未久待，却有很多信息传递出来，让袭人母兄在断了赎出袭人的心思后，还有了一些"意外之想"。这"意外之想"是什么？请你结合相关情节进行分析。

_____

_____

3. 请根据第十九回内容，完成问题。

　　如今且说袭人自幼见宝玉性格异常，其_____自是出于众小儿之外，更有几件千奇百怪口不能言的毛病儿。近来仗着祖母溺爱，父母亦不能十分严紧拘管，更觉_____，_____，最_____。每欲劝时，料不能听，今日可巧有赎身之论，故先用骗词，以探其情，以压其气，然后好下箴规。

（第十九回，页263）

（1）请根据上下文语境，将下面四个词语填写在合适的横线上。（填序号）（关注对宝玉的性格评价、分析）

①不喜务正　②任性恣情　③淘气憨顽　④放荡弛纵

（2）为加点词语标注读音，并解释其意思。

箴规：_____

（3）阅读小说相关文段，归纳袭人给宝玉的箴规。

_____

_____

（4）五代时期王仁裕（880~956）著有《开元天宝遗事》（笔记小说），其中有文段"明皇秋八月，太液池有千叶白莲数枝盛开。帝与贵戚宴赏焉。左右皆叹羡久之，帝指贵妃示于左右曰：'争（怎）如我解语花！'"后来，"解语花"（也作"解语之花"）成为一个成语，是对容貌美丽、善解人意的女子的赞誉之词。本回回目中有"花解语"，指的是_____（人名），其本姓为"花"，又赞其为"解语之花"。你如何评价这个人物？请结合相关具体情节进行简要分析。

_____

_____

4. 薛宝钗的生日是_____。在古代，女子十五岁成年，在发饰上也有变化，因而女子十五岁为"_____"。因此，贾母提出要为宝钗过生日。贾母问宝钗爱听何戏，爱吃何物，宝钗所提出来的，正是贾母所喜好的_____、_____，贾母更加欢悦。宝钗先点了一出《西游记》，上酒席时，点的是《鲁智深醉闹五台山》，其中一支《寄生草》，填词极妙：

　　_____，相离处士家。谢慈悲剃度在莲台下。没缘法转眼分离乍。_____。

　　那里讨烟蓑雨笠卷单行？_____！

（第二十二回，页296~297）

5. 宝玉喜爱这支《寄生草》，又因夹在湘云和黛玉之间，竭力劝和，反被两人呵责，一时之间无从辩驳，便写下偈子：

　　　你证我证，心证意证。

　　　是无有证，斯可云证。

　　　无可云证，是立足境。

（第二十回，页300）

黛玉又补上了两句：

_____，_____。

宝黛所写的禅境之不同，与宝钗所讲的神秀和六祖惠能的偈子之禅悟深浅相似。

　　神秀偈子：_____

　　惠能偈子：_____

6.（1）结合具体情节和文段，梳理宝玉与姐妹们厮混的惯用语。

　　袭人便笑道："这有什么伤心的，你果然留我，我自然不出去了。"宝玉见这话有文章，便说道："你倒说说，我还要怎么留你，我自己也难说了。"袭人笑道："咱们素日好处，再不用说。但今日你安心留我，不在这上头。我另说出两三件事来，你果然依了我，就是你真心留我了，刀搁在脖子上，我也是不出去的了。"

宝玉忙笑道："你说，那几件？我都依你。_____
_____。……"

（第十九回，页263~264）

宝玉也不理，忙忙的要过青盐擦了牙，嗽了口，完毕，见湘云已梳完了头，便走过来笑道："_____。"湘云道："这可不能了。"宝玉笑道："好妹妹，你先时怎么替我梳了呢？"湘云道："如今我忘了，怎么梳呢？"宝玉道："横竖我不出门，又不带冠子勒子，不过打几根散辫子就完了。"说着，又_____
_____。湘云只得扶过他的头来，一一梳篦。

（第二十一回，页282）

湘云道："明儿一早就走。在这里作什么？——看人家的鼻子眼睛，什么意思！"宝玉听了这话，忙赶近前拉他说道："_____。林妹妹是个多心的人。别人分明知道，不肯说出来，也皆因怕他恼。谁知你不防头就说了出来，他岂不恼你。我是怕你得罪了他，所以才使眼色。你这会子恼我，不但辜负了我，而且反倒委曲了我。若是别人，那怕他得罪了十个人，与我何干呢。"……宝玉没趣，只得又来寻黛玉。刚到门槛前，黛玉便推出来，将门关上。宝玉又不解何意，在窗外只是吞声叫"_____"。黛玉总不理他。宝玉闷闷的垂头自审。袭人早知端的，当此时断不能劝。那宝玉只是呆呆的站在那里。黛玉只当他回房去了，便起来开门，只见宝玉还站在那里。

（第二十二回，页297~298）

（2）结合具体情节和文段，梳理宝玉与姐妹们厮混的惯有行为。

说着，将自己枕的推与宝玉，又起身将自己的再拿了一个来，自己枕了，二人对面倒下。

黛玉因看见宝玉左边腮上有钮扣大小的一块血渍，便欠身凑近前来，以手抚之细看，又道："这又是谁的指甲刮破了？"宝玉侧身，一面躲，一面笑道："不是刮的，只怕是＿＿＿＿＿＿＿＿＿＿＿＿＿＿＿＿＿。"说着，便找手帕子要揾拭。黛玉便用自己的帕子替他揾拭了，口内说道："你又干这些事了。干也罢了，必定还要带出幌子来。便是舅舅看不见，别人看见了，又当奇事新鲜话儿去学舌讨好儿，吹到舅舅耳朵里，又该大家不干净惹气。"

（第十九回，页266）

宝玉复又进来，坐在镜台旁边，只见紫鹃、雪雁进来服侍梳洗。湘云洗了面，翠缕便拿残水要泼，宝玉道："站着，我趁势洗了就完了，省得又过去费事。"说着便走过来，弯腰洗了两把。紫鹃递过香皂去，宝玉道："这盆里的就不少，不用搓了。"再洗了两把，便要手巾。翠缕道："还是这个毛病儿，多早晚才改。"……宝玉不答，因镜台两边俱是妆奁等物，顺手拿起来赏玩，不觉又＿＿＿＿＿＿＿＿＿＿＿＿＿＿＿＿，因又怕史湘云说。正犹豫间，湘云果在身后看见，一手掠着辫子，便伸手来"拍"的一下，从手中将胭脂打落，说道："这不长进的毛病儿，多早晚才改过！"

（第二十一回，页282~283）

7. 请依据小说文本（第二十二回，页303~305）先写出谜底、谜面的创作者，并结合灯谜的隐喻思考人物命运。

序号	谜面	谜底	创作者	隐喻
①	猴子身轻站树梢。		贾母	离枝，所谓"树倒猢狲散"
②	身自端方，体自坚硬。虽不能言，有言必应。	砚台		"有言必应"，所有谶言必将应验

续表

序号	谜面	谜底	创作者	隐喻
③	能使妖魔胆尽摧， 身如束帛气如雷。 一声震得人方恐， 回首相看已化灰。		元春	有威势，然一瞬即过，不长久
④	天运人功理不穷， 有功无运也难逢。 因何镇日纷纷乱， 只为阴阳数不同。	算盘		没有好的命运，折于夫妻关系上
⑤	阶下儿童仰面时， 清明妆点最堪宜。 游丝一断浑无力， 莫向东风怨别离。		探春	飘荡远别
⑥	前身色相总无成， 不听菱歌听佛经。 莫道此生沉黑海， 性中自有大光明。	佛前海灯		出家清净
⑦	朝罢谁携两袖烟， 琴边衾里总无缘。 晓筹不用鸡人报， 五夜无烦侍女添。 焦首朝朝还暮暮， 煎心日日复年年。 光阴荏苒须当惜， 风雨阴晴任变迁。	更香		孤凄寡居

二、阅读进阶

8. 阅读文段，回答问题。

却说宝玉自出了门，他房中这些丫鬟们都越性恣意的顽笑，也有赶围棋的，也有掷骰抹牌的，嗑了一地瓜子皮。偏奶母李嬷嬷拄拐进来请安，瞧瞧宝玉，见宝玉不在家，丫头们只顾顽闹，十分看不过。因叹道："只从我出去了，不大进来，你们越发没个样儿了，别的妈妈们越不敢说你们了。那宝玉是个丈八的灯台——照见人家，照不见自家的。只知嫌人家脏，这是他的屋子，由着你们遭塌，越不成体统了。"这些丫头们明知宝玉不讲究这些，二则李嬷嬷已是告老解事出去的了，如今管他们不着，因此只顾顽，并不理他。那李嬷嬷还只管问"宝玉如今一顿吃多少饭""什么时辰睡觉"等语。丫头们总胡乱答应。有的说："好一个讨厌的老货！"

李嬷嬷又问道："这盖碗里是酥酪，怎不送与我去？我就吃了罢。"说毕，拿匙就吃。①<u>一个丫头道："快别动！那是说了给袭人留着的，回来又惹气了。你老人家自己承认，别带累我们受气。"</u>李嬷嬷听了，又气又愧，便说道："我不信他这样坏了。别说我吃了一碗牛奶，就是再比这个值钱的，也是应该的。难道待袭人比我还重？难道他不想想怎么长大了？我的血变的奶，吃的长这么大，如今我吃他一碗牛奶，他就生气了？我偏吃了，看怎么样！你们看袭人不知怎样，那是我手里调理出来的毛丫头，什么阿物儿！"一面说，一面赌气将酥酪吃尽。②<u>又一丫头笑道："他们不会说话，怨不得你老人家生气。宝玉还时常送东西孝敬你老去，岂有为这个不自在的。"</u>李嬷嬷道："你们也不必妆狐媚子哄我，打量上次为茶撵茜雪的事我不知道呢。明儿有了不是，我再来领！"说着，赌气去了。

（第十九回，页259~260）

（1）根据你对宝玉丫鬟的了解，请猜测一下丫鬟①可能是_____；丫鬟②可能是_____。

（2）请你根据文段内容及前后的阅读印象，尝试揣测体会一下李嬷嬷的心理及这一段描写的作用。

_____

_____

9. 阅读文段，回答问题。

....

贾环听了，只得回来。

赵姨娘见他这般，因问："又是那里垫了踹窝来了？"一问不答，再问时，贾环便说："同宝姐姐玩的，莺儿欺负我，赖我的钱，宝玉哥哥撵我来了。"赵姨娘啐道："谁叫你上高台盘去了？下流没脸的东西！那里顽不得？谁叫你跑了去讨没意思！"

正说着，可巧凤姐在窗外过，都听在耳内。便隔窗说道："大正月又怎么了？环兄弟小孩子家，一半点儿错了，你只教导他，说这些淡话作什么！凭他怎么去，还有太太老爷管他呢，就大口啐他！他现是主子，不好了，横竖有教导他的人，与你什么相干！环兄弟，出来，跟我顽去。"

贾环素日怕凤姐比怕王夫人更甚，听见叫他，忙唯唯的出来。赵姨娘也不敢则声。凤姐向贾环道："你也是个没气性的！时常说给你：要吃，要喝，要顽，要笑，只爱同那一个姐姐妹妹哥哥嫂子顽，就同那个顽。你不听我的话，反叫这些人教的歪心邪意，狐媚子霸道的。自己不尊重，要往下流走，安着坏心，还只管怨人家偏心。输了几个钱？就这么个样儿！"贾环见问，只得诺诺的回说："输了一二百。"凤姐道："亏你还是爷，输了一二百钱就这样！"回头叫丰儿："去取一吊钱来，姑娘们都在后头顽呢，把他送了顽去。——你明儿再这么下流狐媚子，我先打了你，打发人告诉学里，皮不揭了你的！为你这个不尊重，恨的你哥哥牙根痒痒，不是我拦着，窝心脚把你的肠子窝出来了。"喝命："去罢！"贾环诺诺的跟了丰儿，得了钱，自己和迎春等顽去。不在话下。

（第二十回，页276~277）

第二十回回目曰"王熙凤正言弹妒意"，请结合节选文段，抓住回目中的关键词"正言"和"弹"进行赏析。

_____

_____

10. 阅读文段，回答问题。

贾母见元春这般有兴，自己越发喜乐，便命速作一架小巧精致围屏灯来，设于堂屋，命他姊妹们各自暗暗的作了，写出来粘于屏上，然后预备下香茶细果以及各色玩物，为猜着之贺。贾政朝罢，见贾母高兴，况在节间，晚上也来承欢取乐。设了酒果，备了玩物，上房悬了彩灯，请贾母赏灯取乐。上面贾母、贾政、①_____一席，下面王夫人、宝钗、黛玉、②_____又一席，迎、探、惜三个又一席。地下婆娘丫鬟站满。李宫裁、王熙凤二人在里间又一席。贾政因不见贾兰，便问："怎么不见兰哥？"地下婆娘忙进里间问李氏，李氏起身笑着回道："他说方才老爷并没去叫他，他不肯来。"婆娘回复了贾政。众人都笑说："天生的牛心古怪。"贾政忙遣贾环与两个婆娘将③_____唤来。贾母命他在身旁坐了，抓果品与他吃。大家说笑取乐。

往常间只有④_____长谈阔论，今日贾政在这里，便惟有唯唯而已。馀者⑤_____虽系闺阁弱女，却素喜谈论，今日贾政在席，也自缄口禁言。⑥_____本性懒与人共，原不肯多语。⑦_____原不妄言轻动，便此时亦是坦然自若。故此一席虽是家常取乐，反见拘束不乐。贾母亦知因贾政一人在此所致之故，酒过三巡，便搀贾政去歇息。

（第二十二回，页304）

（1）请在横线上写出人物名字。

（2）制灯谜的家庭娱乐里，当时在场书中却没有写出他们拟制的灯谜的青少年们是_____。

三、探究提升

11. 阅读文段，回答问题。

　　史湘云对宝玉，甚至当着黛玉的面，评论黛玉：

　　史湘云道："他再不放人一点儿，专挑人的不好。你自己便比世人好，也不犯着见一个打趣一个。我指出一个人来，你敢挑他，我就服你。"黛玉忙问是谁。湘云道："你敢挑宝姐姐的短处，就算你是好的。我算不如你，他怎么不及你呢。"黛玉听了，冷笑道："我当是谁，原来是他！我那里敢挑他呢。"宝玉不等说完，忙用话岔开。湘云笑道："这一辈子我自然比不上你。我只保佑着明儿得一个咬舌的林姐夫，时时刻刻你可听'爱''厄'去。阿弥陀佛，那才现在我眼里！"说的众人一笑，湘云忙回身跑了。

（第二十回，页279）

　　黛湘二人闹矛盾，宝玉两面劝和。他在湘云面前表心志，湘云不领情。

　　宝玉急的说道："我倒是为你，反为出不是来了。我要有外心，立刻就化成灰，叫万人践踹！"湘云道："大正月里，少信嘴胡说。这些没要紧的恶誓、散话、歪话,说给那些小性儿、行动爱恼的人、会辖治你的人听去!别叫我啐你。"

(第二十回,页 298)

黛玉生气了,也责备宝玉:

这却也是你的好心,只是那一个偏又不领你这好情,一般也恼了。你又拿我作情,倒说我小性儿,行动肯恼。你又怕他得罪了我,我恼他。我恼他,与你何干?他得罪了我,又与你何干?"

(第二十二回,页 298~299)

湘云评价黛玉(专挑人的不好、见一个打趣一个、小性儿、行动爱恼、会辖治宝玉等)在这几回里是怎样表现出来的?请结合具体情节来分析。

_____
_____
_____
_____

四、真题重现

2011·江苏高考·简答题

《红楼梦》判词:"枉自温柔和顺,空云似桂如兰。堪羡优伶有福,谁知公子无缘。"判词所指是谁?"优伶"和"公子"指小说中的哪两个人物?

本节参考答案

一、基础了解

1.（1）第十九回：情切切良宵花解语　意绵绵静日玉生香

第二十回：王熙凤正言弹妒意　林黛玉俏语谑娇音

第二十一回：贤袭人娇嗔箴宝玉　俏平儿软语救贾琏

第二十二回：听曲文宝玉悟禅机　制灯谜贾政悲谶语

（2）①袭人明确自己的人生归宿，曾两次劝箴宝玉（第十九回、二十一回）。　②李嬷嬷大闹绛云轩，见出宝玉屋里的秩序特点。　③玩棋输不起，贾环品性可见一斑，表现了赵姨娘与凤姐的冲突。　④林黛玉、贾宝玉关系甚好（香玉），但多次闹矛盾（宝玉从宝钗处来迎湘云，湘云直言小戏子扮起来像黛玉）。　⑤王熙凤小家庭生活一窥（贾琏性情、平儿地位）　⑥薛宝钗过十五岁生日，上佳戏文引出宝玉禅意。　⑦贾母等一家人制灯谜，猜灯谜，贾政悲谶语。

2."意外之想"指的是袭人的归宿问题。

宝玉去看望袭人，不是常规动作，而是任性之为，是他无聊之后的很不合规矩的举动。公侯家的公子去丫鬟家里找她，更是不合常理，是"胡闹"。只有茗烟陪着他骑马过去，这里面还有很大的"安全隐患"。

宝玉到了花自芳家里，花家无法接待。坐不知让他坐在哪里，吃不知让他吃些什么。越发衬出宝玉的尊荣和娇宠地位。

袭人笑道："你们不用白忙，我自然知道。果子也不用摆，也不敢乱给东西吃。"一面说，一面将自己的坐褥拿了铺在一个炕上，宝玉坐了；

用自己的脚炉垫了脚；向荷包内取出两个梅花香饼儿来，又将自己的手炉掀开焚上，仍盖好，放与宝玉怀内；然后将自己的茶杯斟了茶，送与宝玉。

（第十九回，页257~258）

四个"自己的"，袭人宝玉之素日情分，便在细节中显现出来。

宝玉看见袭人两眼微红，粉光融滑，因悄问袭人："好好的哭什么？"袭人笑道："何尝哭，才迷了眼揉的。"因此便遮掩过了。

（第十九回，页258）

宝玉是来看望袭人的，自然看得细。

"坐一坐就回去罢，这个地方不是你来的。"宝玉笑道："你就家去才好呢，我还替你留着好东西呢。"袭人悄笑道："悄悄的，叫他们听着什么意思。"

（第十九回，页258）

这样的悄悄话显然有"秀恩爱"的意味。

一面又伸手从宝玉项上将通灵玉摘了下来，向他姊妹们笑道："你们见识见识。时常说起来都当希罕，恨不能一见，今儿可尽力瞧了。再瞧什么希罕物儿，也不过是这么个东西。"说毕，递与他们传看了一遍，仍与宝玉挂好。

（第十九回，页258）

最令人吃惊的文字，就是袭人摘玉。袭人没有经过宝玉同意，就顺手摘下来，言语之间，其实并不是蔑视这块宝玉，而是分明在炫耀，众人口中所稀罕的宝贝（北静王水溶也特意要求一观），在她这里每日都可以见到呢。"也不过是这么个东西"，都能想象出袭人说这话时的表情和语气。

又命他哥哥去或雇一乘小轿，或雇一辆小车，送宝玉回去。花自芳道:"有我送去,骑马也不妨了。"袭人道:"不为不妨,为的是碰见人。"

(第十九回,页258)

袭人在家里,因为自己在贾府的非同一般丫鬟的身份,也有了可以指挥和吩咐哥哥的底气,有了决定自己未来的本事。

以上宝玉和袭人言行之中表现出来的情分,让花自芳母子放了心,而且感觉到,袭人有从宝玉的大丫鬟到给宝玉做姨娘的可能。

3.(1)③④②①　(2)箴规:zhēn guī 告诫,规劝。(3)其一,不要动不动提生死的事情,更不要动不动把生死的事情跟女孩们连在一起。其二,做出喜欢读书的样子来,好讨老爷欢心。其三,不可毁僧谤道,调脂弄粉,尤其不许吃女孩子嘴上擦的胭脂。(4)花袭人　花袭人幼年因家贫,以死契卖进贾府。在第三回里有介绍:

原来这袭人亦是贾母之婢,本名珍珠。贾母因溺爱宝玉,生恐宝玉之婢无竭力尽忠之人,素喜袭人心地纯良,克尽职任,遂与了宝玉。宝玉因知他本姓花,又曾见旧人诗句上有"花气袭人"之句,遂回明贾母,更名袭人。这袭人亦有些痴处:服侍贾母时,心中眼中只有一个贾母;如今服侍宝玉,心中眼中又只有一个宝玉。只因宝玉性情乖僻,每每规谏宝玉不听,心中着实忧郁。

(第三回,页51~52)

结合第十九回内容,袭人先是服侍贾母,之后服侍史湘云,最后服侍宝玉。

第六回里写道:

宝玉亦素喜袭人柔媚娇俏,遂强袭人同领警幻所训云雨之事。袭人素知贾母已将自己与了宝玉的,今便如此,亦不为越礼,遂和宝玉偷试一番,幸得无人撞见。自此宝玉视袭人更比别个不同,袭人待宝玉更为尽心。

（第六回，页90）

袭人已经将贾府和宝玉看作是自己的人生归宿。把宝玉引回正路、务正业，是袭人的一个潜在的功劳，也是她的一个隐含理想。如果宝玉因为袭人的存在而改了毛病，那荣国府将会阖宅敬重和感谢她。

袭人爱护宝玉，袭人忠于主子（你认为她的主子是谁呢？是宝玉，还是贾母和王夫人？），她温柔和顺，识大体，忍受了很多委屈，维持了绛云轩的和乐氛围，又和宝玉知心。

的确，袭人很是了解宝玉，懂得如何拿捏宝玉。

第二十一回回目"贤袭人娇嗔箴宝玉"，直接用"贤"来评定袭人。并且袭人还得到了另外一人的"敬爱"，这个人就是宝钗。

4. 正月二十一　及笄之年　热闹戏文　甜烂之食　漫揾英雄泪　赤条条来去无牵挂　一任俺芒鞋破钵随缘化

5. 无立足境，是方干净。

身是菩提树，心如明镜台，时时勤拂拭，莫使有尘埃。

菩提本非树，明镜亦非台，本来无一物，何处染尘埃？

6.（1）好姐姐，好亲姐姐，别说两三件，就是两三百件，我也依　好妹妹，替我梳上头罢　千妹妹万妹妹的央告　好妹妹，你错怪了我　好妹妹　（2）才刚替他们淘漉胭脂膏子，攒上了一点儿　顺手抬了胭脂，意欲要往口边送

7. ①荔枝　②贾政　③炮竹　④迎春　⑤风筝　⑥惜春　⑦宝钗

二、阅读进阶

8.（1）晴雯　麝月

（2）李嬷嬷是宝玉的奶母，有喂养宝玉的恩情，难免有些恃恩而骄。第八回里，她也随意拿宝玉特意从宁府给晴雯带回来的豆腐皮包子、喝宝玉的枫露茶，让从薛姨妈处归来、喝得有些醉意的宝玉大为光火。

这一回里，李嬷嬷已经出府，不再在宁府里做事情，她来请安，又吃了宝玉留给袭人的酥酪。李嬷嬷是"前朝人"，比不得"当朝人"的热气，她是有冷气的。恰恰有了冷气，便能看出些问题来，或者说，便也敢于说出些问题来。

她看不惯这些丫鬟没有规矩，想要拿出威势来，偏这些新朝权贵不领情，还暗嘲明讽。在她看来，果然是"一代不如一代"了。她特意贬损袭人，也是拿贬损袭人来表明"自己当年也阔过"。她说自己"调理"过袭人，大约应该是真的。但也并不尽然。如果说是李嬷嬷"调理"了袭人，那她把贾母放在什么位置了？难道不是贾母"调理"了袭人吗？

喝酥酪，便是她没有办法的手段啦。

第二十回，她大骂袭人，又转身批评宝玉，也只是"闹一场子，讨个没脸"罢了。

李嬷嬷，一个在宝玉那里失势的奶母，却有着一类人物心理的普遍性。

因为李嬷嬷也着实有不令人待见的可厌之处。但也恰恰是通过李嬷嬷的眼睛和嘴巴，我们看到了绛云轩里的问题。正如同从焦大的嘴里，我们看到了宁国府，乃至整个贾府的问题。

9. 贾环明明是斗棋输了钱耍赖，莺儿受委屈，没忍住，拿他和宝玉比较，贾环说："我拿什么比宝玉呢。你们怕他，都和他好，都欺负我不是太太养的。"

贾宝玉、贾环有嫡庶之别。不过，贾琏也是庶出，也并不见他有什么自贱自卑之语（当然，因为嫡母邢夫人也没有其他子女，再说，他还娶了王熙凤）。贾环年龄不大，何以无意识地一下子对别人上纲上线呢？

看罢赵姨娘对儿子的训诫，读者就会明白小孩子的这份心理是从何而来的了。

儿子受了委屈，赵姨娘没有安慰，反而是唾弃和辱骂。难怪贾环会长成这般模样。亏得探春是跟着贾母一起长大、一起生活的。

王熙凤的话，句句合乎传统宗法秩序，故而是"正言"，同时，她不避讳赵姨娘的出身，直截了当说出来，是"正言"的另一解。

凤姐面上批评的是贾环，实际上是在说赵姨娘，说她没有资格、没有能力管教贾环，"你不听我的话，反叫这些人教的歪心邪意，狐媚子霸道的。自己不尊重，要往下流走，安着坏心，还只管怨人家偏心"。是为"弹"。别说赵姨娘惧怕王熙凤，即便不惧怕她，凤姐这番话，她也无法反驳。

这也伏下了后面第二十五回"魇魔法姊弟逢五鬼"的情节。

10.（1）①宝玉　②湘云　③贾兰　④宝玉　⑤湘云　⑥黛玉　⑦宝钗　（2）宝玉和黛玉

三、探究提升

11. 湘云如此说，估计大家都是如此认为的。从小说第五回，我们已经了解到，林黛玉的性格与她初进贾府时已有不同。其外在原因，是因为来了一个薛宝钗。

薛宝钗得到上下众人的喜爱，是有目共睹的。贾母提出给她过十五岁生日，其一，是因为这个生日是成年礼；其二也是因为贾母"喜他稳重和平"。

现在我们先来梳理一下前面与林黛玉有关的情节。

第七回，周瑞家的送宫花，黛玉出语不讲道理，但宝玉听到说宝钗身体不舒服，并没有着急去看她，而是随便找了借口搪塞过去，黛玉也就和顺下来。

第八回，黛玉去探望宝钗，宝玉也在，黛玉"半含酸"，言辞尖刻，句句有所指，但宝玉随着黛玉一起回来，黛玉并未对宝玉生气。之后，宝玉有了秦钟，日日赶着上学，但上学前一定先去见黛玉嘱咐一番。黛玉还来一句："你怎么不去辞辞你宝姐姐呢？"那分明有一种小得意，嗯，宝玉你还是和我关系最好吧？

后面便提到林如海病重，黛玉离开贾府。再回来，是第十六回。"宝玉心中品度黛玉，越发出落的超逸了。"似乎宝玉第二次打量（在意）黛玉的形貌。宝玉将北静王水溶赠送的鹡鸰香串转赠黛玉，却遭到黛玉拒绝。

第十八回，秦钟死去，宝玉外面的朋友又告空缺。接着是元妃省亲，宝钗、黛玉都帮着宝玉完成应制之作。

正月里，闲暇时光多，宝玉便总是在内帏厮混了。

第十九回，"意绵绵静日玉生香"，字里行间溢出宝黛日常相处之亲密状。凡两人正相处时，便有别人插入。"一语未了，只见宝钗走来。"宝钗进来，言谈仿佛是要提醒宝玉，记得元春省亲时自己是如何帮助他的。黛玉高兴有人撑宝玉，仿佛小女孩在最初恋情不明朗的时候，当着外人面，总是要贬斥一下这个男孩子似的。

第二十回，史湘云来，宝玉当时在宝钗家，一听到这个消息，"抬身就走"，真没有半点礼数，可见，湘云、宝钗并列的时候，宝玉的心在哪里了。宝钗却笑着让他等等，两人一起去。到贾母这里，黛玉也在。见宝、钗一起来，当然黛玉就生宝玉的气了。

之后，宝钗生日会上，因为湘云直言小戏子像黛玉，黛玉生气，宝玉劝和，反倒弄得里外不是人。

其实，宝玉对待黛玉，是发自真心的爱护。

彼时黛玉自在床上歇午，丫鬟们皆出去自便，满屋内静悄悄的。宝玉揭起绣线软帘，进入里间，只见黛玉睡在那里，<u>忙走上来推他道："好妹妹，才吃了饭，又睡觉。"</u>将黛玉唤醒。黛玉见是宝玉，因说道："你且出去逛逛，我前儿闹了一夜，今儿还没有歇过来，浑身酸疼。"宝玉道："酸疼事小，<u>睡出来的病大</u>。我替你解闷儿，混过困去就好了。"黛玉只合着眼，说道："我不困，只略歇歇儿，你且别处去闹会子再来。"宝玉推他道："<u>我往那里去呢，见了别人就怪腻的</u>。"

（第十九回，页265）

宝玉忙跟了来，问道："好好的又生气了？就是我说错了，你到底也还坐在那里，和别人说笑一会子。又来自己纳闷。"林黛玉道："你管我呢！"宝玉笑道："我自然不敢管你，<u>只没有个看着你自己作践了身子呢</u>。"林黛玉道："我作践坏了身子，我死，与你何干！"宝玉道："何苦来，大正月里，死了活了的。"

（第二十回，页278）

黛玉对宝玉，自然与袭人、湘云、宝钗等更不同。

黛玉因看见宝玉左边腮上有钮扣大小的一块血渍，便欠身凑近前来，以手抚之细看，又道："这又是谁的指甲刮破了？"宝玉侧身，一面躲，一面笑道："不是刮的，只怕是才刚替他们淘漉胭脂膏子，擩上了一点儿。"说着，便找手帕子要揩拭。黛玉便用自己的帕子替他揩拭了，口内说道："你又干这些事了。干也罢了，必定还要带出幌子来。便是舅舅看不见，别人看见了，又当奇事新鲜话儿去学舌讨好儿，吹到舅舅耳朵里，又该大家不干净惹气。"

（第十九回，页266）

黛玉也劝诫宝玉，但与袭人和湘云之劝诫自有些不同，其心思全在宝玉这个人身上。

没两盏茶的工夫，宝玉仍来了。林黛玉见了，越发抽抽噎噎的哭个不住。宝玉见了这样，知难挽回，打叠起千百样的款语温言来劝慰。不料自己未张口，只见黛玉先说道："你又来作什么？横竖如今有人和你顽，比我又会念，又会作，又会写，又会说笑，又怕你生气拉了你去，你又作什么来？死活凭我去罢了！"

宝玉听了，忙上来悄悄的说道："你这么个明白人，难道连'亲不间疏，先不僭后'也不知道？我虽糊涂，却明白这两句话。头一件，咱们是姑舅姊妹，宝姐姐是两姨姊妹，论亲戚，他比你疏。第二件，你先来，咱们两个一桌吃，一床睡，长的这么大了，他是才来的，岂有个为他疏你的？"林黛玉啐道："<u>我难道为叫你疏他？我成了个什么人了呢！我为的是我的心。</u>"宝玉道："我也为的是我的心。难道你就知你的心，不知我的心不成？"林黛玉听了，低头一语不发，半日说道："<u>你只怨人行动嗔怪了你，你再不知道你自己怄人难受。就拿今日天气比，分明今儿冷的这样，你怎么倒反把个青肷披风脱了呢？</u>"宝玉笑道："何尝不穿着，见你一恼，我一暴躁就脱了。"林黛玉叹道："<u>回来伤了风，又该饿着吵吃的了。</u>"

（第二十回，页278~279）

这四回里，黛玉的小性儿表现在以下几方面。

①黛玉不喜欢宝玉常常去看望宝钗。

正值林黛玉在旁，因问宝玉："在那里的？"宝玉便说："在宝姐姐家的。"黛玉冷笑道："<u>我说呢，亏在那里绊住，不然早就飞了来了。</u>"宝玉笑道："只许同你顽，替你解闷儿。不过偶然去他那里一趟，就说这话。"林黛玉道："好没意思的话！去不去管我什么事，我又没叫你替我解闷儿。可许你从此不理我呢！"说着，便赌气回房去了。

（第二十回，页277~278）

②黛玉不喜欢宝玉把自己的东西散落出去。

湘云只得扶过他的头来，一一梳篦。在家不戴冠，并不总角，只将四围短发编成小辫，往顶心发上归了总，编一根大辫，红绦结住。自发顶至辫梢，一路四颗珍珠，下面有金坠脚。湘云一面编着，一面说道："这珠子只三颗了，这一颗不是的。我记得是一样的，怎么少了一颗？"宝玉道："丢了一颗。"湘云道："必定是外头去掉下来，不防被人拣了去，倒便宜他。"

<u>黛玉一旁盥手，冷笑道："也不知是真丢了，也不知是给了人镶什么戴去了！"</u>

（第二十一回，页282）

③黛玉不喜欢宝玉高兴着别人的高兴。

这日早起，宝玉因不见林黛玉，便到他房中来寻，只见林黛玉歪在炕上。宝玉笑道："起来吃饭去，就开戏了。你爱看那一出？我好点。"林黛玉冷笑道："你既这样说，你就特叫一班戏来，拣我爱的唱给我看。<u>这会子犯不上跐着人借光儿问我。</u>"宝玉笑道："这有什么难的。明儿就这样行，也叫他们借咱们的光儿。"一面说，一面拉起他来，携手出去吃了饭。

（第二十二回，页295）

④黛玉不喜欢宝玉先去照顾别人、劝慰别人。

黛玉又道："这一节还恕得。<u>再者，你为什么又和云儿使眼色？这安的是什么心？</u>莫不是他和我顽，他就自轻自贱了？他原是公侯的小姐，我原是贫民的丫头，他和我顽，设若我回了口，岂不他自惹人轻贱呢。是这主意不是？这却也是你的好心，只是那一个偏又不领你这好情，一般也恼了。你又拿我作情,倒说我小性儿,行动肯恼。你又怕他得罪了我,我恼他。我恼他,与你何干?他得罪了我,又与你何干?"

(第二十二回,页298~299)

⑤黛玉不喜欢宝玉在自己还未消气的时候就走开。

正说着,宝钗走来道:"史大妹妹等你呢。"说着,便推宝玉走了。这里黛玉越发气闷,只向窗前流泪。没两盏茶的工夫,宝玉仍来了。林黛玉见了,越发抽抽噎噎的哭个不住。宝玉见了这样,知难挽回,打叠起千百样的款语温言来劝慰。不料自己未张口,只见黛玉先说道:"你又来作什么?横竖如今有人和你顽,比我又会念,又会作,又会写,又会说笑,又怕你生气拉了你去,你又作什么来?死活凭我去罢了!"

(第二十回,页278)

宝玉见说,方才与湘云私谈,他也听见了。细想自己原为他二人,怕生隙恼,方在中间调和,不想并未调和成功,反已落了两处的贬谤。正合着前日所看《南华经》上,有"巧者劳而智者忧,无能者无所求,饱食而遨游,泛若不系之舟";又曰"山木自寇,源泉自盗"等语。因此越想越无趣。再细想来,目下不过这两个人,尚未应酬妥协,将来犹欲为何?想到其间,也无庸分辨回答,自己转身回房来。林黛玉见他去了,便知他回思无趣,赌气去了,一言也不曾发,不禁自己越发添了气,便说道:"这一去,一辈子也别来,也别说话。"

(第二十二回,页299)

说到底,黛玉是情已深种尚不自知,唯以小性儿、行动爱恼来表现,至于辖治宝玉,乃是因为宝玉乐于黛玉辖治自己。

四、真题重现

略

九 第二十三至二十八回

第二十三至二十八回内容速看

此六回内容：奉元妃懿旨，二月二十二日，宝玉与姐妹们入住大观园，之后大观园成为重要的故事场景地。宝黛共读《西厢》，黛玉独赏《牡丹亭》曲词。贾芸求职，贾芸与小红情愫暗生。贾环因妒心，嫉害宝玉。赵姨娘心怀歹意串通马道婆，作法魇凤姐和宝玉。宝玉和黛玉之间的关系愈加亲厚，却也不断有争吵和误会，如宝玉口吟《西厢记》词句惹恼黛玉、晴雯使性儿不开门使黛玉伤心等。宝钗扑蝶，黛玉葬花，相互映衬。宝玉应邀做客冯紫英家，结交戏班的蒋玉菡。元妃赐赠了端午礼物，宝玉纳闷，为何自己的和宝钗的一样，而不是和黛玉的一样。

宝钗扑蝶与黛玉葬花

一、基础了解

1.（1）请将第二十三至二十八回的回目抄写在下面。

第二十三回：_____

第二十四回：_____

第二十五回：_____

第二十六回：_____

第二十七回：_____

第二十八回：_____

（2）第二十三至二十八回，记叙了众姐妹和宝玉进入大观园之后发生的故事，请你将其间发生的几件重要事情做一个梳理。

①在_____的提议（恩谕）下，宝玉和众姐妹进入大观园生活。

②桃花树下，沁芳闸桥旁，_____和_____共读《会真记》（《西厢记》）。

③_____和_____等贾府子弟向贾琏、凤姐寻求活计。

④怡红院的丫鬟_____偶遇_____，暗生情愫，后来她转投于_____处。

⑤_____心生嫉妒用热油烫伤宝玉；_____贪利哄贾母供奉灯油；_____心怀歹意串通_____作法魇凤姐和宝玉。

⑥_____和_____持颂通灵宝玉挽救了贾宝玉和王熙凤性命。

⑦_____戏蝶听到密语，使了个金蝉脱壳之法。

⑧宝玉结交的蒋玉函，即戏班里唱小旦儿的_____，二人以物表谊，宝玉无意间，将_____和蒋玉函的系衣汗巾进行了互赠。

2. 请根据第二十三回的文本，在横线处填写正确的内容并回答问题。

（1）宝玉只得挨进门去。原来贾政和王夫人都在里间呢。赵姨娘打起帘子，宝玉躬身进去。只见贾政和王夫人对面坐在炕上说话，地下一溜椅子，迎春、探春、惜春、贾环四个人都坐在那里。一见他进来，惟有_____和_____、贾环站了起来。

（第二十三回，页312）

思考：为何这三个人站了起来？

_____

_____

（2）只见林黛玉正在那里，宝玉便问他："你住那一处好？"林黛玉正心里盘算这事，忽见宝玉问他，便笑道："我心里想着_____好，爱那_____隐着一道曲栏，比别处更觉幽静。"宝玉听了拍手笑道："正和我的主意一样，我也要叫你住这里呢。我就住_____，咱们两个又近，又都清幽。"

二人正计较，就有贾政遣人来回贾母说："_____日子好，哥儿姐儿们好搬进去的。这几日内遣人进去分派收拾。"薛宝钗住了_____，林黛玉住了_____，贾迎春住了_____，探春住了_____，惜春住了_____，李氏住了_____，宝玉住了_____。每一处添两个老嬷嬷，四个丫头，除各人奶娘亲随丫鬟不算外，另有专管收拾打扫的。至_____日，一齐进去，登时园内花招绣带，柳拂香风，不似前番那等寂寞了。

（第二十三回，页313）

（3）（林黛玉）正欲回房，刚走到梨香院墙角上，只听墙内笛韵悠扬，歌声婉转。林黛玉便知是那十二个女孩子演习戏文呢。只因林黛玉素习不大喜看戏文，便不留心，只管往前走。偶然两句吹到耳内，明明白白，一字不落，唱道是："＿＿＿＿＿＿＿＿＿，＿＿＿＿＿＿＿＿＿。"林黛玉听了，倒也十分感慨缠绵，便止住步侧耳细听，又听唱道："＿＿＿＿＿＿＿＿＿，＿＿＿＿＿＿＿。"听了这两句，不觉点头自叹，心下自思道："原来戏上也有好文章。可惜世人只知看戏，未必能领略这其中的趣味。"想毕，又后悔不该胡想，耽误了听曲子。又侧耳时，只听唱道："则为你如花美眷，似水流年……"林黛玉听了这两句上，不觉心动神摇。又听道："你在幽闺自怜"等句，亦发如醉如痴，站立不住，便一蹲身坐在一块山子石上，细嚼"＿＿＿＿，＿＿＿＿"八个字的滋味。忽又想起前日见古人诗中有"水流花谢两无情"之句，再又有词中有"＿＿＿＿＿＿＿，＿＿＿＿"之句，又兼方才所见《西厢记》中"花落水流红，闲愁万种"之句，都一时想起来，凑聚在一处。仔细忖度，不觉心痛神痴，眼中落泪。

（第二十三回，页318~319）

思考：林妹妹为何听到、想到这些曲文诗词会"心痛神痴，眼中落泪"？

_____
_____
_____

3. 贾政听说，便向宝玉项上取下那玉来递与他二人。那和尚接了过来，擎在掌上，长叹一声道："＿＿＿＿一别，展眼已过＿＿＿＿矣！"

（第二十五回，页348）

4. 阅读文段，回答问题。

原来这小红本姓林，小名红玉，只因"玉"字犯了林黛玉、宝玉，便都把这个字隐起来,便都叫他"小红"。原是荣国府中世代的旧仆,他父母现在收管各处房田事务。这红玉年方十六岁,因分人在大观园的时节,把他便分在怡红院中,倒也清幽雅静。不想后来命人进来居住,偏生这一所儿又被宝玉占了。这红玉虽然是个不谙事的丫头,却因他原有三分容貌,心内着实妄想痴心的往上攀高,每每的要在宝玉面前现弄现弄。只是宝玉身边一干人,都是<u>伶牙俐爪</u>的,那里插的下手去。

(第二十四回,页334)

佳蕙点头想了一会,道:"可也怨不得,这个地方难站。就像昨儿老太太因宝玉病了这些日子,说跟着服侍的这些人都辛苦了,如今身上好了,各处还完了愿,叫把跟着的人都按着等儿赏他们。我们算年纪小,上不去,我也不抱怨;像你怎么也不算在里头?我心里就不服。袭人那怕他得十分儿,也不恼他,原该的。说良心话,谁还敢比他呢?别说他素日殷勤小心,便是不殷勤小心,也拼不得。可气晴雯、绮霞他们这几个,都算在上等里去,仗着老子娘的脸面,众人倒捧着他去。你说可气不可气?"红玉道:"也不犯着气他们。俗语说的好,'千里搭长棚,没有个不散的筵席',谁守谁一辈子呢?不过三年五载,各人干各人的去了。那时谁还管谁呢?"这两句话不觉感动了佳蕙的心肠,由不得眼睛红了,又不好意思好端端的哭,只得勉强笑道:"你这话说的却是。昨儿宝玉还说,明儿怎么样收拾房子,怎么样做衣裳,倒像有几百年的熬煎。"

(第二十六回,页352)

凤姐笑道:"他怎么按我的主意打发去了?"红玉道:"平姐姐说:<u>我们奶奶</u>问这里奶奶好。原是我们二爷不在家,虽然迟了两天,只管请奶奶放心。等五奶奶好些,我们奶奶还会了五奶奶来瞧奶奶呢。五奶奶前儿打发了人来说,舅奶奶带了信来了,问奶奶好,还要和这里的姑奶奶寻两丸延年神验万全丹。若有了，奶奶打发人来，只管送在我们奶奶这里。明儿有人去，就顺路给那边舅奶奶带去的。"

（第二十七回，页369）

（1）请结合文本内容说说宝玉身边"伶牙俐爪"的人都有谁？

_____

_____

（2）你能数出红玉和王熙凤说的这段话中一共涉及几门奶奶吗？起头说的"我们奶奶"是谁？

_____

_____

（3）从以上三段文字来看，红玉是一个怎样的人？

_____

_____

5. 阅读文段，回答问题。

　　登时园内乱麻一般。……别人慌张自不必讲，独有薛蟠更比诸人忙到十分去：又恐薛姨妈被人挤倒，又恐薛宝钗被人瞧见，又恐香菱被人臊皮，——知道贾珍等是在女人身上做功夫的，因此忙的不堪。忽一眼瞥见了林黛玉风流婉转，已酥倒在那里。

（第二十五回，页345~346）

　　转过大厅，宝玉心里还自狐疑，只听墙角边一阵呵呵大笑，回头只见薛蟠拍着手笑了出来，笑道："要不说姨父叫你，你那里出来的这么快。"焙茗也笑道："爷别怪我。"忙跪下了。宝玉怔了半天，方解过来了，是薛蟠哄他出来。薛蟠连忙打恭作揖陪不是，又求"不要难为了小子，都是我逼他去的。"宝玉也无法了，只好笑问道："你哄我也罢了，怎么说我父亲呢？我告诉姨娘去，评评这个理，可使得么？"薛蟠忙道："好兄弟，我原为求你快些出来，就忘了忌讳这句话。改日你也哄我，说我的父亲就完了。"宝玉道："嗳，嗳，越发该死了。"

薛蟠道："要不是，我也不敢惊动，……你说，他这四样礼可难得不难得？那鱼、猪不过贵而难得，这藕和瓜亏他怎么种出来的。我连忙孝敬了母亲，赶着给你们老太太、姨父、姨母送了些去。如今留了些，我要自己吃，恐怕折福，左思右想，除我之外，惟有你还配吃，所以特请你来。可巧唱曲儿的小么儿又才来了，我同你乐一天何如？"

（第二十六回，页358~359）

薛蟠笑道："你提画儿，我才想起来。昨儿我看人家一张春宫，画的着实好。上面还有许多的字，也没细看，只看落的款，是'庚黄'画的。真真的好的了不得！"宝玉听说，心下猜疑道："古今字画也都见过些，那里有个'庚黄'？"想了半天，不觉笑将起来，命人取过笔来，在手心里写了两个字，又问薛蟠道："你看真了是'庚黄'？"薛蟠道："怎么看不真！"宝玉将手一撒，与他看道："别是这两字罢？其实与'庚黄'相去不远。"众人都看时，原来是"唐寅"两个字，都笑道："想必是这两字，大爷一时眼花了也未可知。"薛蟠只觉没意思，笑道："谁知他'糖银''果银'的。"

（第二十六回，页359）

（1）为何宝玉说薛蟠"越发该死了"？

_____

_____

（2）阅读以上文段，用几句话来概括描述薛蟠这个人物的特点。

_____

_____

6. 元妃送给贾府中人的端午节礼物，宝玉的和_____的是一样的，都是_____，这正隐含着_____之说。

二、阅读进阶

7. 阅读文段，回答问题。

　　原来这贾芸最伶俐乖觉，听宝玉这样说，便笑道："俗语说的，'摇车里的爷爷，拄拐的孙孙'。虽然岁数大，山高高不过太阳。只从我父亲没了，这几年也无人照管教导。如若宝叔不嫌侄儿蠢笨，认作儿子，就是我的造化了。"

（第二十四回，页322）

　　贾芸出了荣国府回家，一路思量，想出一个主意来，便一径往他母舅卜世仁家来。……贾芸道："有件事求舅舅帮衬帮衬。我有一件事，用些冰片麝香使用，好歹舅舅每样赊四两给我，八月里按数送了银子来。"卜世仁冷笑道："再休提赊欠一事。……因此我们大家赔上，立了合同，再不许替亲友赊欠。谁要赊欠，就要罚他二十两银子的东道。况且如今这个货也短，你就拿现银子到我们这不三不四的铺子里来买，也还没有这些，只好倒扁儿去。这是一。二则你那里有正经事，不过赊了去又是胡闹。你只说舅舅见你一遭儿就派你一遭儿不是。你小人儿家很不知好歹，也到底立个主见，赚几个钱，弄得穿是穿吃是吃的，我看着也喜欢。"

　　贾芸笑道："舅舅说的倒干净。我父亲没的时候，我年纪又小，不知事。后来听见我母亲说，都还亏舅舅们在我们家出主意，料理的丧事。难道舅舅就不知道的，还是有一亩地两间房子，如今在我手里花了不成？巧媳妇做不出没米的粥来，叫我怎么样呢？还亏是我呢，要是别个，死皮赖脸三日两头儿来缠着舅舅，要三升米二升豆子的，舅舅也就没有法呢。"

卜世仁道："我的儿，舅舅要有，还不是该的。我天天和你舅母说，只愁你没算计儿。你但凡立的起来，到你大房里，就是他们爷儿们见不着，便下个气，和他们的管家或者管事的人们嬉和嬉和，也弄个事儿管管。前日我出城去，撞见了你们三房里的老四，骑着大叫驴，带着五辆车，有四五十和尚道士，往家庙去了。他那不亏能干的，就有这样的好事儿到他手里了！"贾芸听他韶刀的不堪，便起身告辞。卜世仁道："怎么急的这样，吃了饭再去罢。"一句未完，只见他娘子说道："你又糊涂了。说着没有米，这里买了半斤面来下给你吃，这会子还装胖呢。留下外甥挨饿不成？"

（第二十四回，页324~325）

贾芸心下自思："素日倪二虽然是泼皮无赖，却因人而使，颇颇的有义侠之名。若今日不领他这情，怕他臊了，倒恐生事。不如借了他的，改日加倍还他也倒罢了。"想毕笑道："老二，你果然是个好汉，我何曾不想着你，和你张口。但只是我见你所相与交结的，都是些有胆量的有作为的人，似我们这等无能无为的你倒不理。我若和你张口，你岂肯借给我。今日既蒙高情，我怎敢不领，回家按例写了文约过来便是了。"

（第二十四回，页327）

凤姐听了满脸是笑，不由的便止了步，问道："怎么好好的你娘儿们在背地里嚼起我来？"贾芸道："有个原故，只因我有个朋友，家里有几个钱，现开香铺。只因他身上捐着个通判，前儿选了云南不知那一处，连家眷一齐去，把这香铺也不在这里开了。便把帐物攒了一攒，该给人的给人，该贱发的贱发了，像这细贵的货，都分着送与亲朋。他就一共送了我些冰片、麝香。我就和我母亲商量，若要转卖，不但卖不出原价来，而且谁家拿这些银子买这个作什么，便是很有钱的大家子，也不过使个几分几钱就挺折腰了；若说送人，也没个人配使这些，倒叫他一文不值半文转卖了。因此我就想起婶子来。往年间我还见婶子大包的银子买这些东西呢，别说今年贵妃宫中，就是这个端阳节下，不用说这些香料自然是比往常加上十倍去的。因此想来想去，只孝顺婶子一个人才合式，方不算遭塌这东西。"一边说，一边将一个锦匣举起来。

（第二十四回，页 328~329）

（1）文中"你们三房里的老四"指的是谁？

_____

（2）这几个文段分别摘录了贾芸与宝玉、舅舅卜世仁（注意谐音）、醉金刚倪二以及王熙凤的对话，请你细品贾芸的行为和语言，谈谈你对贾芸这一人物的认识。

_____
_____
_____

8. 阅读文段，回答问题。

　　过了一日，就有宝玉寄名的干娘马道婆进荣国府来请安。见了宝玉，唬一大跳，问起原由，说是烫的，<u>便点头叹息一回，向宝玉脸上用指头画了一画，口内嘟嘟囔囔的又持诵了一回</u>，说道："管保就好了，这不过是一时飞灾。"又向贾母道："祖宗老菩萨那里知道，那经典佛法上说的利害，大凡那王公卿相人家的子弟，只一生长下来，暗里便有许多促狭鬼跟着他，得空便拧他一下，或掐他一下，或吃饭时打下他的饭碗来，或走着推他一跤，所以往往的那些大家子孙多有长不大的。"

　　贾母听如此说，便赶着问："这有什么佛法解释没有呢？"马道婆道:"这个容易,只是替他多作些因果善事也就罢了。再那经上还说,西方有位大光明普照菩萨,专管照耀阴暗邪祟,若有善男子善女人虔心供奉者,可以永佑儿孙康宁安静,再无惊恐邪祟撞客之灾。"贾母道:"倒不知怎么个供奉这位菩萨?"马道婆道:"也不值些什么,不过除香烛供养之外,一天多添几斤香油,点上个大海灯。这海灯,便是菩萨现身法像,昼夜不敢息的。"贾母道:"一天一夜也得多少油?明白告诉我,我也好作这件功德的。"马道婆听如此说,便笑道:"这也不拘,随施主菩萨们随心愿舍罢了。像我们庙里,就有好几处的王妃诰命供奉的:南安郡王府里的太妃,他许的多,愿心大,一天是四十八斤油,一斤灯草,那海灯也只比缸略小些;锦田侯的诰命次一等,一天不过二十四斤油;再还有几家也有五斤的、三斤的、一斤的,都不拘数。那小家子穷人家舍不起这些,就是四两半斤,也少不得替他点。"

贾母听了,点头思忖。马道婆又道:"还有一件,若是为父母尊亲长上的,多舍些不妨;若是像老祖宗如今为宝玉,若舍多了倒不好,还怕哥儿禁不起,倒折了福。也不当家花花的,要舍,大则七斤,小则五斤,也就是了。"贾母说:"既是这样说,你便一日五斤合准了,每月打趸来关了去。"马道婆念了一声"阿弥陀佛慈悲大菩萨"。贾母又命人来吩咐:"以后大凡宝玉出门的日子,拿几串钱交给他的小子们带着,遇见僧道穷苦人好舍。"

说毕,那马道婆又坐了一回,便又往各院各房问安,闲逛了一回。一时来至赵姨娘房内,二人见过,赵姨娘命小丫头倒了茶来与他吃。

(第二十五回,页340~341)

(1)请你复述一下宝玉的脸是如何被烫伤的。

（2）前有净虚，后有马道婆，这些槛外人实在不像是吃斋念佛之人，而甲侧也说："一段无伦无理信口开河的浑话，却句句都是耳闻目睹者，并非杜撰而有，作者与余实实经过。"①看来，当时的社会状况便是如此。请你结合以上对话，说一说马道婆是如何成功说服贾母供奉油钱的。

_____

_____

_____

三、探究提升

9. 阅读文段，回答问题。

　　且说宝玉自进花园以来，心满意足，再无别项可生贪求之心。每日只和姊妹丫头们一处，或读书，或写字，或弹琴下棋，作画吟诗，以至描鸾刺凤，斗草簪花，低吟悄唱，拆字猜枚，无所不至，倒也十分快乐。

（第二十三回，页313~314）

　　那一日正当三月中浣，早饭后，宝玉携了一套《会真记》，走到沁芳闸桥边桃花底下一块石上坐着，展开《会真记》，从头细玩。正看到"落红成阵"，只见一阵风过，把树头上桃花吹下一大半来，落的满身满书满地皆是。宝玉要抖将下来，恐怕脚步践踏了，只得兜了那花瓣，来至池边，抖在池内。那花瓣浮在水面，飘飘荡荡，竟流出沁芳闸去了。回来只见地下还有许多。

（第二十三回，页316~317）

　　宝玉正踟蹰间，只听背后有人说道："你在这里作什么？"宝玉一

---

① 《脂砚斋评石头记》，上海三联书店，2011，页266。

回头，却是林黛玉来了，肩上担着花锄，锄上挂着花囊，手内拿着花帚。宝玉笑道："好，好，来把这个花扫起来，撂在那水里。我才撂了好些在那里呢。"林黛玉道："撂在水里不好。你看这里的水干净，只一流出去，有人家的地方脏的臭的混倒，仍旧把花遭塌了。那畸角上我有一个花冢，如今把他扫了，装在这绢袋里，拿土埋上，日久不过随土化了，岂不干净。"

（第二十三回，页317）

至次日乃是四月二十六日，原来这日未时交芒种节。尚古风俗：凡交芒种节的这日，都要设摆各色礼物，祭饯花神，言芒种一过，便是夏日了，众花皆卸，花神退位，须要饯行。然闺中更兴这件风俗，所以大观园中之人都早起来了。那些女孩子们，或用花瓣柳枝编成轿马的，或用绫锦纱罗叠成干旄旌幢的，都用彩线系了。每一颗树上，每一枝花上，都系了这些物事。满园里绣带飘飘，花枝招展，更兼这些人打扮得桃羞柳让，燕妒莺惭，一时也道不尽。

（第二十七回，页364~365）

不想宝玉在山坡上听见，先不过点头感叹；次后听到"侬今葬花人笑痴，他年葬侬知是谁"，"一朝春尽红颜老，花落人亡两不知"等句，不觉恸倒山坡之上，怀里兜的落花撒了一地。试想林黛玉的花颜月貌，将来亦到无可寻觅之时，宁不心碎肠断！既黛玉终归无可寻觅之时，推之于他人，如宝钗、香菱、袭人等，亦可到无可寻觅之时矣。宝钗等终归无可寻觅之时，则自己又安在哉？且自身尚不知何在何往，则斯处、斯园、斯花、斯柳，又不知当属谁姓矣！——因此一而二，二而三，反复推求了去，真不知此时此际欲为何等蠢物，杳无所知，逃大造，出尘网，始可解释这段悲伤。

（第二十八回，页375）

（1）认真阅读以上文段，大观园内葬花之人有_____。

（2）贾宝玉作为大观园内葬花之人又有何深意呢？
_____
_____
_____

（3）脂砚斋评点说："《葬花吟》是大观园诸艳之归源小引，故用在饯花日诸艳毕集之期。"① "埋香冢葬花乃诸艳归源,《葬花吟》又系诸艳一偈也。"② 可见，葬花不仅仅是一事一行，在《红楼梦》的故事中还有其他深意。请你尝试探究一下"葬花"有何深意？
_____
_____
_____

四、真题重现

> 2007·福建高考·简答题
>
> 《红楼梦》第二十三回"西厢记妙词通戏语"是一个著名的情节，请简述书中宝玉、黛玉共读《西厢记》的故事。（100字左右）

---

① 《脂砚斋评石头记》，上海三联书店，2011，页288。
② 《脂砚斋评石头记》，上海三联书店，2011，页298。

本节参考答案

一、基础了解

1.（1）第二十三回：西厢记妙词通戏语　牡丹亭艳曲警芳心

第二十四回：醉金刚轻财尚义侠　痴女儿遗帕惹相思

第二十五回：魇魔法姊弟逢五鬼　红楼梦通灵遇双真

第二十六回：蜂腰桥设言传心事　潇湘馆春困发幽情

第二十七回：滴翠亭杨妃戏彩蝶　埋香冢飞燕泣残红

第二十八回：蒋玉菡情赠茜香罗　薛宝钗羞笼红麝串

（2）①元妃（贾元春）　②贾宝玉　林黛玉　③贾芹　贾芸　④小红　贾芸　凤姐　⑤贾环　马道婆　赵姨娘　马道婆　⑥癞头和尚　跛足道人　⑦薛宝钗　⑧琪官　袭人

2.（1）探春　惜春　因为在这间屋子里，只有这三个人比宝玉年龄小，自然要站起来，可见大家族居家礼仪。（2）潇湘馆　几竿竹子　怡红院　二月二十二　蘅芜苑　潇湘馆　缀锦楼　秋爽斋　蓼风轩　稻香村　怡红院　二十二　（3）原来姹紫嫣红开遍　似这般都付与断井颓垣　良辰美景奈何天　赏心乐事谁家院　如花美眷　似水流年　流水落花春去也　天上人间

这些唱词有一个共同的特点，那就是都与生命、青春这样美好的事物有关。"姹紫嫣红""良辰美景""赏心乐事""如花美眷"等都是自然界、生命中美好的存在，这些存在是希望，是快乐。青春总是易逝的、短暂的，正因如此，我们才更希望自己的青春要有价值、要有意义。于是，

我们要在有限的青春年华中尽情地绽放,尽情地向世界来展现这种美好,同时也渴望有更多的人来认可这种美好。可是,"似这般都付与断井颓垣""奈何天""谁家院""似水流年""花落春去"……美好的事物却又总是不能被人发现的,甚至总是会被辜负的。就像生长在墙角的一束花,任它再高傲娇艳,这个世界也不会为它多留下一片天空。黛玉听到这些唱词,自然会联想到自己的生命和青春,她就是大观园中的一朵花,高傲美艳,却也孤独寂寞,青春转眼便逝,她的未来又会在哪里呢?这是伤"春"之痛,亦是对自我生命归处的自觉与无奈。

3. 青埂峰　十三载

4.(1)晴雯、麝月、秋纹、碧痕、绮霰等。(2)一共五门奶奶(我们奶奶、这里奶奶、五奶奶、舅奶奶、姑奶奶);"我们奶奶"自然是指王熙凤。(3)曹雪芹笔下没有一个人物是没用的,没有一个人物是呆板的,他们都如此鲜活生动,成为红楼世界的有机构成部分,缺一不可。红玉,这个人物在《红楼梦》中虽然出场次数有限,但她的性格却是如此突出,与贾府中一般的丫鬟很不一样。她很聪明,同时也有些自负,她不甘居于人后,想要冒尖儿证明自己,同时她也冷眼旁观,把人情世故看得很清楚、很明白。她知道天下没有不散的筵席,正如黛玉知道"红消香断有谁怜"一样。她虽然身为下贱,只能在怡红院中做一些粗使活计,连给宝玉倒水沏茶铺床叠被的机会都没有,好不容易抓个空儿给宝二爷倒了回茶,却被秋纹、碧痕指着鼻子骂了一通,但她并不自轻自贱。在面对晴雯的责问时,她不卑不亢,句句在理。她能主动去争取自己的未来,抓住机会将自己调到王熙凤那里,也可以说是实现自己的价值了。这一点,对于封建大家族里的世代旧仆人家的女孩子来说,实在是很难得。(相较而言,晴雯也是一个心比天高的女孩子,但是她心思单纯,性格直率,重情重义,最后也只能落得个被王夫人嫌弃赶出大观园,凄凉而死的境地，也是可怜可叹。)

5.（1）因为薛蟠假托是贾政找宝玉，在道歉的时候，又不过脑子说下次你也骗我说是我父亲找我，但我们都知道，薛蟠很早就没有父亲了。死者为大，他连自己死去的父亲也用来开玩笑，故而引发宝玉更进一步的批评。

（2）其一，薛蟠无耻，却仍有孝悌之心。其二，他荒唐无知，待人又直率真诚。

6. 薛宝钗　上等宫扇两柄，红麝香珠二串，凤尾罗二端，芙蓉簟一领　金玉良姻

二、阅读进阶

7.（1）贾芹（都是找工作，大家可以认真分析分析贾芹和贾芸之间的区别，然后看看他们拿到钱以后都做了什么。贾芹在后文中还有相关戏份，请关注。）

（2）从这几段来看，贾芸确实是一个聪明伶俐、善于言辞、能动脑子的年轻人。首先，他很会说话，知道对什么人讲什么话。在面对比自己年纪小的贾宝玉要将自己认作儿子的时候，他不仅不生气，而且还利用宝玉比自己辈分大这一点巧妙地化解了这场尴尬，顺道还恭维了贾宝玉。贾芸从小没了父亲，家境也不好，与寡母相依为命，他若能靠上宝玉这棵大树自然是一件好事。同时，他在面对自己舅舅的刁难责问时也是不慌不忙，不急不躁，"笑"着说出一番道理，一句"巧媳妇做不出没米的粥来"，不仅再次阐明了自己此次借香的目的，还为自己进行了合理的辩解。辩解中又有一番质问，提醒舅舅们是否应对自己目前身无长物的窘迫境地负有责任。此外，在面对江湖之人倪二和喜欢别人奉承吹捧自己的凤姐时也是应对自如，句句都能说到对方的熨帖处，从而达到自己的

目的。这样的人能不聪明吗？其次，他不仅会说话，也很会谋划事情，能动脑子。比如他深知想要得到大观园中的差事就需要打点王熙凤，而且他还能想到端午节需要用香料，这些香料置办起来也要花费银两和时间，不如趁机讨好凤姐来为自己增加筹码。

贾芸讨工作的方法与途径，即使是放在现代社会，这种拉关系给好处办事情的现象也俯拾皆是，可见，曹雪芹写的不仅仅是故事，更是社会，是人性。

8.（1）第二十五回，贾环在王夫人处抄《金刚咒》，他平日就深恨宝玉（这里的"恨"恐怕有好多嫉妒的成分），此次又看见宝玉和彩霞闹，于是便心生歹意，故意将油汪汪的蜡灯推向了宝玉，本意是要烫瞎宝玉的眼睛，好在只是使得宝玉的脸被热灯油烫伤。

（2）马道婆与贾母的这番对话堪称经典。马道婆不去做推销可真是浪费了，她与净虚相比，有过之而无不及。

马道婆上来先装腔作势地在宝玉脸上比画了一把，然后进入正题。

首先，她用促狭鬼爱纠缠富家子弟来吓唬贾母。

其次，等贾母询问解决方案时便徐徐将光明菩萨一事说出，这是一着缓棋，不能说得太着急，否则目的就太明显。要让贾母自己上钩。

再次，贾母果然上钩，询问如何供奉光明菩萨。这时候马道婆才徐徐道来，要点灯。接下来更为精彩。她先是若有若无地说无论多少都行，然后马上给出了好几个豪门大户的出手，虽然她说的是多少不限，但自然是越多越好，可是贾母迟疑了，为什么呢？因为毕竟宝玉是家中小辈儿，贾母虽然宠爱却也不能太过分。马道婆深知贾母的心思，这时候，她便拿出了撒手锏，直接替贾母说出了心里话："若是像老祖宗如今为宝玉，若舍多了倒不好，还怕哥儿禁不起，倒折了福"，这样一来所有问题都解决了，贾母痛痛快快地做了决定：一日五斤，那一月就是一百五十斤啊，这也不是一个小数目。

最后，马道婆"阿弥陀佛慈悲大菩萨"恐怕是可以翻译成：真不容易啊，今天又拿下一家，这月的钱又能多赚些了。

这样的人像是佛门中人吗？

三、探究提升

9.（1）贾宝玉、林黛玉　　（2）首先，大观园中有各种花草，也有住进来的众姐妹。众姐妹在这由贾府后花园"会芳园"改过来的大园子里生活，她们本身也成了这园子中的"花"。"会芳会芳，聚群花于一处之意也"。所以，"大观园落成，众姐妹题咏"（周汝昌先生语）正是此意。你看，在这个园子里，众姐妹多次结诗社，而且大部分题目都是以花命名：海棠社、桃花行、菊花题、红梅咏等，宝玉还为晴雯作了一篇《芙蓉女儿诔》。同时，在第六十三回"群芳开夜宴"中，众姐妹们还玩了"占花名"的游戏，每个人都抽取了一枝花签，这也是一个很重要的信息：湘云抽的是海棠，袭人抽的是桃花，探春抽的是杏花，宝钗自然是牡丹花，林黛玉则是芙蓉……而这次宴会的起由恰恰是宝玉过生日，也有学者研究认为，宝玉的生日正是农历四月二十六日，也就是"芒种节"——"尚古风俗：凡交芒种节的这日，都要设摆各色礼物，祭饯花神，言芒种一过，便是夏日了，众花皆卸，花神退位，须要饯行。"你看，这个节日仿佛也和大观园的主题相关，与花相关。

其次，贾宝玉在大观园内的住所恰是怡红院，所谓"红"，在这里自然就可以象征春之众花，也就是住在大观园中的姐妹们。而宝玉被安排在大观园中恐怕也是为了这些女孩子，用周汝昌先生的话来说是，贾宝玉是这些"名花"的"线"，他把她们都串联了起来，所以，他从小就有一个别号是"绛洞花主";他会在太虚幻境喝"千红一窟"与"万艳同杯",而脂砚斋评点中也有一句"宝玉系诸艳之冠"。所以,当他看到桃花掉落时,他才会如此怜惜地将其投入河水中,怕被泥淖玷污。而林妹妹的"葬花"也与宝玉相呼应。而宝玉在看到黛玉葬花时的那段心理活动也可以成为《红楼梦》一书的总领:

> 试想林黛玉的花颜月貌,将来亦到无可寻觅之时,宁不心碎肠断!既黛玉终归无可寻觅之时,推之于他人,如宝钗、香菱、袭人等,亦可到无可寻觅之时矣。宝钗等终归无可寻觅之时,则自己又安在哉?且自身尚不知何在何往,则斯处、斯园、斯花、斯柳,又不知当属谁姓矣!
>
> (第二十八回,页375)

难怪鲁迅先生要说贾宝玉:"爱博而心劳,而忧患亦日甚矣。"先生读得真透彻。

(3) 周汝昌先生对此有很精彩的解读,以下文段选自周汝昌《红楼小讲》第13讲:

> 然后,脂砚斋又曾抉示:费如许工夫,修造一座大观园,原来却"只为一个葬花冢"!
>
> 这话乍听有似离奇,细思无比恰确。葬花一段故事,大家被图绘、搬演等艺术形式弄得形成了一个错觉——至少忘却了事情的一半:总以为葬花嘛,除了黛玉,不干别人之事。<u>殊不知葬花的主角,原是宝黛二人,而书中特笔叙写的,正是宝玉出场先来葬花,换言之,如果说宝玉才是真正的葬花人,倒更合雪芹的原意</u>。这缘故,只要看群芳夜宴,共寿怡红,最后麝月掣得了荼蘼花签,上面写道是:"开到荼蘼花事了",并又特笔注明:"在席各饮三杯送春",就可以明白:宝玉的生辰实为四月二十六日芒种节日,也就是上回咱们说过的那个至此春神退位、百花谢尽的饯春之节!

由此看来，方知雪芹在整部书中运用象征的意义，那亲尝"千红一窟（哭）""万艳同杯（悲）"的，不是别个，正是宝玉一人。是宝玉眼见三春景尽、百卉凋残、大地茫茫，堪称"干净"——深可悲痛。鲁迅先生有言："悲凉之雾，遍被华林，然呼吸而领会之者，独宝玉一人而已。"看来，大家虽然七嘴八舌，真能解红楼、知雪芹的其唯先生乎！

最近有研究者提出：曹雪芹名其轩为悼红；悼红者何？即饯春是，即葬花是。所以雪芹在书中安排黛玉葬花——埋香冢畔，暗泣残红——实是让黛玉来"代表"他，一抒悼红之恸。这一提法，未经前人道过，堪称会心不远。我是很赞同的。

黛玉是"花魂"，花是美的结晶、春的象征。宝玉是饯花送春的"花王"，由他的经历，宣告了三春美景即将结束。

由此而言，雪芹运用了多样的艺术方法，包括象征手法在内，流着辛酸之泪而写下的一段"荒唐"的主题，这就是：春的践踏，美的毁灭。①

再补充一句：何为悲剧？鲁迅先生说，悲剧将人生的有价值的东西毁灭给人看。当然了，这个定义不能算是对悲剧严丝合缝的科学性的定义，但是，至少先生抓住了一点，那就是"价值的毁灭"，令人痛心疾首，更无可奈何。

四、真题重现

略

---

① 《红楼小讲》，周汝昌，北京出版社，2016，页92~93。

十 第二十九至三十二回

第二十九至三十二回内容速看

此四回内容：五月初，贾母率众人到清虚观打醮，张道士为宝玉说亲，请玉献宝时，宝玉独拣了金麒麟。宝黛因为心里存了"金玉良姻"之说而彼此多心，为此大吵一架。盛暑之时，日长神倦，宝玉闲逛到王夫人处，因与金钏儿举止狎昵，导致金钏儿被王夫人赶出贾府。宝玉回到大观园，在蔷薇架下痴看一个女孩子在土上痴画"蔷"字，阵雨来袭，他提醒女孩子避雨。宝玉跑回怡红院，因为开门迟了，他抬脚踹向应门的袭人。端阳节赏午，因各有心事，王夫人的酒席上气氛冷清，宝玉闷闷不乐，回到怡红院后，因晴雯失手跌落扇子，起了争执。湘云做客荣国府，黛玉心里记挂着金麒麟的事情，便赶到怡红院，无意中听到宝玉在湘云等人面前对自己的评价，感慨宝玉果真是知己。被赶出府的金钏儿跳井自尽，宝钗劝慰王夫人。

宝玉的真心话
大冒险

一、基础了解

1.（1）请将第二十九至三十二回的回目抄写在下面。

第二十九回：_____

第三十回：_____

第三十一回：_____

第三十二回：_____

（2）第二十九至三十二回，都是在讲五月里发生的事情。想想这个时节的特点，我们来梳理一下这几回里叙写的主要事件。

①_____月_____日至_____日，清虚观_____。第一天，贾府家眷几乎全体出动，张道士接待，贾母亲自拈香。

②因为_____，宝黛大吵了一架，甚至惊动了贾母、王夫人。贾母感叹："真是俗语说的，'_____'。"两人第一次听闻此话，"好似参禅的一般"。

③五月三日，_____生日。宝玉和黛玉都没有参加宴席，也不曾过去看戏。薛宝钗用_____这出戏的名字讥嘲宝黛二人。

④盛暑之时，日长神倦。宝玉从贾母处出来，先去了王夫人处，与_____举止狎昵，导致她被王夫人赶出贾府（后投井自尽）；宝玉进入大观园，在蔷薇架下看到一个女孩子画了几千个"_____"字，阵雨来袭，他忘了自己无处遮雨，提醒女孩子去避雨；宝玉跑回怡红院，因为开门迟了，他抬脚踹向应门的_____。

⑤端阳节赏午，众人各有心事，气氛冷清，宝玉闷闷不乐，回来后，因_____失手跌落扇子，怡红院里起了争执。

⑥湘云来到荣国府，贾母、王夫人等取笑她虽已开始相看婆家，但仍

不改淘气，她见过凤姐和李纨，进入大观园，送_____绛纹戒指。在_____捡到了一个文彩辉煌的金麒麟。

⑦黛玉心里记挂着金麒麟的事情，知道史湘云进了怡红院，就赶过来，无意中听到宝玉对自己的评价，感慨万千。宝玉因被老爷唤去陪见贾雨村，出了怡红院，看见前面走着拭泪的林黛玉，二人对话间，宝玉对黛玉说了三个字："_____"。

2.《红楼梦》中出现了许多小物件，在推进情节方面或多或少地起到了作用，其中与宝玉、黛玉的情感发展无关的小物件是（　　）。
A. 手帕　　B. 金锁　　C. 金麒麟　　D. 绛纹戒指

3. 根据小说内容，在横线上填写人物的名字（思考角度：丫鬟的名字显示出主子的身份地位与性情特点）。

　　单表到了初一这一日，荣国府门前车辆纷纷，人马簇簇。那底下凡执事人等，闻得是贵妃作好事，贾母亲去拈香，正是初一日乃月之首日，况是端阳节间，因此凡动用的什物，一色都是齐全的，不同往日。

　　少时，贾母等出来。贾母坐一乘八人大轿。李氏、凤姐儿、薛姨妈每人一乘四人轿。宝钗、黛玉二人共坐一辆翠盖珠缨八宝车。迎春、探春、惜春三人共坐一辆朱轮华盖车。然后_____的丫头鸳鸯、鹦鹉、琥珀、珍珠，_____的丫头紫鹃、雪雁、春纤，_____的丫头莺儿、文杏，_____的丫头司棋、绣桔，_____的丫头待书、翠墨，_____的丫头入画、彩屏，_____的丫头同喜、同贵，外带着香菱、香菱的丫头臻儿，_____的丫头素云、碧月，_____的丫头平儿、丰儿、小红，并_____两个丫头也要跟了凤姐儿去的是金钏、彩云，奶子抱着大姐儿带着巧姐儿另在一车，还有两个丫头，一共又连上

十　第二十九至三十二回

各房的老嬷嬷奶娘并跟出门的家人媳妇子，乌压压的占了一街的车。

贾母等已经坐轿去了多远，这门前尚未坐完。这个说"我不同你在一处"，那个说"你压了我们奶奶的包袱"，那边车上又说"蹭了我的花儿"，这边又说"碰折了我的扇子"，咭咭呱呱，说笑不绝。周瑞家的走来过去的说道："姑娘们，这是街上，看人笑话。"说了两遍，方觉好了。前头的全副执事摆开，早已到了清虚观了。宝玉骑着马，在贾母轿前。街上人都站在两边。

（第二十九回，页395~396）

4.《红楼梦》文字处处有人情、有寓意。清虚观打醮本是为祷福的一大快活事，可是偏写出很多不适意来，请你找出几处不适意来，并尝试加以解读。

_____
_____
_____

5.关于清虚观拈戏，请完成下面的表格。

序号	戏名	故事梗概	贾母反应	对贾母反应的解读
①	《白蛇记》		问是什么故事。	
②	《满床笏》		笑道："也罢了，神佛要这样，也只得罢了。"	

续表

序号	戏名	故事梗概	贾母反应	对贾母反应的解读
③	_____	淳于棼拜驸马、当太守，显赫一时，最终失宠被逐，发现不过是一梦而已。"好了歌"里，"当年笏满床"的前一句是"陋室空堂"。	听了便不言语。	

6. 宝黛争吵在《红楼梦》里是常态，请阅读下面的文段，回答问题。

　　且说宝玉因见林黛玉又病了，心里放不下，饭也懒去吃，不时来问。林黛玉又怕他有个好歹，因说道："你只管看你的戏去，在家里作什么？"宝玉因昨日张道士提亲，心中大不受用，今听见林黛玉如此说，心里因想着："别人不知道我的心还可恕，连他也奚落起我来。"因此心中更比往日的烦恼加了百倍。若是别人跟前，断不能动这肝火，只是林黛玉说了这话，倒比往日别人说这话不同，由不得立刻沉下脸来，说道："我白认得了你。罢了，罢了！"林黛玉听说，便冷笑了两声道："我也知道白认得了我，那里像人家有什么配的上呢。"宝玉听了，便向前来直问到脸上："你这么说，是安心咒我天诛地灭？"林黛玉一时解不过这个话来。宝玉又道："昨儿还为这个赌了几回咒，今儿你到底又准我一句。我便天诛地灭，你又有什么益处？"林黛玉一闻此言，方想起上日的话来。今日原是自己说错了，又是着急，又是羞愧，便颤颤兢兢的说道："我要安心咒你，我也天诛地灭。何苦来！我知道，昨日张道士说亲，你怕阻了你的好姻缘，你心里生气，来拿我煞性子。"

　　原来那宝玉自幼生成有一种下流痴病，况从幼时和黛玉耳鬓厮磨，心情相对；及如今稍明时事，又看了那些邪书僻传，凡远亲近友之家所见的那些闺英闱秀，皆未有稍及林黛玉者，所以早存了一段心事，只不好说出来，故每每或喜或怒，变尽法子暗中试探。那林黛玉偏生也是个有些痴病的，也每用假情试探。因你也将真心真意瞒了起来，只用假意，我也将真心真意瞒了起来，只用假意。如此两假相逢，终有一真。其间琐琐碎碎，难保不有口角之争。

即如此刻，宝玉的心内想的是："别人不知我的心，还有可恕，难道你就不想我的心里眼里只有你！你不能为我烦恼，反来以这话奚落堵我。可见我心里一时一刻白有你，你竟心里没我。"心里这意思，只是口里说不出来。那林黛玉心里想着："你心里自然有我，虽有'金玉相对'之说，你岂是重这邪说不重我的。我便时常提这'金玉'，你只管了然自若无闻的，方见得是待我重，而毫无此心了。如何我只一提'金玉'的事，你就着急，可知你心里时时有'金玉'，见我一提，你又怕我多心，故意着急，安心哄我。"

看来两个人原本是一个心，但都多生了枝叶，反弄成两个心了。那宝玉心中又想着："我不管怎么样都好，只要你随意，我便立刻因你死了也情愿。你知也罢，不知也罢，只由我的心，可见你方和我近，不和我远。"那林黛玉心里又想着："你只管你，你好我自好，你何必为我而自失。殊不知你失我自失。可见是你不叫我近你，有意叫我远你了。"如此看来，却都是求近之心，反弄成疏远之意。如此之话，皆他二人素习所存私心，也难备述。

（第二十九回，页 403~405）

如今且说林黛玉自在荣府以来，贾母万般怜爱，寝食起居，一如宝玉，迎春、探春、惜春三个亲孙女倒且靠后；便是宝玉和黛玉二人之亲密友爱处，亦自较别个不同，日则同行同坐，夜则同息同止，真是言和意顺，略无参商。不想如今忽然来了一个薛宝钗，年岁虽大不多，然品格端方，容貌丰美，人多谓黛玉所不及。而且宝钗行为豁达，随分从时，不比黛玉孤高自许，目无下尘，故比黛玉大得下人之心。便是那些小丫头子们，亦多喜与宝钗去顽。因此黛玉心中便有些悒郁不忿之意，宝钗却浑然不觉。那宝玉亦在孩提之间，况自天性所禀来的一片愚拙偏僻，视姊妹弟兄皆出一意，并无亲疏远近之别。其中因与黛玉同随贾母一处坐卧，故略比别个姊妹熟惯些。既熟惯，则更觉亲密；既亲密，则不免一时有求全之毁，不虞之隙。这日不知为何，他二人言语有些不合起来，黛玉又气的独在房中垂泪，宝玉又自悔言语冒撞，前去俯就，那黛玉方渐渐的回转来。

（第五回，页 68~69）

（1）请阅读选文及其他回目相关内容，说一说此次宝黛吵架的原因。与幼时吵架相比，有什么变化？

_____

_____

（2）阅读第二十九回相关内容，简单描述他们吵架的情形与过程。

_____

_____

（3）小说行文至此，因为黛玉的关系，这是宝玉第二次摔玉且砸玉。请阅读相关内容，说一说宝玉两次摔玉、砸玉的原因。

_____

_____

（4）第五回的选文中，脂批有评曰"八字定评有趣。不独黛玉、宝玉二人，亦可为古今天下亲密人当头一喝""八字为二玉一生文字之纲"。[1] 请你找出这八个字，并谈一谈自己的认识。

_____

_____

[1]《脂砚斋评石头记》，上海三联书店，2011，页 50。

_____
_____

二、阅读进阶

7. 请阅读第三十回内容,梳理宝玉的主要活动事件。

_____
_____
_____

8. 阅读文段,回答问题。

　　这日正是端阳佳节,蒲艾簪门,虎符系臂。午间,王夫人治了酒席,请薛家母女等赏午。宝玉见宝钗淡淡的,也不和他说话,自知是昨儿的原故。王夫人见宝玉没精打采,也只当是金钏儿昨日之事,他没好意思的,越发不理他。林黛玉见宝玉懒懒的,只当是他因为得罪了宝钗的原故,心中不自在,形容也就懒懒的。凤姐昨日晚间王夫人就告诉了他宝玉金钏的事,知道王夫人不自在,自己如何敢说笑,也就随着王夫人的气色行事,更觉淡淡的。贾迎春姊妹见众人无意思,也都无意思了。因此,大家坐了一坐就散了。

　　_____天性喜散不喜聚。他想的也有个道理,他说,"人有聚就有散,聚时欢喜,到散时岂不清冷?既清冷则生伤感,所以不如倒是不聚的好。比如那花开时令人爱慕,谢时则增惆怅,所以倒是不开的好。"故此人以为喜之时,他反以为悲。那_____的情性只愿常聚,生怕一时散了添悲;那花只愿常开,生怕一时谢了没趣;及到筵散花谢,虽有万种悲伤,也就无可如何了。

（第三十一回,页 420）

（1）在文中横线上写出人物的名字。

（2）端阳节赏午兴致不高,诸人都有心事。请问这些心事都是什么事?

_____

_____

_____

9. 阅读文段,结合具体内容,谈一谈宝玉的爱物观。

　　晴雯笑道:"我慌张的很,连扇子还跌折了,那里还配打发吃果子。倘或再打破了盘子,还更了不得呢。"宝玉笑道:"你爱打就打,这些东西原不过是借人所用,你爱这样,我爱那样,各自性情不同。比如那扇子原是扇的,你要撕着玩也可以使得,只是不可生气时拿他出气。就如杯盘,原是盛东西的,你喜听那一声响,就故意的碎了也可以使得,只是别在生气时拿他出气。这就是爱物了。"晴雯听了,笑道:"既这么说,你就拿了扇子来我撕。我最喜欢撕的。"宝玉听了,便笑着递与他。晴雯果然接过来,嗤的一声,撕了两半,接着嗤嗤又听几声。宝玉在旁笑着说:"响的好,再撕响些!"

　　正说着,只见麝月走过来,笑道:"少作些孽罢。"宝玉赶上来,一把将他手里的扇子也夺了递与晴雯。晴雯接了,也撕了几半子,二人都大笑。麝月道:"这是怎么说,拿我的东西开心儿?"宝玉笑道:"打开扇子匣子你拣去,什么好东西!"麝月道:"既这么说,就把匣子搬了出来,让他尽力的撕,岂不好?"宝玉笑道:"你就搬去。"麝月道:"我可不造这孽。他也没折了手,叫他自己搬去。"晴雯笑着,倚在床上说道:"我也乏了,明儿再撕罢。"宝玉笑道:"古人云,'千金难买一笑',几把扇子能值几何！"一面说着，一面叫袭人。袭人才换了衣服走出来，小丫头佳蕙过来拾去破扇，大家乘凉，不消细说。

（第三十一回，页 424~425）

_____

_____

_____

三、探究提升

10. 阅读文段，回答问题。

（一）

　　此时宝钗正在这里。那林黛玉只一言不发，挨着贾母坐下。宝玉没甚说的，便向宝钗笑道："大哥哥好日子，偏生我又不好了，没别的礼送，连个头也不得磕去。大哥哥不知我病，倒像我懒，推故不去的。倘或明儿恼了，姐姐替我分辨分辨。"宝钗笑道："这也多事。你便要去也不敢惊动，何况身上不好。弟兄们日日一处，要存这个心倒生分了。"宝玉又笑道："姐姐知道体谅我就好了。"又道："姐姐怎么不看戏去？"宝钗道："我怕热，看了两出，热的很。要走，客又不散。我少不得推身上不好，就来了。"宝玉听说，自己由不得脸上没意思，只得又搭讪笑道："怪不得他们拿姐姐比杨妃，原来也体丰怯热。"

　　宝钗听说，不由的大怒，待要怎样，又不好怎样。回思了一回，脸红起来，便冷笑了两声，说道："我倒像杨妃，只是没一个好哥哥好兄弟可以作得杨国忠的！"二人正说着，可巧小丫头靛儿因不见了扇子，和宝钗笑道："必是宝姑娘藏了我的。好姑娘，赏我罢。"宝钗指他道："你要仔细！我和你顽过，你再疑我。和你素日嘻皮笑脸的那些姑娘们跟前，你该问他们去。"说的个靛儿跑了。宝玉自知又把话说造次了，当着许多人，更比才在林黛玉跟前更不好意思，便急回身又同别人搭讪去了。

（第三十回，页412）

（1）结合文段内容，解读回目"宝钗借扇机带双敲"。

_____
_____
_____

（二）

　　宝钗因而问道："云丫头在你们家做什么呢？"袭人笑道："才说了一会子闲话。你瞧，我前儿粘的那双鞋，明儿叫他做去。"宝钗听见这话，便两边回头，看无人来往，便笑道："你这么个明白人，怎么一时半刻的就不会体谅人情。我近来看着云丫头神情，再风里言风里语的听起来，那云丫头在家里竟一点儿作不得主。他们家嫌费用大，竟不用那些针线上的人，差不多的东西多是他们娘儿们动手。为什么这几次他来了，他和我说话儿，见没人在跟前，他就说家里累的很。我再问他两句家常过日子的话，他就连眼圈儿都红了，口里含含糊糊待说不说的。想其形景来，自然从小儿没爹娘的苦。我看着他，也不觉的伤起心来。"

　　袭人见说这话，将手一拍，说："是了，是了。怪道上月我烦他打十根蝴蝶结子，过了那些日子才打发人送来，还说'打的粗，且在别处能着使罢；要匀净的，等明儿来住着再好生打罢'。如今听宝姑娘这话，想来我们烦他他不好推辞，不知他在家里怎么三更半夜的做呢。可是我也糊涂了，早知是这样，我也不烦他了。"宝钗道："上次他就告诉我，在家里做活做到三更天，若是替别人做一点半点，他家的那些奶奶太太们还不受用呢。"

袭人道："偏生我们那个牛心左性的小爷，凭着小的大的活计，一概不要家里这些活计上的人作。我又弄不开这些。"宝钗笑道："你理他呢！只管叫人做去，只说是你做的就是了。"袭人道："那里哄的信他，他才是认得出来呢。说不得我只好慢慢的累去罢了。"宝钗笑道："你不必忙，我替你作些如何？"袭人笑道："当真的这样，就是我的福了。晚上我亲自送过来。"

一句话未了，忽见一个老婆子忙忙走来，说道："这是那里说起！金钏儿姑娘好好的投井死了！"袭人唬了一跳，忙问"那个金钏儿？"那老婆子道："那里还有两个金钏儿呢？就是太太屋里的。前儿不知为什么撵他出去，在家里哭天哭地的，也都不理会他，谁知找他不见了。刚才打水的人在那东南角上井里打水，见一个尸首，赶着叫人打捞起来，谁知是他。他们家里还只管乱着要救活，那里中用了！"宝钗道："这也奇了。"袭人听说，点头赞叹，想素日同气之情，不觉流下泪来。宝钗听见这话，忙向王夫人处来道安慰。这里袭人回去。不提。

却说宝钗来至王夫人处，只见鸦雀无闻，独有王夫人在里间房内坐着垂泪。宝钗便不好提这事，只得一旁坐了。王夫人便问："你从那里来？"宝钗道："从园里来。"王夫人道："你从园里来，可见你宝兄弟？"宝钗道："才倒看见了。他穿了衣服出去了，不知那里去。"

王夫人点头哭道："你可知道一桩奇事？金钏儿忽然投井死了！"宝钗见说，道："怎么好好的投井？这也奇了。"王夫人道："原是前儿他把我一件东西弄坏了，我一时生气，打了他几下，撵了他下去。我只说气他两天，还叫他上来，谁知他这么气性大，就投井死了。岂不是我的罪过。"宝钗叹道："姨娘是慈善人，固然这么想。据我看来，他并不是赌气投井。

多半他下去住着，或是在井跟前憨顽，失了脚掉下去的。他在上头拘束惯了，这一出去，自然要到各处去顽顽逛逛，岂有这样大气的理！纵然有这样大气，也不过是个糊涂人，也不为可惜。"王夫人点头叹道："这话虽然如此说，到底我心不安。"宝钗叹道："姨娘也不必念念于兹，十分过不去，不过多赏他几两银子发送他，也就尽主仆之情了。"

（第三十二回，页 438~440）

（2）第三十二回宝钗安慰王夫人，她希望王夫人（　　）。

A. 追查金钏儿真正的死因

B. 勇于认错以免良心不安

C. 不要将金钏儿之死放在心上

D. 不必为金钏儿的意外而生气

（3）阅读两篇选文，结合小说其他回目的内容，谈谈你对薛宝钗这一人物形象的认识与评价。

_____

_____

_____

四、真题重现

2019·江苏高考·简答题

《红楼梦》"寿怡红群芳开夜宴　死金丹独艳理亲丧"一回中，群芳行令，宝钗摇得牡丹签，上云"任是无情也动人"，请结合小说，概括宝钗的"动人"之处。

本节参考答案

一、基础了解

1.（1）第二十九回：享福人福深还祷福　痴情女情重愈斟情

第三十回：宝钗借扇机带双敲　龄官划蔷痴及局外

第三十一回：撕扇子作千金一笑　因麒麟伏白首双星

第三十二回：诉肺腑心迷活宝玉　含耻辱情烈死金钏

（2）①五　一　三　打醮　②彼此心里存着张道士说亲、"金玉相对"姻缘而互相多心　不是冤家不聚头　③薛蟠　负荆请罪　④金钏儿　蔷　袭人　⑤晴雯　⑥袭人　蔷薇架下　⑦你放心

2. D（绛纹戒指是湘云赠送给贾府姐妹们的礼物，表现的是姐妹情谊）

3. 贾母　林黛玉　宝钗　迎春　探春　惜春　薛姨妈　李氏（李纨）凤姐儿　王夫人

4. 第二十九回回目中有"享福人福深还祷福"，享福人，首先指的是贾母。贾母儿孙成群，是朝廷的诰命夫人，一生富贵顺意，可谓"福深"。此外，还指贾元春。元春是世袭公侯之女，选入皇宫，晋封贤德妃。打醮原本就是元妃的指示。她让太监夏守忠送了一百二十两银子，初一到初三在清虚观打三天平安醮，唱戏献供。

此外，整个贾府的内眷全体出动，"街上人都站在两边"，在"街上人"眼里，哪一个人不是福泽深厚？然而曹公笔下，偏透出些不和谐之音来。

凤姐被一个躲闪不及的小道士撞到，她照脸打了小道士一个筋斗，

好在贾母宽待，放过了他。

贾珍安排外围安保，让小厮教训自己的儿子贾蓉，为的是这些晚辈怕热，不能担待事情，又让贾蓉回家接尤氏等人。

张道士与贾母会面，怀念国公爷，令贾母"由不得满脸泪痕"，"我养这些儿子孙子，也没一个像他爷爷的，就只这玉儿像他爷爷"。

为家族祈福，却又偏偏插入这么多现世人物的言行表现：凤姐是荣国府内库总管，对小道士缺乏悲悯之心，一味跋扈；贾珍是宁国府掌家人，却不为后辈作表率，一味呵斥。

打醮成了富贵的特权，"一个闲人也到不了这里"，祷福，祷福，从何祷福？祷福何为？

贾母到清虚观，一为打醮，二为玩逛，可是先有冯紫英家来送礼，接着冯家、赵侍郎家也有礼来，很快，一应远近亲友、世家相与都来送礼，应酬多了，贾母下午便回来了，次日也不再去了。

张道士说亲，更是有几层人情谋划在里面；请玉献宝，一个金麒麟更是引起了后面很多误会和故事。

最令人不适意的是神前的拈戏，成为对贾府荣辱命运的又一次预示。

5.

序号	戏名	故事梗概	贾母反应	对贾母反应的解读
①	《白蛇记》	汉高祖斩蛇起义，创立基业。	问：是什么故事。	这个戏寓意好，兆头好。
②	《满床笏》	唐朝名将汾阳王郭子仪六十大寿时，七子八婿皆来祝寿。他们都是朝廷里的高官，手中皆有笏板，拜寿时笏板都摆满了象牙床榻。《好了歌》中有"当年笏满床"一句。	笑道："也罢了，神佛要这样，也只得罢了。"	非常高兴。这是神佛佑庇家门福禄昌盛、富贵荣华。

续表

序号	戏名	故事梗概	贾母反应	对贾母反应的解读
③	《南柯梦》	淳于棼拜驸马、当太守,显赫一时,最终失宠被逐,发现不过是一梦而已。《好了歌》里,"当年笏满床"的前一句是"陋室空堂"。	听了便不言语。	万事转头皆成空,寓意不祥。可是又是神佛前拈的戏,自己刚刚说的话"也罢了,神佛要这样,也只得罢了",也可以挪用过来。

6.(1)宝黛此次吵架,原因在于外界对宝玉的婚姻有各种说法。其一,张道士为宝玉说亲,虽然被贾母婉拒,但这件事令宝玉、黛玉不满;其二,有金玉良姻之说,此说法当为薛姨妈等特意散播出去的;其三,端午节前,元妃从宫中赏赐之物,宝玉和宝钗的相同,由此可见贾府对宝玉姻缘的倾向,宝玉得知时,惊讶之际问是不是弄错了,为什么自己的不是和黛玉的一样。

可见,宝玉感知到贾府正在逐渐形成与自己婚姻有关的舆论氛围,而这并不是宝玉之所愿。

宝黛吵架还在于二人彼此深有情意,但碍于规矩和礼仪,很难明确表达,在互相试探中生出很多误会。

宝玉挂念黛玉,来看望她;黛玉也担心宝玉,让他去清虚观看戏。宝玉认为黛玉这是在奚落疏远自己,埋怨黛玉,黛玉以"金玉"之说回驳,引发了争吵。

与二人幼时争吵相比,其原因的相同之处,都在于二人世界里插入了外人。本来宝黛之间无比友爱亲近,现在因为来了一个薛宝钗,宝玉的情感和交往有一部分要分出去,黛玉不高兴,宝玉又不能完全体会,故而常常吵架。

变化之处在于,随着年龄增长,宝黛之间的异性相爱之情逐渐发展和加深,此时的争吵不是为了彼此的玩闹而吵,而是为情感的不能专属、不能明朗而烦恼和痛苦。

（2）宝玉关心黛玉，黛玉却让他去看戏，宝玉心里想着，自己不去看戏，是因为反感张道士说亲、为和黛玉在一起而烦恼，而黛玉却不体贴自己，被宝玉认为是"心里没我"，于是动了肝火，"沉下脸来"，"我白认得了你"。黛玉以"金玉相对"来反驳，与宝玉拉开距离。二人之前为元妃赏赐之物已有争执，宝玉已发下"天诛地灭"之重誓，见黛玉仍不相信自己，宝玉便顶撞起来。

因为黛玉说"好姻缘"的话，宝玉将气全部撒在佩戴的宝玉上，冲动之下抓玉、摔玉、砸玉，黛玉听了袭人的劝解之语更加伤心，又哭又吐，紫鹃的劝解反倒让宝玉觉得黛玉不能理解自己。

主仆四人都洒泪不已。

袭人提到宝玉的玉上的穗子是黛玉做的，黛玉又夺过玉来剪穗子。直到贾母、王夫人过来，又教训了袭人和紫鹃，把宝玉带了出去。

（3）小说第三回，宝黛初见，宝玉因黛玉没玉，便认为这玉"不是个好东西"，表现的是宝玉对黛玉在情感上的完全认同、彻底接受。

本回摔玉，是因为玉石成了二人爱情之路上的障碍物，为了表达自己对"金玉"之说的不认可，宝玉宁可将众人眼里的"命根子"毁掉。

（4）这八个字是：求全之毁，不虞之隙——因要求完美而常有责难，因相处亲密而常有料想不到的矛盾。

认识：亲密之后难免会求完美，求纯粹，求彻底，求终始。然而，任何一个人、一件事，都很难顶得住放大镜之下的观察。故而，需要有容人之心、宽人之量。

联想：宝黛自然是心意相通的，宝黛情感之路的坎坷，除外在因素之外，他们内在的气质也会成为他们的障碍之一。毕竟，从总体上来说，宝玉是求宽的，而黛玉是求全的。

二、阅读进阶

7. 第三十回,从宝玉到潇湘馆来赔不是开始写起,一直到晚间照拂被他踢中肋骨的袭人,此间还写到薛宝钗对宝黛二人的讥讽,写到宝玉亲近戏谑金钏、痴看画蔷女孩子(由后面第三十六回可知,这个女孩子是十二个学戏的女孩子中的龄官)等,可以说,写的是"宝玉的一天"。

这一天里,宝玉一早就去找林黛玉,凤姐带着和好的宝黛去了贾母院落,见到了薛宝钗。从贾母处经凤姐院落门口到了王夫人上房。五月天里暑热,"又当早饭已经过、各处主仆人等多半都因日长神倦时,宝玉背着手,到一处,一处鸦雀无闻"可以设想,这个好动好热闹的少年为此定会有些百无聊赖。他亲近戏谑金钏,给人感觉轻浮;金钏被王夫人呵斥,他却一溜烟跑走了。

他在蔷薇架下看女孩子画蔷,又显得深情痴绝。

他脚踹袭人,力度控制不好,又让人觉得淘气讨厌。

这一天里,宝玉做出的事情,表现了一个立体复杂、让读者生喜又生厌的人物形象。

8.(1)林黛玉 宝玉 (2)其一,金钏儿被打、被撵出贾府——王夫人以为宝玉无精打采是因为这件事;王熙凤认为王夫人肯定为这件事不自在,故而不敢说笑。其二,薛宝钗发脾气——宝玉以为宝钗还在生气;黛玉以为宝玉还在为宝钗生气的事儿而不好意思,也就懒懒的。

9. 宝玉生长于公侯之家,外物之于他,从来不是需要的,而是享用的。宝玉爱物,是让物能够在自己的正向情绪里发挥出价值。晴雯撕扇,如果晴雯能够从撕扇中获得快乐,那么就是扇子发挥了价值;但倘若是因为生气而撕扇,就不是惜物爱物了。

这样的爱物观有其自己的道理,与众不同,但毕竟是把几把扇子毁坏了,难怪被麝月评价为"作孽"了。

三、探究提升

10.（1）丫头靛儿来找扇子，本是跟宝钗开玩笑，但宝钗指着她，完全不留情面，告诉她，自己不是可以让人嬉皮笑脸开玩笑的对象。看上去是在指责靛儿，实际指向的是贾宝玉。

宝玉、黛玉因为闹矛盾，没有去贺庆薛蟠的生日，宝玉不好意思，便推托自己身体不好。宝钗当然知道这是借口，是遮掩。宝玉也明白这个搪塞的理由并不高明，反而欲盖弥彰。果然宝钗接着说，因为怕热，便推托自己身体不好，到贾母这儿来。宝玉心虚之下，强撑着要把天聊下去，便拿众人将宝钗比作杨贵妃来开玩笑，说她"体丰怯热"，来作为话题和谈资。

即便是放在今天，男女之间谈话，这也不是什么合适的话题，更何况是在传统社会里。宝玉无心，宝钗则生出怒意。

此外，联系薛家来到京都的原意，说是为了充选宫中妃嫔、才人、善赞的，但后来此事便没了下文，由此可以推断，大概宝钗是落选了。故而，提到"杨妃"便更为不妥，难免会被宝钗理解为是在讥讽奚落自己。因此，宝钗以没有杨国忠这样的兄弟反击回去，意在讥嘲宝玉等人的不堪大任。

如果宝钗这样的言辞，宝玉还听不出来自己的情绪，那么指责靛儿的话，则是明确地告诉宝玉，自己生气了。

（2）C

（3）宝钗是皇商之女，家有资财。她容貌丰美，品格端方。

首先，她做事周到，行为豁达。虽然袭人和湘云情谊深厚（尽管一为丫鬟，一为小姐），但宝钗更了解湘云的处境，为她忧虑着想；她在得知金钏儿死讯之后，立即到王夫人处，委婉地宽解姨母，并大方地将自己的新衣服拿出来为金钏儿送葬。

在其他回目里，我们看到她奉承元妃、讨好贾母，因此，我们就能够理解为何贾府上上下下都对她交口称赞了，而直性子的湘云则很快就对宝钗赞不绝口了。

其次，她细心观察，深谙世故，随分从时。她洞悉贾府的规矩、了解贾府的人物。宝玉都还不熟悉小红的时候，宝钗隔着门窗、单凭声音就能判断这是宝玉身边的小红。她劝宝玉留意于仕进之途，希望宝玉可以有所发展，深得贾府长辈之心。

第三，她才识过人，博闻强识。宝钗读书驳杂，并有很高的鉴赏水准。她评点《鲁智深醉闹五台山》中的《寄生草》，被宝玉赞为"无书不知"。

第四，她待人随和，不失威仪。宝钗性情温和，对待所有人都温暖如春，但她恰到好处地让人不生狎昵之心。她身边的莺儿令行禁止，有规矩，懂本分。宝玉与很多女孩子都极为亲近，但对宝钗一直都能保持距离。看到宝钗的臂膀，也只能心里想一想而已。

最后，她冷酷无情。从宝钗劝慰王夫人的语句中可以看出，她将金钏儿之死说成是意外，很巧妙地将宝玉和王夫人的责任推脱了出去；她建议王夫人多给金钏儿家些银两，并慷慨地将自己的新衣拿出来，很稳妥地维护了贾府高高在上施以恩惠的姿态。

第六十三回，宝玉生日宴席上掣花签的游戏上，宝钗的花签是牡丹，"任是无情也动人"，她是能够令很多人喜爱的，但她不是在乎情感的那一个，她也是最后没有获得情感的那一个。

四、真题重现

略

十一 第三十三至三十六回

第三十三至三十六回

此四回内容：宝玉挨打，贾政、王夫人、贾母、李纨、宝钗、黛玉、袭人等各有复杂的心理感受。薛宝钗为宝玉送药，林黛玉为宝玉哭肿眼睛。袭人去见王夫人，向王夫人建议将宝玉搬出园子，一番话在情在理，深得王夫人之心。宝玉惦念黛玉，让晴雯送去自己的旧帕子，黛玉作题帕诗。宝玉本想勾着贾母夸赞黛玉，没想到贾母赞赏的却是宝钗。莺儿来为宝玉打络子，聊天间，让宝玉感受宝钗主仆的诸多好处。宝钗看望宝玉，听到宝玉的梦呓，说"我偏说是木石姻缘"。宝玉在梨香院看龄官与贾蔷之间的情形，领会人生情缘"各人各得眼泪""各有分定"。

躺枪的薛蟠

一、基础了解

1.（1）请将第三十三至三十六回的回目抄写在下面。

第三十三回：_____

第三十四回：_____

第三十五回：_____

第三十六回：_____

（2）请梳理第三十三至三十六回里荣国府和大观园中发生的大事，并将下面的内容补充完整。

①由于宝玉在外_____、_____，在内_____、_____，贾政便将宝玉打了几十大板以示教训（填原文）。其深层原因为_____（分析概括）。

②宝玉挨打，惹得_____（人名）想起了自己的长子_____（人名），从而呼喊着自己长子的名字痛哭不止，随后赶来的_____（人名）一听到这个名字，也禁不住放声哭了。

③宝玉挨打后，袭人问茗烟原因，茗烟说是因为_____（人名）和_____（人名）的事儿，还说第一件事是由_____（人名）挑唆的，后一件事是由_____（人名）告诉贾政的。

④宝玉挨打后，众姐妹都来园中看望，_____（人名）为宝玉送来了药，_____（人名）在看宝玉的时候哭得最伤心，眼睛肿得像桃子一样。

⑤_____（人名）去见王夫人，向王夫人建议_____，理由是_____（请用自己的话概括）。这番话在情在理，深得王夫人之心，王夫人由此将其视为自己人。

⑥金钏儿的妹妹_____去给贾宝玉送荷叶汤,因为_____一事对宝玉极为不满,宝玉用自己的方式向玉钏儿表达愧疚之情和爱护之意,玉钏儿情绪渐渐好转。

⑦王夫人让凤姐儿把袭人从贾母那里得的月钱去掉,从自己的月钱中拿出二两银子一吊钱给她,将袭人的月钱水平变得与赵姨娘、周姨娘一样,这也就意味着王夫人有意将袭人永远放在宝玉身边,是为了_____,可谓用心良苦!

2. 请根据第三十六回的内容,在横线处填上正确的内容并回答问题。

这里宝钗只刚做了两三个花瓣,忽见宝玉在梦中喊骂说:"和尚道士的话如何信得? 什么是_____,我偏说是_____!"薛宝钗听了这话,不觉怔了。

（第三十六回,页 481~482）

思考:你从宝玉的梦话中听出了什么信息?

_____
_____

3. 阅读文段,回答问题。

这里林黛玉还自立于花阴之下,远远的却向怡红院内望着,只见李宫裁、迎春、探春、惜春并各项人等都向怡红院内去过之后,一起一起的散尽了,只不见_____来,心里自己盘算道:"如何他不来瞧宝玉? 便是有事缠住了,他必定也是要来打个花胡哨,讨老太太和太太的好儿才是。今儿这早晚不来,必有原故。"一面猜疑,一面抬头再看时,只见花花簇簇一群人又向怡红院内来了。

（第三十五回,页 463）

正说着，忽见_____穿的齐齐整整的走来辞，说家里打发人来接他。宝玉林黛玉听说，忙站起来让坐。史湘云也不坐，宝林两个只得送他至前面。那史湘云只是眼泪汪汪的，见有他家人在跟前，又不敢十分委曲。少时_____赶来，愈觉缱绻难舍。还是宝钗心内明白，他家人若回去告诉了他婶娘，待他家去又恐受气，因此倒催他走了。众人送至二门前，_____还要往外送，倒是湘云拦住了。一时，回身又叫_____到跟前，悄悄的嘱道："便是老太太想不起我来，你时常提着打发人接我去。"宝玉连连答应了。眼看着他上车去了，大家方才进来。

（第三十六回，页486）

（1）在文段的横线处填上正确的人名。
（2）文中"花花簇簇一群人"中大概都会有谁？

_____
_____

4. 阅读文段，回答问题。

（一）

话未说完，把个贾政气的面如金纸，大喝"快拿宝玉来！"一面说，一面便往里边书房里去，喝令"今日再有人劝我，我把这冠带家私一应交与他与宝玉过去！我免不得做个罪人，把这几根烦恼鬓毛剃去，寻个干净去处自了，也免得上辱先人下生逆子之罪。"众门客仆从见贾政这个形景，便知又是为宝玉了，一个个都是咬指咬舌，连忙退出。<u>那贾政喘吁吁直挺挺坐在椅子上，满面泪痕</u>，一叠声"拿宝玉！拿大棍！拿索子捆上！把各门都关上！有人传信往里头去，立刻打死！"众小厮们只得齐声答应，有几个来找宝玉。

（第三十三回，页445）

贾政还欲打时，早被王夫人抱住板子。贾政道："罢了，罢了！今日必定要气死我才罢！"王夫人哭道："宝玉虽然该打，老爷也要自重。况且炎天暑日的，老太太身上也不大好，打死宝玉事小，倘或老太太一时不自在了，岂不事大！"贾政冷笑道："倒休提这话。我养了这不肖的孽障，已不孝；教训他一番，又有众人护持；不如趁今日一发勒死了，以绝将来之患！"说着，便要绳索来勒死。

王夫人连忙抱住哭道："老爷虽然应当管教儿子，也要看夫妻分上。我如今已将五十岁的人，只有这个孽障，必定苦苦的以他为法，我也不敢深劝。今日越发要他死，岂不是有意绝我。既要勒死他，快拿绳子来先勒死我，再勒死他。我们娘儿们不敢含怨，到底在阴司里得个依靠。"说毕，爬在宝玉身上大哭起来。

贾政听了此话，不觉长叹一声，向椅上坐了，泪如雨下。王夫人抱着宝玉，只见他面白气弱，底下穿着一条绿纱小衣皆是血渍，禁不住解下汗巾看，由臀至胫，或青或紫，或整或破，竟无一点好处，不觉失声大哭起来，"苦命的儿吓！"因哭出"苦命儿"来，忽又想起贾珠来，便叫着贾珠哭道："若有你活着，便死一百个我也不管了。"此时里面的人闻得王夫人出来，那李宫裁王熙凤与迎春姊妹早已出来了。王夫人哭着贾珠的名字，别人还可，惟有宫裁禁不住也放声哭了。贾政听了，那泪珠更似滚瓜一般滚了下来。

正没开交处，忽听丫鬟来说："老太太来了。"一句话未了，只听窗外颤巍巍的声气说道："先打死我，再打死他，岂不干净了！"贾政见他母亲来了，又急又痛，连忙迎接出来，只见贾母扶着丫头，喘吁吁的走来。

贾政上前躬身陪笑道："大暑热天，母亲有何生气亲自走来？有话只该叫了儿子进去吩咐。"贾母听说，便止住步喘息一回，厉声说道："你原来是和我说话！我倒有话吩咐，只是可怜我一生没养个好儿子，却教我和谁说去！"贾政听这话不像，忙跪下含泪说道："为儿的教训儿子，也为的是光宗耀祖。母亲这话，我做儿的如何禁得起？"贾母听说，便啐了一口，说道："我说了一句话，你就禁不起，你那样下死手的板子，难道宝玉就禁得起了？你说教训儿子是光宗耀祖，当初你父亲怎么教训你来！"说着，不觉就滚下泪来。

贾政又陪笑道："母亲也不必伤感，皆是作儿的一时性起，从此以后再不打他了。"贾母便冷笑道："你也不必和我使性子赌气的。你的儿子，我也不该管你打不打。我猜着你也厌烦我们娘儿们。不如我们赶早儿离了你，大家干净！"说着便令人去看轿马，"我和你太太宝玉立刻回南京去！"家下人只得干答应着。

贾母又叫王夫人道："你也不必哭了。如今宝玉年纪小，你疼他，他将来长大成人，为官作宰的，也未必想着你是他母亲了。你如今倒不要疼他，只怕将来还少生一口气呢。"贾政听说，忙叩头哭道："母亲如此说，贾政无立足之地。"贾母冷笑道："你分明使我无立足之地，你反说起你来！只是我们回去了，你心里干净，看有谁来许你打。"一面说，一面只令快打点行李车轿回去。贾政苦苦叩求认罪。

（第三十三回，页 446~448）

（1）请谈一谈贾政在打贾宝玉时五次大哭的情感心理。

_____

_____

_____

（二）

在第四十八回中，我们从平儿口中得知，贾赦也曾教训过他的儿子贾琏，原文是这样写的：

平儿笑道："老爷（贾赦）把二爷（贾琏）打了个动不得，难道姑娘就没听见？"……平儿咬牙骂道："……今年春天，老爷不知在那个地方看见了几把旧扇子，回家看家里所有收着的这些好扇子都不中用了，立刻叫人各处搜求。谁知就有一个不知死的冤家，混号儿世人叫他作石呆子，穷的连饭也没的吃，偏他家就有二十把旧扇子，死也不肯拿出大门来。二爷好容易烦了多少情，见了这个人，说之再三，把二爷请到他家里坐着，拿出这扇子略瞧了一瞧。据二爷说，原是不能再有的，全是湘妃、棕竹、麋鹿、玉竹的，皆是古人写画真迹，因来告诉了老爷。老爷便叫买他的，要多少银子给他多少。偏那石呆子说：'我饿死冻死，一千两银子一把我也不卖！'老爷没法子，天天骂二爷没能为。已经许了他五百两，先兑银子后拿扇子。他只是不卖，只说：'要扇子，先要我的命！'姑娘想想，这有什么法子？谁知雨村那没天理的听见了，便设了个法子，讹他拖欠了官银，拿他到衙门里去，说所欠官银，变卖家产赔补，把这扇子抄了来，作了官价送了来。那石呆子如今不知是死是活。老爷拿着扇子问着二爷说：'人家怎么弄了来？'二爷只说了一句：'为这点子小事，弄得人坑家败业，也不算什么能为！'老爷听了就生了气，说二爷拿话堵老爷，因此这是第一件大的。这几日还有几件小的，我也记不清，所以都凑在一处，就打起来了。也没拉倒用板子棍子，就站着，不知拿什么混打一顿，脸上打破了两处。

（第四十八回，页 646~648）

（2）比较贾府中的这两次教训儿子事件，结合《红楼梦》中的其他情节，说一说你对贾政这位父亲进一步的认识与理解。

二、阅读进阶

5. 阅读文段，回答问题。

（一）

　　正说着，只听丫鬟们说："宝姑娘来了。"袭人听见，知道穿不及中衣，便拿了一床袷纱被替宝玉盖了。只见宝钗手里托着一丸药走进来，向袭人说道："晚上把这药用酒研开，替他敷上，把那淤血的热毒散开，可以就好了。"说毕，递与袭人，又问道："这会子可好些？"宝玉一面道谢，说："好些了。"又让坐。

　　宝钗见他睁开眼说话，不像先时，心中也宽慰了好些，便点头叹道："早听人一句话，也不至今日。别说老太太、太太心疼，就是我们看着，心里也疼。"刚说了半句又忙咽住，自悔说的话急了，不觉的就红了脸，低下头来。宝玉听得这话如此亲切稠密，竟大有深意，忽见他又咽住不往下说，红了脸，低下头只管弄衣带，那一种娇羞怯怯，非可形容得出者，不觉心中大畅，将疼痛早丢在九霄云外，心中自思："我不过挨了几下打，他们一个个就有这些怜惜悲感之态露出，令人可玩可观，可怜可敬。假若我一时竟遭殃横死，他们还不知是何等悲感呢！既是他们这样，我便一时死了，得他们如此，一生事业纵然尽付东流，亦无足叹惜，冥冥之中若不怡然自得，亦可谓糊涂鬼祟矣。"想着，只听宝钗问袭人道："怎么好好的动了气，就打起来了？"袭人便把焙茗的话说了出来。

　　宝玉原来还不知道贾环的话，见袭人说出方才知道。因又拉上薛蟠，惟恐宝钗沉心，忙又止住袭人道："薛大哥哥从来不这样的，你们不可混栽度。"宝钗听说，便知道是怕他多心，用话相拦袭人，因心中暗暗想道："打的这个形象，疼还顾不过来，还是这样细心，怕得罪了人，可见在我们身上也算是用心了。你既这样用心，何不在外头大事上做工夫，老爷也欢喜了，也不能吃这样亏。但你固然怕我沉心，所以拦袭人的话，难道我就不知我的哥哥素日恣心纵欲，毫无防范的那种心性。当日为一个秦钟，还闹的天翻地覆，自然如今比先又更利害了。"想毕，因笑道："你们也不必怨这个，怨那个。据我想，到底宝兄弟素日不正，肯和那些人来往，老爷才生气。就是我哥哥说话不防头，一时说出宝兄弟来，也不是有心调唆：一则也是本来的实话，二则他原不理论这些防嫌小事。袭姑娘从小儿只见宝兄弟这么样细心的人，你何尝见过天不怕地不怕、心里有什么口里就说什么的人。"

　　袭人因说出薛蟠来，见宝玉拦他的话，早已明白自己说造次了，恐宝钗没意思，听宝钗如此说，更觉羞愧无言。宝玉又听宝钗这番话，<u>一半是堂皇正大，一半是去己疑心</u>，更觉比先畅快了。方欲说话时，只见宝钗起身说道："明儿再来看你，你好生养着罢。方才我拿了药来交给袭人，晚上敷上管就好了。"说着便走出门去。袭人赶着送出院外，说："姑娘倒费心了。改日宝二爷好了，亲自来谢。"宝钗回头笑道："有什么谢处。你只劝他好生静养，别胡思乱想的就好了。要想什么吃的、玩的，你悄悄的往我那里取去，不必惊动老太太、太太众人。倘或吹到老爷耳朵里，虽然彼时不怎么样，将来对景，终是要吃亏的。"说着，一面去了。

（第三十四回，页 451~453）

（1）为何宝钗说完半句话后，"不觉的就红了脸"？

_____

_____

（2）请你分析分析，为何宝玉会认为薛宝钗的那段话一半"堂皇正大"，一半"去己疑心"？他是怎么听出来的呢？

_____

（二）

　　这里宝玉昏昏默默，只见蒋玉菡走了进来，诉说忠顺府拿他之事；又见金钏儿进来哭说为他投井之情。宝玉半梦半醒，都不在意。忽又觉有人推他，恍恍忽忽听得有人悲泣之声。宝玉从梦中惊醒，睁眼一看，不是别人，却是林黛玉。

　　宝玉犹恐是梦，忙又将身子欠起来，向脸上细细一认，只见两个眼睛肿的桃儿一般，满面泪光，不是黛玉，却是那个？宝玉还欲看时，怎奈下半截疼痛难忍，支持不住，便"嗳哟"一声，仍就倒下，叹了一声，说道："你又做什么跑来！虽说太阳落下去，那地上的馀热未散，走两趟又要受了暑。我虽然捱了打，并不觉疼痛。我这个样儿，只装出来哄他们，好在外头布散与老爷听，其实是假的。你不可认真。"此时林黛玉虽不是嚎啕大哭，然越是这等无声之泣，气噎喉堵，更觉得利害。听了宝玉这番话，心中虽然有万句言词，只是不能说得，半日，方抽抽噎噎的说道："你从此可都改了罢！"宝玉听说，便长叹一声，道："你放心，别说这样话。就便为这些人死了，也是情愿的！"

　　一句话未了，只见院外人说："二奶奶来了。"林黛玉便知是凤姐来了，连忙立起身说道："我从后院子去罢，回头再来。"宝玉一把拉住道："这可奇了，好好的怎么怕起他来。"林黛玉急的跺脚，悄悄的说道："你瞧瞧我的眼睛，又该他取笑开心呢。"宝玉听说赶忙的放手。黛玉三步两步转过床后，出后院而去。

（第三十四回，页 453~454）

（3）曹雪芹写人物可谓细致入微，无时无刻不在生动的文字间雕刻人物形象。仅仅一个看望宝玉的桥段，也能将薛宝钗和林黛玉二人的性情差异写得淋漓尽致。请你结合（一）（二）两处选文，谈一谈黛玉与宝钗性情的差异。

_____

_____

（4）宝玉面对来看望他的宝钗和黛玉，态度十分不一样，请你说一说这样的差异说明了什么？（提示：可以结合文中画波浪线处宝玉的心理活动和他对黛玉说的那段话。）

_____

_____

_____

6. 阅读文段，回答问题。

　　（宝玉）因心下记挂着黛玉，满心里要打发人去，只是怕袭人，便设一法，先使袭人往宝钗那里去借书。

　　袭人去了，宝玉便命晴雯来吩咐道："你到林姑娘那里看看他做什么呢。他要问我，只说我好了。"晴雯道："白眉赤眼，做什么去呢？到底说句话儿，也像一件事。"宝玉道："没有什么可说的。"晴雯道："若不然，或是送件东西，或是取件东西，不然我去了怎么搭讪呢？"宝玉想了一想，便伸手拿了两条手帕子撂与晴雯，笑道："也罢，就说我叫你送这个给他去了。"晴雯道："这又奇了。他要这半新不旧的两条手帕子？他又要恼了，说你打趣他。"宝玉笑道："你放心，他自然知道。"

　　晴雯听了，只得拿了帕子往潇湘馆来。只见春纤正在栏杆上晾手帕子，见他进来，忙摆手儿，说："睡下了。"晴雯走进来，满屋魆黑。并未点灯。黛玉已睡在床上。问是谁。晴雯忙答道："晴雯。"黛玉道："做什么？"晴雯道："二爷送手帕子来给姑娘。"黛玉听了，心中发闷："做什么送手帕子来给我？"因问："这帕子是谁送他的？必是上好的，叫他留着送别人罢，我这会子不用这个。"晴雯笑道："不是新的，就是家常旧的。"林黛玉听见，越发闷住，着实细心搜求，思忖一时，方大悟过来，连忙说："放下，去罢。"晴雯听了，只得放下，抽身回去，一路盘算，不解何意。

这里林黛玉体贴出手帕子的意思来，不觉神魂驰荡：宝玉这番苦心，能领会我这番苦意，又令我可喜；我这番苦意，不知将来如何，又令我可悲；忽然好好的送两块旧帕子来，若不是领我深意，单看了这帕子，又令我可笑；再想令人私相传递与我，又可惧；我自己每每好哭，想来也无味，又令我可愧。如此左思右想，一时五内沸然炙起。黛玉由不得馀意绵缠，令掌灯，也想不起嫌疑避讳等事，便向案上研墨蘸笔，便向那两块旧帕上走笔写道：

　　眼空蓄泪泪空垂，暗洒闲抛却为谁？
　　尺幅鲛绡劳解赠，叫人焉得不伤悲！
其二
　　抛珠滚玉只偷潸，镇日无心镇日闲；
　　枕上袖边难拂拭，任他点点与斑斑。
其三
　　彩线难收面上珠，湘江旧迹已模糊；
　　窗前亦有千竿竹，不识香痕渍也无？

林黛玉还要往下写时，觉得浑身火热，面上作烧，走至镜台揭起锦袱一照，只见腮上通红，自羡压倒桃花，却不知病由此萌。一时方上床睡去，犹拿着那帕子思索，不在话下。

（第三十四回，页458~460）

（1）宝玉要去找人问候林黛玉，为何要避开袭人？请根据你对袭人这一人物形象的理解来谈谈原因。

_____

_____

（2）宝玉、黛玉素来将彼此认作"知己"，从这段送旧手帕的情节来看果然如此。黛玉收到宝玉送来的两方旧手帕后，思忖一时便悟出其中真谛，于是便"可喜""可悲""可笑""可惧""可愧"。那么请你用自己的话来说一说这五种情感的含义分别是什么？

可喜：_____

可悲：_____

可笑：_____

可惧：_____

可愧：_____

（3）黛玉情难自禁，在帕子上写了三首诗歌。请你结合这三首诗，细细揣摩一下宝玉送黛玉这两方旧帕子的意思，写一写你的理解。

_____

_____

 三、探究提升

7. 阅读文段，回答问题。

（一）

宝玉听见这话，便忙握他的嘴，说道："罢，罢，罢，不用说这些话了。"袭人深知宝玉性情古怪，听见奉承吉利话又厌虚而不实，听了这些

尽情实话又生悲感,便悔自己说冒撞了,连忙笑着用话截开,只拣那宝玉素喜谈者问之。先问他春风秋月,再谈及粉淡脂莹,然后谈到女儿如何好,又谈到女儿死,袭人忙掩住口。

宝玉谈至浓快时,见他不说了,便笑道:"人谁不死,只要死的好。那些个须眉浊物,只知道文死谏,武死战,这二死是大丈夫死名死节。竟何如不死的好!必定有昏君他方谏,他只顾邀名,猛拚一死,将来弃君于何地!必定有刀兵他方战,猛拚一死,他只顾图汗马之名,将来弃国于何地!所以这皆非正死。"袭人道:"忠臣良将,出于不得已他才死。"宝玉道:"那武将不过仗血气之勇,疏谋少略,他自己无能,送了性命,这难道也是不得已!那文官更不可比武官了,他念两句书汙在心里,若朝廷少有疵瑕,他就胡弹乱谏,只顾他邀忠烈之名,浊气一涌,即时拚死,这难道也是不得已!还要知道,那朝廷是受命于天,他不圣不仁,那天也断不把这万几重任与他了。可知那些死的都是沽名,并不知大义。比如我此时若果有造化,该死于此时的,趁你们在,我就死了,再能够你们哭我的眼泪流成大河,把我的尸首漂起来,送到那鸦雀不到的幽僻之处,随风化了,自此再不要托生为人,就是我死的得时了。"袭人忽见说出这些疯话来,忙说困了,不理他。那宝玉方合眼睡着,至次日也就丢开了。

(第三十六回,页482~483)

那宝玉一心裁夺盘算,痴痴的回至怡红院中,正值林黛玉和袭人坐着说话儿呢。宝玉一进来,就和袭人长叹,说道:"我昨晚上的话竟说错了,怪道老爷说我是'管窥蠡测'。昨夜说你们的眼泪单葬我,这就错了。我竟不能全得了。从此后只是各人各得眼泪罢了。"袭人昨夜不过是些顽话,已经忘了,不想宝玉今又提起来,便笑道:"你可真真有些疯了。"宝玉默默不对，自此深悟人生情缘，各有分定，只是每每暗伤"<u>不知将来葬我洒泪者为谁？</u>"此皆宝玉心中所怀，也不可十分妄拟。

(第三十六回，页485)

(二)

他感到非常难过。他的花儿告诉他，在整个宇宙里，她是惟一一朵这个品种的花儿。而这里居然有五千朵，全都一模一样，还只是在一个花园！

"她会非常生气的，"他自言自语地说，"她要是看到这一切……为了逃避嘲笑，她肯定会拼命咳嗽，会装出要死要活的样子。而我绝对有义务装作在照料她，因为，不然的话，为了让我也丢脸，她真的会让自己死去的……"①

小王子回去探望了玫瑰们。

"你们一点也不像我的玫瑰，你们还什么都不是呢，"他说，"没有人驯化过你们，你们也没有驯过别人。你们就像我的狐狸从前的样子。他不过是只跟其他十万只狐狸一模一样的狐狸。但是，我跟他交了朋友，现在他在世界上是独一无二的。"

玫瑰们感到非常难为情。

"你们很美，但是很空虚，"他继续对她们说，"没有人可以为你们去死。当然了，一个普通的过路人会认为，对我来说，你们和我的玫瑰没什么两样。可是照我的玫瑰自己看来，她比你们所有的花加在一起还要重要，因为我只给她浇过水。因为我只用玻璃罩把她罩在下面。因为我只用屏风保护过她。因为我只为她杀死了毛毛虫（只留下两三条变蝴蝶）。因为我只倾听过她的埋怨、她的吹嘘，甚至倾听她的缄默。因为她

---

① 《小王子》，[法]圣埃克苏佩里，潘岳译，南海出版公司，2002，第20章，页102~103。

是我的玫瑰。"①

（1）宝玉前一晚还对"非正死"和自己死得"得时"有一番论说，而现在又对自己进行了新的否定。"且说林黛玉当下见了宝玉如此形象，便知是又从那里着了魔来，也不便多问"。那么，宝玉是从哪里着了魔，使得自己才过了一天，就改变了曾经的认识？请你复述一下相关情节。

_____

_____

（2）《小王子》一书中，因为狐狸的开导，小王子认识到了自己用心浇灌的那朵玫瑰花是自己生命中独一无二的存在。那么，请你说一说，在《红楼梦》中，能够引得宝玉认识到"各人各得眼泪""不知将来葬我洒泪者为谁"的那只"狐狸"是谁呢？为什么呢？

_____

_____

四、真题重现

2016·江苏高考·简答题

《红楼梦》"大观园试才题对额　荣国府归省庆元宵"两回中，贾政称宝玉为"无知的孽障"，"手足眈眈小动唇舌　不肖种种大承笞挞"一回中，又称之为"不肖的孽障"。请结合相关情节，说明这两处的"孽障"分别表达了贾政对宝玉什么样的感情。

---

① 《小王子》，[法]圣埃克苏佩里，潘岳译，南海出版公司，2002，第20章，页110~111。

本节参考答案

一、基础了解

1.（1）第三十三回：手足眈眈小动唇舌　不肖种种大承笞挞

第三十四回：情中情因情感妹妹　错里错以错劝哥哥

第三十五回：白玉钏亲尝莲叶羹　黄金莺巧结梅花络

第三十六回：绣鸳鸯梦兆绛芸轩　识分定情悟梨香院

（2）①流荡优伶　表赠私物　荒疏学业　淫辱母婢　贾政、贾宝玉父子的性情矛盾激化为剧烈冲突。贾政望其振兴家业，走科举之路，平日多与仕途人士交往，然而宝玉却从根本上厌弃仕途经济。　②王夫人　贾珠　李纨　③琪官　金钏儿　薛蟠　贾环　④薛宝钗　林黛玉　⑤袭人　以后将宝玉搬出园子去住　避男女嫌疑，以免影响宝玉的声誉　⑥玉钏儿　自己的姐姐金钏儿因宝玉而被逐出贾府，感到羞辱而投井自尽　⑦让她尽心照顾、督促宝玉

2. 金玉良姻　木石姻缘　宝玉做梦，梦话里透露了两个信息：第一，和尚道士，也就是代表神仙境界，或者说命运所指，是贾宝玉与薛宝钗最终在一起，结成姻缘；第二，贾宝玉的内心深处却是要与林黛玉结成姻缘。可谓梦中吐真言。

3.（1）王熙凤　史湘云　薛宝钗　宝玉　宝玉　（2）这群人有贾母、王熙凤，还有王夫人、邢夫人等。

4.（1）第一次大哭是"那贾政喘吁吁直挺挺坐在椅子上，满面泪痕"，从前文来看，宝玉接二连三地挑战了贾政作为父亲的底线，又是神情恍

惚、萎靡不振，又是被忠顺亲王府找上门来要一名戏子，又是被贾环诬陷强奸母亲的婢女未遂致使婢女投井自尽，这些事情一件比一件厉害，让贾政气得七窍生烟。但曹雪芹最厉害的一笔还不在于写贾政生气，而在于写贾政的哭。有人会问，父亲打儿子，按理应该是儿子哭啊，为什么哭的却是贾政啊？这正是人之常情之处，贾政满面泪痕恰是因为宝玉戳痛了老父亲的心，自己就这么一个宝贝儿子，今后还指望着宝玉能够继承大业继续光宗耀祖，谁承想竟然如此顽劣，实在是不争气，今后可怎么办啊！所以这里的"满面泪痕"大概就是恨铁不成钢的痛心吧。

第二次大哭是"贾政听了此话，不觉长叹一声，向椅上坐了，泪如雨下"，王夫人说"老爷虽然应当管教儿子，也要看夫妻分上。我如今已将五十岁的人，只有这个孽障，必定苦苦的以他为法，我也不敢深劝。今日越发要他死，岂不是有意绝我。既要勒死他，快拿绳子来先勒死我，再勒死他。我们娘儿们不敢含怨，到底在阴司里得个依靠。"这段话里，王夫人首先以夫妻之情来相劝，其次以母子亲情来相劝。贾政看来也是一个比较重情的人，因为王夫人只有这么一个儿子，所以当贾政看到自己的妻子与宝玉情深相依之时，也难免会产生舐犊之情，那一声长叹里恐怕不仅有妻子不能理解自己教训儿子的苦心，也有面对这段母子情深的无奈吧。

第三次大哭，"那泪珠更似滚瓜一般滚了下来"，可见贾政之绝望哀痛。因王夫人由疼宝玉到思贾珠，又引起李纨的丧夫之痛。妻子和儿媳两代女性的哭声，将贾政的怒气逐渐转变为伤痛。

第四次大哭是面对贾母，"贾政听这话不像，忙跪下含泪说道"。贾母说了一句："你原来是和我说话！我倒有话吩咐，只是可怜我一生没养个好儿子，却教我和谁说去！"这句话的意思就是贾母对儿子贾政的否定与批评，使得贾政非常委屈也很难过，从中也可以看出贾政是一个孝子，对母亲是很尊敬的。

第五次大哭是面对贾母要带宝玉离开，"贾政听说，忙叩头哭道"，贾政害怕母亲因为自己离开贾府去往南京，那自己岂不是个不折不扣的不孝子了？

（2）从两位父亲教训儿子的片段来看，贾政是真的从家族和儿子的角度出发。贾宝玉不走正途，无论是从家族未来的前景还是从宝玉本身的发展来说，这等行为都是需要教育的，做父亲的生气打了儿子也是能够理解的，毕竟品行问题不是小问题（虽然是被贾环陷害的，但是贾政哪里知道呢？）。可是反观贾赦，为了自己的一己之好就让人家破人亡，实在不是什么光彩的事情。贾琏也算是有底线，可是正是因为有底线却被父亲混打一顿。这两位父亲比较起来，还是贾政更为尽职尽责，也更让人感慨，可怜天下父母心啊。

从前四十回中我们也能发现，其实贾政还是很疼爱宝玉的，他作为宝玉的父亲是很了解自己的儿子的。比如第十七回，他会特意带着宝玉去逛园子，让宝玉骋才使性，给了贾宝玉充分展现自我的舞台，宝玉也没有辜负父亲的心意，表现得非常抢眼，也赢得了父亲的肯定。虽然贾政嘴里一直骂，但是"点头"与"微笑"却是怎么也藏不住的。

比如第二十三回，"贾政一举目，见宝玉站在跟前，<u>神彩飘逸，秀色夺人</u>"，想必对宝玉的这八个字评价就是为人父母最为骄傲的表现了吧。还有第二十二回，贾政和贾母以及家中晚辈一起猜灯谜，享受天伦之乐，一方面体现了贾政作为儿子的孝顺，另一方面也体现了贾政作为一个大家族的大家长，虽有他严厉的一面，但也有其可爱的一面，而他的严厉又怎么能说不是为了这个家考虑的呢？《三字经》中说："子不教，父之过。"恐怕贾府中要承担此过的父亲不在少数，不过对于宝玉来说，贾政还是想尽心的。

二、阅读进阶

5.（1）宝钗的话明显表达了对宝玉的关心，并且这种关心是很直接的，"心疼"一词显得分外亲昵，仿佛与宝玉的关系更近了一层，所以宝钗自觉说话有些唐突了，虽然是她的真心话，但是宝姐姐素来做事讲话稳重，因此讲到这么表露真情的话自然是脸红害羞了。

（2）面对袭人无心说出的那段话，有心人都会意识到薛宝钗在这里会很尴尬。本来是看宝玉的，却发现正是因为自己的哥哥才使得宝玉挨了打，任是谁都会不好意思。如果这时候就走，会让宝玉很难堪，如果不走，那么自己该如何把场面圆过去又是很重要的。所以，宝钗上来先说："你们也不必怨这个，怨那个。据我想，到底宝兄弟素日不正，肯和那些人来往，老爷才生气。"这句话可谓说得"堂皇正大"，直接表明宝玉挨打的原因是因为宝玉自己做了错事，这是最重要的原因，不能赖在他人身上，这也是让宝玉宽心，自己并没有因为袭人的一番话而不自在。然后宝钗继续说："就是我哥哥说话不防头，一时说出宝兄弟来，也不是有心调唆：一则也是本来的实话，二则他原不理论这些防嫌小事。袭姑娘从小儿只见宝兄弟这么样细心的人，你何尝见过天不怕地不怕、心里有什么口里就说什么的人。"这里面的重点就是说自己的哥哥薛蟠了。首先，强调哥哥本来就是说话不走心，比较直接的人，也许是不小心带出了宝兄弟，但因为宝兄弟做了错事在前，所以这也不是有意挑唆；其次，又很体贴全面地为袭人打了圆场，也顺带夸了宝玉，说袭人只是见过像宝玉这样心细的高情商的人，不曾见过自己的哥哥那种过于粗犷的人，所以难免会感觉不习惯。这段话不仅在情在理，还顾全了袭人和宝玉的面子，也为自己的哥哥进行了辩解，更是避免了尴尬和彼此之间不必要的猜疑。当然，宝玉也是伶俐人，能够听得懂宝钗说话的意思。

（3）①薛宝钗很实际，她来看望宝玉手中是托着一丸药来的，还各种叮咛嘱咐强调如何使用；林黛玉很深情，她来看望宝玉心里是含着万千不忍和心疼来的，她虽常哭，但这却是第一次写她的眼睛"只见两个眼睛肿的桃儿一般"，看来这次哭的时间非常长，真的是伤心了。②薛宝钗想事情做事情都很周到，她会劝宝玉改掉以前的毛病，还会和袭人说有什么需求可找自己要，以免贾政听到后增长怒气；林黛玉来看宝玉就更像是有情人之间的交流了，她会去在宝玉睡着的时候推他，她太想看看宝玉了，太想和他说说话了，然而憋了半天也只是一句"你从此可都改了罢！"虽有千言万语，任凭林妹妹平时再怎么会说话，也只能说出这一句来，然而只此一句便凝结了万千不忍与心疼在其间。

（4）宝玉看到宝钗带着药来看望他，自然心内是十分感激的，尤其是当他听到宝钗说的那句"心疼"之后便更是觉得自己的板子挨得值，是一种十分享受姐妹们心疼他、体贴他的状态。而我们注意曹公在写宝玉的心理活动时，直接用的称呼是"他们"。但是当宝玉看到林妹妹来看望他时，他却首先是在关心林妹妹的身体，怕天气太热伤了身，同时又怕黛玉哭伤身，所以安慰林妹妹自己的伤并不重。天啊，曹公太会写了，你们读出来了吗？哪一个是住在宝玉心里的人呢？对于其他姐妹，宝玉也是爱护、喜欢、体贴的，但那是"他们"，只有林黛玉是自己人，是知己，是贴心人。（宝玉对黛玉说的那段话真的是太令人感动。林黛玉来安慰宝玉，反被宝玉安慰了很多。）

6.（1）前面阅读思考中提到过袭人，对袭人的形象进行过分析，大家可以去回顾一下。宝玉深知袭人是极为妥帖周到之人，他也深知自己和众姐妹一日日越长越大，行为处世不可造次任性了。我想宝玉若让袭人去问候林黛玉，那么袭人是一定要问得明明白白到底为什么事情而去的，甚至会反过来劝阻宝玉的。其实宝玉就是担心黛玉，自己不方便去，但总不能和袭人说："我想妹妹了，你帮我去看看吧！"如果真是这样，恐怕袭人一定会往不好的方向想，也许第二天袭人就会去和王夫人说，宝玉也就别想在园子里住了。所以，宝玉怕袭人深究探望黛玉的原因，袭人眼里不揉沙子，还是晴雯比较合适。大家读后文就知道了。可见宝玉面对女性时绝对是个机灵人！

（2）可喜：我和宝玉果真是知己，他是知道我的苦心的，不枉费我对他的一片深情和信任。

可悲：只是不知道我对他的这番心意、这番情意到最后能不能结为正果。

可笑：外人并未领会其间深意，单单看是两方旧手帕，岂不是很好笑。

可惧：宝玉竟然如此大胆，这也算是一种私相授受吧，如果被人发现，后果不堪设想。

可愧：自己面对宝玉时常常多心，常常哭泣，令人羞愧。

（3）首先，这三首诗歌都与"眼泪"有关，泪水是情深的外在表现。向神瑛侍者还泪的仙草妹妹一生都与眼泪为伴，尤其是在前四十回中，更是经常能够看到宝黛之间因为各种误会而吵嘴，林妹妹的手上永远要有一方手帕来拭泪。所以，宝玉送给林妹妹两方手帕恰是隐喻了这层关系。其次，更重要的是，手帕在当时是个人物品，尤其是宝玉自身用过的旧手帕。还记得小红和贾芸吗？他们彼此之间传递手帕就是非常隐秘小心的，不敢让人知道，而黛玉写这三首诗也是忘情之后"想不起嫌疑避讳等事"才写下的。因此，宝玉送给黛玉两方旧手帕就是在向黛玉定情，让黛玉放心，表明自己对她的心意（这一招恐怕也是两人共读《西厢记》学来的）。最后，也许还有一层，那就是旧手帕是宝玉的，手帕是拭泪的，用我的手帕来擦去你眼角的泪水，这难道不就是情深之表现吗？这难道不是最好的情话吗？所以，手帕一定不能用新的，必须是旧的，旧的里面有彼此的心和眼泪在。

三、探究提升

7.（1）宝玉在各处游玩得腻烦了，于是想去梨香院找龄官听《牡丹亭》。到了梨香院后，却发现龄官精神很不好，对自己爱搭不理，后来又目睹了贾蔷为了让龄官高兴给她买雀儿玩，却没想到龄官反而更生气了。贾蔷怕龄官身体又不好了，于是想请大夫，却被龄官拦下了，赌气说是外头太晒，贾蔷请来了自己也不看，这不就是心疼贾蔷吗？贾蔷和龄官的心都在彼此身上，谁也没有顾及宝玉，宝玉一下子就明白了之前看到的画"蔷"的深意。

（2）让宝玉受到启蒙的，有多个人多件事，其中一个人物就是龄官了。龄官虽未出言提醒宝玉，但宝玉通过观其言行，"识分定"，终得"情语"。在第三十回龄官先是画了千百遍"蔷"字，一腔深情可见。后又在第三十六回中明明确确地让宝玉意识到，这个世界上不是所有人都是他能够关心爱护过来的，也不是所有人都需要他的关心与爱护的，他需要找到自己的那朵用心浇灌的"玫瑰花"。贾蔷和龄官之间的相处多么像宝玉和黛玉，或者说一切深陷情感之中的人眼睛里都只会有对方，外面的世界一概都不重要了。所以，之前宝玉对袭人说他要得到所有女儿们的泪，这种说法多么幼稚且荒唐。这个世界上每个人都一定会有一朵只属于自己的玫瑰花，也必定会遇到只会等待自己的那只狐狸。但是，让你期待又无奈的恰恰是我们不知道它什么时候才会来，也恰恰是这种不知道才更加深了我们对一段只属于彼此的美好情感的期待。

这就是宝玉和黛玉感情之路上的一次深入之旅，从两小无猜到孩子之间的玩闹吵嘴，再到彼此隐隐约约的情感，因为不能确认而生出疑心，再到二人共读"西厢"，手帕定情，最后到宝玉发现世间伴一生的只有一人而已。这段过程真是曲折动人啊！青春成长的道路上，情感的成长是不能被忽视的美好，它源于人对纯挚美好的追求，源于人对真善美的笃定，源于对自己未来归宿的期待，源于对爱的渴望与奉献。所以，能找到你在这个世界上唯一用心对待过的那朵"玫瑰花"，就是福气。

四、真题重现

略

十二 第三十七至四十二回

第三十七至四十二回内容速看

此六回内容：贾政被点了学差，八月二十日动身离京。探春发帖提议建立诗社，得到了大家的热烈响应。先是吟咏白海棠，之后是吟咏菊花，还为螃蟹赋诗。刘姥姥带着孙子板儿再次来到贾府，得了贾母的眼缘。贾母带她在大观园里见识游玩，从沁芳亭到潇湘馆，再乘船到秋爽斋，又到蘅芜苑、缀锦阁、栊翠庵等，醉酒的刘姥姥误进了怡红院，感慨"像到了天宫里的一样"。她还成了王熙凤女儿——巧儿的命名者。在酒席行牙牌令之时，黛玉着急应答，说出了《牡丹亭》和《西厢记》中的语句，宝钗与之推心置腹，劝诫黛玉不可因读杂书而移了性情。众人聚在稻香村李纨处，宝钗等为惜春画园子一事筹备谋划。

两家礼物的对比

一、基础了解

1.（1）请将第三十七至四十二回的回目抄写在下面。

第三十七回：_____

第三十八回：_____

第三十九回：_____

第四十回：_____

第四十一回：_____

第四十二回：_____

（2）日子转眼已到八月，整个春夏已然过去。第三十三回"不肖种种大承笞挞"之后，宝玉棒疮渐渐养好，在大观园里逍遥自在。看这六回的回目，满眼皆是诗意芬芳啊。

①_____月_____日，贾政被点了_____，动身离京。宝玉"每日在园中_____的闲逛，真把光阴虚度，岁月空添"。

②_____发帖提议，建立诗社，得到了大家的热烈呼应。此后，先是出现了吟咏_____的诗会，之后是吟咏_____的诗会，还有写_____的诗。

③_____带着孙子板儿再次来到贾府，受到贾母的热情招待。贾母带她在大观园里游玩。她还成了王熙凤女儿——巧儿的命名者。

④行牙牌令之时，黛玉着急应答，说出了《_____》和《_____》中的语句，第二天，宝钗与之推心置腹，劝诫黛玉不可因读杂书而移了性情。

2. 下列关于《红楼梦》相关情节和内容的解说，不正确的一项是（_____）。

A. 探春给宝玉送去了以诗文相聚的花笺，在宝玉的张罗下，大家在怡红院里经过一番商议，决定建立诗社。

B. 黛玉提议，在诗社里不用姐妹叔嫂等字样，大家各自有了雅号。李纨提议在她那里举办活动，自己做社长，迎春和惜春做副社长。

C. 讨论中，诗社的章程基本确定下来，一月两次诗会，定在初二和十六，地点在稻香村。其他人如有兴致，亦可另择日子开社。

D. 恰逢贾芸敬献宝玉两盆白海棠，第一次诗会以咏白海棠为主题，诗社便被命名为"海棠社"。宝玉又央求贾母，将湘云接进了大观园，参加了诗社。

3. 请写出诗社中诸人的雅号，并思考如此雅号的来由。

李纨（社长）：_____　　迎春（副社长）：_____

惜春（副社长）：_____　　宝钗：_____

黛玉：_____　　探春：_____

湘云：_____　　宝玉：_____

4. 阅读文段，回答问题。

　　娣探谨奉

　　二兄文几：前夕新霁，月色如洗，因惜清景难逢，讵忍就卧，时漏已三转，犹徘徊于桐槛之下，未防风露所欺，致获采薪之患。昨蒙亲劳抚嘱，复又数遣侍儿问切，兼以鲜荔并真卿墨迹见赐，何瘝瘝惠爱之深哉！<u>今因伏几凭床处默之时因思及历来古人中处名攻利敌之场犹置一些山滴水之区远招近揖投辖攀辕务结二三同志盘桓于其中或竖词坛或开吟社虽一时之偶兴遂成千古之佳谈娣虽不才窃同叨栖处于泉石之间而兼慕薛林之技风庭月榭惜未宴集诗人帘杏溪桃或可醉飞吟盏孰谓莲社之雄才独许须眉直以东山之雅会让余脂粉若蒙棹雪而来娣则扫花以待</u>。此谨奉。

（第三十七回，页488~489）

(1) 请用"/"为画线文段断句。

(2) 请从画线文句中找出两个自己熟悉的文学文化典故，并简略解说。

_____

_____

_____

_____

5. 阅读文段，回答问题。

　　众人见他（贾宝玉）进来，都笑说："又来了一个。"探春笑道："我不算俗，偶然起个念头，写了几个帖儿试一试，谁知一招皆到。"宝玉笑道："可惜迟了，早该起个社的。"黛玉道："此时还不算迟，也没什么可惜。但是你们只管起社，可别算上我，我是不敢的。"迎春笑道："你不敢谁还敢呢。"宝玉道："这是一件正经大事，大家鼓舞起来，不要你谦我让的。各有主意自管说出来大家平章。宝姐姐也出个主意，林妹妹也说个话儿。"宝钗道："你忙什么，人还不全呢。"

　　一语未了，李纨也来了，进门笑道："雅的紧！要起诗社，我自荐我掌坛。前儿春天我原有这个意思的。我想了一想，我又不会作诗，瞎乱些什么，因而也忘了，就没有说得。既是三妹妹高兴，我就帮你作兴起来。"

　　黛玉道："既然定要起诗社，咱们都是诗翁了，先把这些姐妹叔嫂的字样改了才不俗。"李纨道："极是，何不大家起个别号，彼此称呼则雅。我是定了'稻香老农'，再无人占的。"

（第三十七回，页490~491）

（1）关于大观园建立诗社的表述，下列不正确的一项是（　　）。

A. 进入大观园后，有几人私下都有起社的意思，只是探春最先把提议说出来。

B. 黛玉对此事不太积极,与其喜散不喜聚的性情相合,也表现了她的"小性儿"。

C. 将起社看作是"正经大事",此评说最见宝玉声色;李纨言谈颇有长嫂风范。

D. 黛玉、宝钗之诗才,最受大家公认;"人还不全呢",可见宝钗做事之沉稳。

(2)湘云在第一次偶然结社成诗会后,主动要求做东道主再做一次诗会,这次诗会上,众人赏桂花、吃螃蟹、争吟诗。此次诗会举办地点在_____,此处有楹联曰:"_____"。下列回答正确的一项是(   )。

A. 稻香村　新涨绿添浣葛处,好云香护采芹人
B. 藕香榭　芙蓉影破归兰桨,菱藕香深写竹桥
C. 沁芳亭　绕堤柳借三篙翠,隔岸花分一脉香
D. 潇湘馆　宝鼎茶闲烟尚绿,幽窗棋罢指犹凉

6. 阅读文段,回答问题。

众人看一首,赞一首,彼此称扬不已。李纨笑道:"等我从公评来。通篇看来,各人有各人的警句。今日公评:《咏菊》第一,《问菊》第二,《菊梦》第三,题目新,诗也新,立意更新,恼不得要推潇湘妃子为魁了;然后《簪菊》、《对菊》、《供菊》、《画菊》、《忆菊》次之。"宝玉听说,喜的拍手叫"极是,极公道。"黛玉道:"我那首也不好,到底伤于纤巧些。"李纨道:"巧的却好,不露堆砌生硬。"

黛玉道:"据我看来,头一句好的是'_____甲_____,这句背面傅粉。'_____乙_____'已经妙绝,将供菊说完,

没处再说，故翻回来想到未折未供之先，意思深透。"李纨笑道："固如此说，你的'口齿噙香'句也敌的过了。"探春又道："到底要算蘅芜君沉着，'秋无迹'，'梦有知'，把个　①　字竟烘染出来了。"宝钗笑道："你的'短鬓冷沾'，'葛巾香染'，也就把　②　菊形容的一个缝儿也没了。"湘云道："'偕谁隐'，'为底迟'，真个把个菊花　③　的无言可对。"李纨笑道："你的'科头坐'，'抱膝吟'，竟一时也不能别开，菊花有知，也必腻烦了。"说的大家都笑了。

宝玉笑道："我又落第。难道'谁家种'，'何处秋'，'蜡屐远来'，'冷吟不尽'，都不是访，'昨夜雨'，'今朝霜'，都不是种不成？但恨敌不上'口齿噙香对月吟'、'清冷香中抱膝吟'、'短鬓'、'葛巾'、'金淡泊'、'翠离披'、'秋无迹'、'梦有知'这几句罢了。"又道："明儿闲了，我一个人作出十二首来。"李纨道："你的也好，只是不及这几句新巧就是了。"

（第三十八回，页517~518）

（1）请根据文意和诗意，为甲、乙两处选填合适的诗句（　　）。

A. 圃冷斜阳忆旧游　抛书人对一枝秋

B. 霜清纸帐来新梦　抛书人对一枝秋

C. 圃冷斜阳忆旧游　几案婷婷点缀悠

D. 抛书人对一枝秋　圃冷斜阳忆旧游

（2）文中①②③应补充的诗题分别是（　　）。

A. 梦　忆　咏

B. 忆　簪　问

C. 忆　画　种

D. 咏　对　沥

（3）对小说内容解读不正确的一项是（　　）。

A. 结社赋诗的前后表现中，黛玉不再尖酸刻薄，也不曾动辄气恼，虽然偶尔有些逞才，但每每称赞别人的诗句。

B. 八人赋诗，个个投入，彼此称扬，言谈气氛甚是和谐。他们的才情和人品表露无遗，令读者称羡。这是大观园里极其美丽的秋初之景。

C. 宝玉的诗作在姐妹们的对比下每每落后，但他总是为此称是，说"极公道"。他是真心地夸赞、敬爱身边的闺阁众人。

D. 迎春和惜春不善诗才，故而此类活动他们也不愿参加。赏过桂花、品尝过螃蟹之后，他们便去侍奉贾母了。

7. 平儿进入大观园，引起了诗社众人的夸赞。顺带着大家提到了各个房里尽心尽力服侍主子们的丫鬟。如贾母身边的＿＿＿＿＿＿＿＿，王夫人屋里的＿＿＿＿＿＿＿＿，宝玉身边的＿＿＿＿＿＿＿＿。

8. 刘姥姥进大观园，贾母带着她在沁芳亭歇息过后，便领着她四处游玩。先去了潇湘馆。进门后，只见院内＿＿＿＿＿＿＿＿＿＿＿＿＿＿＿＿＿＿＿＿＿＿。房间内，＿＿＿＿＿＿＿＿＿＿＿＿＿＿＿＿＿＿＿＿＿＿＿＿＿＿＿。刘姥姥感叹"这那像个小姐的绣房，竟比那上等的书房还好"。

9. 根据上下文语境和小说人物形象的特点，在横线上填写出名字。

只见一个媳妇端了一个盒子站在当地，一个丫鬟上来揭去盒盖，里面盛着两碗菜。李纨端了一碗放在贾母桌上。凤姐儿偏拣了一碗鸽子蛋放在刘姥姥桌上。贾母这边说声"请"，刘姥姥便站起身来，高声说道："老刘，老刘，食量大似牛，吃一个老母猪不抬头。"自己却鼓着腮不语。

众人先是发怔，后来一听，上上下下都哈哈的大笑起来。＿＿＿＿＿＿＿＿撑不住，一口饭都喷了出来；＿＿＿＿＿＿＿＿笑岔了气，伏着桌子叫"嗳哟"；_____早滚到贾母怀里，贾母笑的搂着宝玉叫"心肝"；_____笑的用手指着凤姐儿，只说不出话来；_____也撑不住，口里茶喷了探春一裙子；_____手里的饭碗都合在迎春身上；_____离了坐位，拉着他奶母叫揉一揉肠子。地下的无一个不弯腰屈背，也有躲出去蹲着笑去的，也有忍着笑上来替他姊妹换衣裳的，独有凤姐鸳鸯二人撑着，还只管让刘姥姥。

（第四十回，页538）

二、阅读进阶

10. 咏白海棠，探春、宝钗、宝玉、黛玉各有诗作，请你朗读下面的诗歌，根据诗歌内容和风格，为下面的海棠诗标注作者，并回答后面的问题。

　　斜阳寒草带重门，苔翠盈铺雨后盆。
　　玉是精神难比洁，雪为肌骨易销魂。
　　芳心一点娇无力，倩影三更月有痕。
　　莫谓缟仙能羽化，多情伴我咏黄昏。——_____之作

　　珍重芳姿昼掩门，自携手瓮灌苔盆。
　　胭脂洗出秋阶影，冰雪招来露砌魂。
　　淡极始知花更艳，愁多焉得玉无痕。
　　欲偿白帝凭清洁，不语婷婷日又昏。——_____之作

　　秋容浅淡映重门，七节攒成雪满盆。

出浴太真冰作影，捧心西子玉为魂。

晓风不散愁千点，宿雨还添泪一痕。

独倚画栏如有意，清砧怨笛送黄昏。——＿＿＿＿＿之作

半卷湘帘半掩门，碾冰为土玉为盆。

偷来梨蕊三分白，借得梅花一缕魂。

月窟仙人缝缟袂，秋闺怨女拭啼痕。

娇羞默默同谁诉，倦倚西风夜已昏。——＿＿＿＿＿之作

社长李纨评定四人之作道："若论风流别致，自是这首；若论含蓄浑厚，终让蘅稿。"你怎样理解这句话？请结合具体诗句，进行赏析。

_____

_____

11. 阅读文段，回答问题。

　　宝玉回来，先忙着看了一回海棠，至房内告诉袭人起诗社的事。袭人也把打发宋妈妈与史湘云送东西去的话告诉了宝玉。宝玉听了，拍手道："偏忘了他。我自觉心里有件事，只是想不起来，亏你提起来，正要请他去。这诗社里若少了他还有什么意思。"袭人劝道："什么要紧，不过玩意儿。他比不得你们自在，家里又作不得主儿。告诉他，他要来又由不得他；不来，他又牵肠挂肚的，没的叫他不受用。"宝玉道："不妨事，我回老太太打发人接他去。"正说着，宋妈妈已经回来，回复道生受，与袭人道乏，又说："问二爷作什么呢，我说和姑娘们起什么诗社作诗呢。史姑娘说，他们作诗也不告诉他去，急的了不的。"宝玉听了立身便往贾母处来，立逼着叫人接去。贾母因说："今儿天晚了，明日一早再

去。"宝玉只得罢了,回来闷闷的。

次日一早,便又往贾母处来催逼人接去。直到午后,史湘云才来,宝玉方放了心,见面时就把始末原由告诉他,又要与他诗看。李纨等因说道:"且别给他诗看,先说与他韵。他后来,先罚他和了诗:若好,便请入社;若不好,还要罚他一个东道再说。"史湘云道:"你们忘了请我,我还要罚你们呢。就拿韵来,我虽不能,只得勉强出丑。容我入社,扫地焚香我也情愿。"

众人见他这般有趣,越发喜欢,都埋怨昨日怎么忘了他,遂忙告诉他韵。史湘云一心兴头,等不得推敲删改,一面只管和人说着话,心内早已和成,即用随便的纸笔录出,先笑说道:"我却依韵和了两首,好歹我却不知,不过应命而已。"说着递与众人。众人道:"我们四首也算想绝了,再一首也不能了。你倒弄了两首,那里有许多话说,必要重了我们。"一面说,一面看时,只见那两首诗写道:

其一

神仙昨日降都门,种得蓝田玉一盆。
自是霜娥偏爱冷,非关倩女亦离魂。
秋阴捧出何方雪,雨渍添来隔宿痕。
却喜诗人吟不倦,岂令寂寞度朝昏。

其二

蘅芷阶通萝薜门,也宜墙角也宜盆。
花因喜洁难寻偶,人为悲秋易断魂。
玉烛滴干风里泪,晶帘隔破月中痕。
幽情欲向嫦娥诉,无奈虚廊夜色昏。

众人看一句,惊讶一句,看到了,赞到了,都说:"这个不枉作了海棠诗,真该要起海棠社了。"史湘云道:"明日先罚我个东道,就让我先邀一社可使得？"众人道："这更妙了。"因又将昨日的与他评论了一回。

至晚，宝钗将湘云邀往蘅芜苑安歇去。湘云灯下计议如何设东拟题。宝钗听他说了半日，皆不妥当，因向他说道："既开社，便要作东。虽然是顽意儿，也要瞻前顾后，又要自己便宜，又要不得罪了人，然后方大家有趣。你家里你又作不得主，一个月通共那几串钱，你还不够盘缠呢。这会子又干这没要紧的事，你婶子听见了，越发抱怨你了。况且你就都拿出来，做这个东道也是不够。难道为这个家去要不成？还是往这里要呢？"一席话提醒了湘云，倒踌躇起来。

宝钗道："这个我已经有个主意。我们当铺里有个伙计，他家田上出的很好的肥螃蟹，前儿送了几斤来。现在这里的人，从老太太起连上园里的人，有多一半都是爱吃螃蟹的。前日姨娘还说要请老太太在园里赏桂花吃螃蟹，因为有事还没有请呢。你如今且把诗社别提起，只管普通一请。等他们散了，咱们有多少诗作不得的。我和我哥哥说，要几篓极肥极大的螃蟹来，再往铺子里取上几坛好酒，再备上四五桌果碟，岂不又省事又大家热闹了。"湘云听了，心中自是感服，极赞他想的周到。

宝钗又笑道："我是一片真心为你的话。你千万别多心，想着我小看了你，咱们两个就白好了。你若不多心，我就好叫他们办去的。"湘云忙笑道："好姐姐，你这样说，倒多心待我了。凭他怎么糊涂，连个好歹也不知，还成个人了？我若不把姐姐当作亲姐姐一样看，上回那些家常话烦难事也不肯尽情告诉你了。"宝钗听说，便叫一个婆子来："出去和大爷说，依前日的大螃蟹要几篓来，明日饭后请老太太姨娘赏桂花。你说大爷好歹别忘了，我今儿已请下人了。"那婆子出去说明，回来无话。

（第三十七回，页 500~503）

（1）下列对本回目内容的解说，不正确的一项是（　　）。

A. 宝玉和众姐妹结社赋诗，不亦乐乎，而怡红院里袭人在打赏抬花的小厮、张罗着送东西给湘云、打发人去各处收回各类器物，不愧是"贤袭人"。

B. 在袭人心中，起社"不过玩意儿"，她为湘云着想，湘云参加诗社需要面对很多现实问题。湘云虽然对袭人的劝阻而领情，但能参加诗社她喜出望外。

C. 宝玉央求贾母将湘云接来，湘云乘兴邀开诗会，无形中给自己增加了难题，多亏宝钗帮她思虑周全，以请贾母赏桂花为由，诗会的准备也就更加顺当了。

D. 宝钗积极参加诗会，不过，她跟湘云说这"是顽意儿"，是"没要紧的事"。此外，宝钗由诗会想到"作东""月钱"等，宝钗具备管家理财之才具。

（2）《红楼梦》中的诗作成为塑造人物思想性格的一种手段，这些诗作多半各言志趣，寄兴寓情，甚至作者还把人物的未来归宿也隐隐透露出来。湘云的咏白海棠也是"不脱落自己"（脂批语）。请你结合小说内容，对湘云的海棠诗进行重点诗句的鉴赏，并以此展开对此人物形象的评价。

_____
_____
_____

12.《红楼梦》描写环境喜欢多次"傅粉设色"，从刘姥姥的视角，读者可以再次领阅大观园的布局和各处院落的特点。请跟着刘姥姥的步伐，参观大观园，写出其总体特点和具体院落的主要特点。

序号	居所	描写的重点语句	居所主人	主人性情
①	潇湘馆	院落：一进门，只见两边翠竹夹路，土地下苍苔布满，中间羊肠一条石子漫的路。 室内：窗下案上设着笔砚，又见书架上磊着满满的书。 "如今又见了这小屋子，更比大的越发齐整了。满屋里的东西都只好看，都不知叫什么，我越看越舍不得离了这里。"		贾母外孙女。父母双亡，寄居外祖母家。 心思细腻敏感。爱读书、喜诗文，乐处幽静之处。
②	秋爽斋	三间屋子并不曾隔断。当地放着一张花梨大理石大案，案上磊着各种名人法帖，并数十方宝砚，各色笔筒，笔海内插的笔如树林一般。那一边设着斗大的一个汝窑花囊，插着满满的一囊水晶球儿的白菊。西墙上当中挂着一大幅米襄阳《烟雨图》，左右挂着一副对联，乃是颜鲁公墨迹，其词云：烟霞闲骨格，泉石野生涯。案上设着大鼎。左边紫檀架上放着一个大观窑的大盘，盘内盛着数十个娇黄玲珑大佛手。右边洋漆架上悬着一个白玉比目磬，旁边挂着小锤。		荣国府贾政庶出之女。因为生母赵姨娘之不通情理而时常暗自伤心。 才思敏捷，有才情，有见识，让人忘俗。喜书画，为人爽朗，有担当。
③	蘅芜苑	一同进了蘅芜苑，只觉异香扑鼻。那些奇草仙藤愈冷愈苍翠，都结了实，似珊瑚豆子一般，累垂可爱。及进了房屋，雪洞一般，一色玩器全无，案上只有一个土定瓶中供着数枝菊花，并两部书，茶奁茶杯而已。床上只吊着青纱帐幔，衾褥也十分朴素。		王夫人外甥女，薛姨妈之女。 品格端方，举止娴雅，聪颖卓异，安分随时，不喜奢华。
④	栊翠庵	至院中见花木繁盛。		贾府请来的带发修行的尼姑，出身于读书仕宦之家。 天资聪颖、才华非凡。孤高自傲，将人分出层次，并分别待之。

续表

序号	居所	描写的重点语句	居所主人	主人性情
⑤	怡红院	于是进了房门,只见迎面一个女孩儿,满面含笑迎了出来。刘姥姥忙笑道:"姑娘们把我丢下来了,要我碰头碰到这里来。"说了,只觉那女孩儿不答。刘姥姥便赶来拉他的手,"咕咚"一声,便撞到板壁上,把头碰的生疼。细瞧了一瞧,原来是一幅画儿。刘姥姥自忖道:"原来画儿有这样活凸出来的。"一面想,一面看,一面又用手摸去,却是一色平的,点头叹了两声。一转身方得了一个小门,门上挂着葱绿撒花软帘。 刘姥姥掀帘进去,抬头一看,只见四面墙壁玲珑剔透,琴剑瓶炉皆贴在墙上,锦笼纱罩,金彩珠光,连地下踩的砖,皆是碧绿凿花,竟越发把眼花了,找门出去,那里有门?左一架书,右一架屏。刚从屏后得了一门转去,只见他亲家母也从外面迎了进来。刘姥姥诧异,忙问道:"你想是见我这几日没家去,亏你找我来。那一位姑娘带你进来的?"他亲家只是笑,不还言。刘姥姥笑道:"你好没见世面,见这园里的花好,你就没死活戴了一头。"他亲家也不答。便心下忽然想起:"常听大富贵人家有一种穿衣镜,这别是我在镜子里头呢罢?"说毕伸手一摸,再细一看,可不是,四面雕空紫檀板壁将镜子嵌在中间。因说:"这已经拦住,如何走出去呢?"一面说,一面只管用手摸。 这镜子原是西洋机括,可以开合。不意刘姥姥乱摸之间,其力巧合,便撞开消息,掩过镜子,露出门来。刘姥姥又惊又喜,迈步出来,忽见有一副最精致的床帐。他此时又带了七八分醉,又走乏了,便一屁股坐在床上,只说歇歇,不承望身不由己,前仰后合的,朦胧着两眼,一歪身就睡熟在床上。 "这是那个小姐的绣房,这样精致?我就像到了天宫里的一样。"		荣国府嫡子,又加衔玉而诞,众人爱之非常,富贵闲人。 英俊多情,博爱心劳。清浊有别,不同流俗。心怀悲悯,常生悲情。厌恶仕途经济,追求个性自由。

（1）大观园的总体特点是什么？
_____

（2）你最向往哪一处？原因是什么？
_____

13. 贾母带领众人到栊翠庵吃妙玉的茶，妙玉言行最见其思想性格特点，请你结合小说中第五回和第十七回的相关内容，谈谈自己对妙玉这一人物形象的认识。
_____
_____
_____

14. 贾母热情款待刘姥姥，留她住了两三天，带她进入大观园。刘姥姥的独特光彩让她成为这几回的主角。你怎么评价刘姥姥这一人物形象？请结合相关情节内容，简略谈一下你的看法。
_____
_____
_____

三、探究提升

15.《红楼梦》写世家豪族生活，其礼数和奢华皆在细节处，因此有历史真实性。学者比较研究前八十回和后四十回的区别，也发现了生活细节表现上的很大不同。如前八十回写门，有各种各样的门，垂花门、仪门、二门等，到了后四十回，则甚少出现门的多个名称，不复前面侯门深似海的感觉。

这几回里非常好地展现了贾府"鲜花着锦、烈火烹油"之盛时的生活常态，请你找出能够有所表现的情节和内容，并尝试归类梳理和解说。如果你能从中有一些自己的阅读发现，也可以和大家分享一下。

_____

_____

四、真题重现

2006·湖南高考·赏析题

阅读下面两首诗，根据提示，完成赏析。

薛宝钗咏白海棠

珍重芳姿昼掩门，自携手瓮灌苔盆。
胭脂洗出秋阶影，冰雪招来露砌魂。
淡极始知花更艳，愁多焉得玉无痕。
欲偿白帝凭清洁，不语婷婷日又昏。

林黛玉咏白海棠

半卷湘帘半掩门，碾冰为土玉为盆。
偷来梨蕊三分白，借得梅花一缕魂。

月窟仙人缝缟袂，秋闺怨女拭啼痕。

娇羞默默同谁诉，倦倚西风夜已昏。

（据人民文学出版社2022年7月第4版《红楼梦》第三十七回）

咏物诗讲究形神兼备。以上两诗，颔联都着眼于白海棠之"白"，但绘形写神各有不同。

"胭脂洗出秋阶影，冰雪招来露砌魂"一联，前句以洗尽胭脂，极言其自然本色之美，后句以晶莹剔透的冰雪，喻其冰消玉洁之魂。倒装句式的运用，显得新颖别致；"洗""招"二字，运用拟人手法，生动地传达出白海棠的情韵神态；而"秋阶""露砌"的映衬，更是意味深长。诗人含蓄地表现了白海棠朴素淡雅、清洁自励的品性。

"偷来梨蕊三分白，借得梅花一缕魂"一联 _____

_____

_____

_____

_____

_____

本节参考答案

一、基础了解

1.（1）第三十七回：秋爽斋偶结海棠社　蘅芜苑夜拟菊花题

第三十八回：林潇湘魁夺菊花诗　薛蘅芜讽和螃蟹咏

第三十九回：村姥姥是信口开合　情哥哥偏寻根究底

第四十回：史太君两宴大观园　金鸳鸯三宣牙牌令

第四十一回：栊翠庵茶品梅花雪　怡红院劫遇母蝗虫

第四十二回：蘅芜君兰言解疑癖　潇湘子雅谑补馀香

（2）①八　二十　学差　任意纵性　②探春　白海棠　菊花　螃蟹　③刘姥姥　④西厢记　牡丹亭

2. A（诗社不是由宝玉一人张罗起来的）

3. 李纨（社长）：稻香老农　　迎春（副社长）：菱洲

惜春（副社长）：藕榭　　　　宝钗：蘅芜君

黛玉：潇湘妃子　　　　　　　探春：蕉下客

湘云：枕霞旧友　　　　　　　宝玉：怡红公子

4.（1）今因伏几凭床处默之时／因思及历来古人中处名攻利敌之场／犹置一些山滴水之区／远招近揖／投辖攀辕／务结二三同志盘桓于其中／或竖词坛／或开吟社／虽一时之偶兴／遂成千古之佳谈／姊虽不才／窃同叨栖处于泉石之间／而兼慕薛林之技／风庭月榭／惜未宴集诗人／帘杏溪桃／或可醉飞吟盏／孰谓莲社之雄才／／独许须眉／直以东山之雅会／／让余脂粉／若蒙棹雪而来／姊则扫花以待。（"／／"，为可断可不断之意。）

此文有骈文，故多对仗，断句的难度不大。只有一处略难，即"些山滴水"，可参看人民文学出版社版《红楼梦》的注释。）

（2）慧远之莲社，谢安之东山，王子猷之"乘兴而来、尽兴而返"，杜甫之《客至》，等等。

莲社，是佛教净土宗最初的结社，东晋时慧远在庐山东林寺（寺内有白莲池）创立，曾约会刘程之等一批名儒，号称十八贤。他们曾以书信招请陶渊明。

东山之雅会，像谢东山那样风雅聚会。晋代谢安，字安石，曾隐居东山，后常以"东山"指称他。《晋书》记载，谢安与王羲之、许询、僧人支遁游处，出则游览山水，入则吟咏属文。

《世说新语》中有王子猷冒雪夜乘小船访戴安道之事。杜甫《客至》中有"花径不曾缘客扫，蓬门今始为君开。"

典故之使用，表达的是探春对此类人物的倾慕向往之情，由此可推知探春的文化素养和内在心性。

与此花笺形成对照的，是贾芸送来的字帖。两相对照，一个是腹有诗书、审美冲淡的贵族小姐，一个是积极务实、世故有术的旁支子弟。

5.（1）B　（2）B

6.（1）A　（2）B　（3）D

7. 鸳鸯　彩霞　袭人

8. 两边翠竹夹路，土地下苍苔布满，中间羊肠一条石子漫的路　窗下案上设着笔砚，又见书架上磊着满满的书

9. 史湘云　林黛玉　宝玉　王夫人　薛姨妈　探春　惜春

二、阅读进阶

10. 探春（秋爽居士）　宝钗（蘅芜君）　宝玉（怡红公子）　黛玉（潇湘

妃子）

　　李纨评黛玉的诗"风流别致"，宝钗的诗"含蓄浑厚"，我们粗略读之，也能感受到二诗风格上绝不相混。后面提到，李纨、探春推崇宝钗，宝玉偏爱黛玉，也都表现了各自立场、爱好和思想性格的不同。

　　宝钗之诗表现出闺门千金矜持贵重的态度。第一联"珍重芳姿昼掩门，自携手瓮灌苔盆"。"珍重芳姿"，既是赏花态度，又是自赏自爱，白日里关上门赏鉴白海棠，隔断外界的喧嚷，表现了赏花者端庄自持的气质和内心的沉静淡然；"自携手瓮"，赏花人亲自提水浇灌花朵，写出对花儿的珍爱，暗喻赏花人对自己高洁品性的自珍自重。

　　第二联"胭脂洗出秋阶影，冰雪招来露砌魂"，同样写花也写人。"秋阶""露砌"（带着露水的台阶边沿）上下对仗，秋日里的台阶之处，白海棠盛开，以环境的素洁、清冷衬托出花朵的淡雅，花朵铅华洗尽、冰清玉洁；不直言白海棠之色，而以"胭脂洗出""冰雪招来"表现花和人脱俗、高洁的形象特点。

　　第三联"淡极始知花更艳，愁多焉得玉无痕"，以"淡"和"艳"的辩证对立关系，写白海棠的冷艳之美，也与宝钗的容貌和生活习性相合（第七回，薛姨妈说"宝丫头古怪着呢，他从来不爱这些花儿粉儿的"；第四十回，写蘅芜苑的住所特点，"雪洞一般"），表现出看淡愁怨、矜持冷静的情感特点。

　　尾联"欲偿白帝"，可见白海棠感念秋神对自己的赏识，同时也自信于自己的清洁精神。

　　整首诗表现出的精神气质的确称得上是"含蓄浑厚"。

　　黛玉之诗也写出了白海棠的冰清玉洁，但其敏感细腻、孤高傲世、哀怨多愁则更为明显。花人一体，此诗写出了黛玉的精神气质，是黛玉情感遭际、人格理想的写照。

首联中的"碾冰为土玉为盆",同样从白海棠的生长环境写起,黛玉的就要更为推向极致,"冰为土""玉为盆",以奇妙别致的想象烘托了白海棠高冷洁净的气质,难怪宝玉会由衷地喝彩"从何处想来!"

同样能够体现"风流别致"风格的,是颔联和颈联。"偷来梨蕊三分白,借得梅花一缕魂",运用拟人手法,生动形象地表现了白海棠如梨蕊一般素雅洁净、柔嫩美丽的外形特点,如梅花一般幽香沉静、孤高傲世的芬芳气质。"偷来""借得",又显出几分谦逊和俏皮,亦庄亦谐,这样的雅趣,宝钗无意为之,也无法为之。其风流神韵,正是宝玉钟情所在。

颈联将白海棠比作正在缝制素衣的月中仙子和正在抹拭眼泪的秋闺少女,不离黛玉自身品性。

尾联表达了"倦依西风"的赏花人,正是花儿的倾诉对象,与首联赏花人与花儿隔帘相望呼应,表达了自己渴望知音的内心情感。

此诗深婉动人,带有一种天然风情,的确称得上是"风流别致"。

《红楼梦》表现了当时都门豪贵们的社会风气,闲情逸致宛在目前;同时,结社吟咏,也是其塑造人物思想性格的一种方式,难得曹公一人之手,写出多人诗作。

此外,诗作也多与人物命运结局相关。如宝钗海棠诗中的"洗出胭脂影""招来冰雪魂",前者通常是丈夫不归、闺妇不再修饰容貌之语,后者则说生活冷落孤寂。黛玉诗中以"缝缟袂",暗示夭亡,"秋闺怨女拭啼痕"也确像她以泪还债。

凡此种种,每一首诗都多方关联,左右逢源,可见作者匠心独运。

11.(1) B

(2)湘云海棠诗有两首,在四首诗外能不落窠臼,别出心裁,引起众人的赞叹,可见其才思敏捷,脂批评价"二首真可压卷"。

湘云笔下的第一首第一联里,海棠来处不比寻常,"神仙昨日降都门,种得蓝田玉一盆","神仙""都门",又以蓝田玉比拟海棠的尊贵难得,同时隐隐点出海棠之色。第二联,"自是霜娥偏爱冷,非关倩女亦离魂",既写出了花之色,花之性,同时也写出了花的多情。后面两联,写在秋雨天气里,海棠花色更显洁白,更增愁绪,但却有诗人吟咏,不再寂寞。

第二首海棠诗,"蘅芷阶通萝薜门,也宜墙角也宜盆",写海棠所处环境之芬芳,写海棠种植随处适宜,然生性高洁,难以求得佳偶。

湘云是保龄侯尚书令史家小姐,本是尊贵的,也是有情人。看她对待贾母,多有依赖;对待宝玉,多是真诚;对待袭人,多有挂牵;对待宝钗,极是推重;对待黛玉,惺惺相惜。

湘云的判词是"富贵又何为,襁褓之间父母违",她自幼父母双亡,依附叔婶生活,"在家里竟一点作不得主",每天做针线到深夜。出门做客,穿衣讲究,为的是叔婶的体面,家里来接,即便心里万般不愿也不得不回去。她在贾府要比在家里更为自在舒展。这一切遭际,着实令人同情悲悯。

但是,这种心理创伤,并没有使她自怨自艾,妄自菲薄,相反造就了她不受束缚、明媚如春的心境。她天真自然,所求不多,"也宜墙角也宜盆",随地而宜。大家还记得湘云第一次在小说中正式出场的情景吗?她大说大笑,丝毫不拘泥;她心中有所想,便口中有所言,因此与黛玉闹出矛盾,但很快又转而和好。

她有着自己的生活烦恼和艰难处境,但她少与人言,并不为此过于多愁善感,她豁达开朗,爽直善良,她对美好生活有着向往,对他人生命有浓烈关切。她对建社积极主动,"容我入社,扫地焚香我也情愿"。她与人相交,全是一片本色,毫无功利之心。

清人涂瀛在他的《红楼梦论赞》中说"湘云出而颦儿失其辩,宝姐失其妍",是一个"豪之豪也"的人物。湘云所做的诗词,大多让我们能够体会到她飞扬的神采。

湘云是张道士为宝玉说亲之后，最早被提到说了人家的姑娘，她后来嫁给卫若兰，但婚后不久便成孤孀，"自是霜娥偏爱冷""难寻偶""烛泪""嫦娥"等，都暗示着她不幸的命运。

12. 居所主人（自上而下）：林黛玉　贾探春　薛宝钗　妙玉　贾宝玉

（1）总体特点：大观园为迎接元妃省亲而修建，尽显权势与奢华，是"住宅＋园林"的结构布局。其一，面积广大，山水俱佳；其二，亭榭俱全，居所、寺、庵、观皆有；其三，花木茂盛，动物多样；其四，居所多样，各秉特色；其五，位序井然（主殿、牌坊），富有自然生机（园林之自然美）。

（2）各有各的好。相对而言，还是更憧憬能够拥有秋爽斋那样的宅院。爽朗疏阔，真是令人心旷神怡。你看文中的多个"大"字，在一部红楼中，同样如此用字的就是荣国府正堂了。读一读描写秋爽斋的文字，聊慰大书房之渴盼。

13. 妙玉名列十二钗正册，她本是读书仕宦之家的好女儿，但自小多病，最终入了空门方好。父母俱已亡故，身世遭际令人同情。

妙玉进入大观园，是王夫人命人下帖邀请的。她自处栊翠庵，带发修行，也成一片自己的自由天地。

贾母带刘姥姥等进入栊翠庵。品茶过程中，妙玉最关注的是宝玉、宝钗和黛玉，她特意将自己保存的梅花雪用来煮茶，招待此三人，而地位尊贵的贾母，妙玉也只是礼节上恭敬而已；各人所用茶具也分出三六九等；她不喜刘姥姥的粗俗，将刘姥姥用过的杯子丢掉，并说，幸亏这个杯子她没用过，否则就是砸了也不能给人。她孤高清洁，到了极致。红楼曲词中有"天生成孤癖人皆罕""却不知太高人愈妒，过洁世同嫌"。

妙玉之身世令人感慨。她本不想入空门，却不得不入；既入空门，当放下一切，偏又有所牵绊（看其茶具，可见一斑）；本该众生平等，却从不悲悯待人；本该看穿看透，却情有所钟（看她让宝玉用自己的茶具）。妙玉一生处境尴尬，可怜可叹。

14. 刘姥姥来自社会底层，她不属于荣国府这个世界，却为这片繁华锦绣地打开了通向另一个世界的窗口。她有属于自己的生存智慧和处事原则。"那刘姥姥虽是个村野人，却生来的有些见识，况且年纪老了，世情上经历过的。"

刘姥姥75岁再进贾府，仍是带着板儿。生活逐渐好转的刘姥姥，带来了新鲜的瓜果，以报答王熙凤的慷慨资助（二十两银子），可以看出她知恩图报、真诚质朴的品性。

这次进荣国府，贾母得知后，亲自和她见面聊天，还设宴款待。王熙凤等为了更讨老太太欢心，让老太太高兴，众人拿刘姥姥取乐。刘姥姥感念贾府的恩德，也并不以为意。虽有刻意逢迎之处，但更多时候刘姥姥没有失了自己的本分，她本色出演，丝毫也不遮掩自己庄户人的视野。她夸赞贾府，自然是让贾府之人高兴，但这种夸赞又不失真诚。且靠着自己的智慧，她的话语非常得体。

如在潇湘馆里，刘姥姥念佛道："人人都说大家子住大房。昨儿见了老太太正房，配上大箱大柜大桌子大床，果然威武。那柜子比我们那一间房子还大还高。怪道后院子里有个梯子。我想并不上房晒东西，预备个梯子作什么？后来我想起来，定是为开顶柜收放东西，非离了那梯子，怎么得上去呢。如今又见了这小屋子，更比大的越发齐整了。满屋里的东西都只好看，都不知叫什么，我越看越舍不得离了这里。"这样的语句，既合乎其身份，又表达到位。

如吃饭时，凤姐和鸳鸯按照事先的商议，单拿一双老年四楞象牙镶金的筷子与刘姥姥。刘姥姥见了，说道："这叉爬子比俺那里铁锨还沉，那里錾的过他。"她把象牙镶金的筷子说成是"叉爬子",她还把鹦哥说成是"黑老鸹子怎么又长出凤头来",都是又土气,又透着生活的新鲜味儿。

刘姥姥是老于世故的,你看她心里多明白:"咱们哄着老太太开个心儿,……你先嘱咐我,我就明白了,不过大家取个笑儿。……",刘姥姥有自己的智慧,大智若愚。

刘姥姥是勇敢坦诚的。难得的是,她一点儿都不怯,没有小家子气,相反,<u>她时时小心应承,却又处处大方端庄</u>。让她吃酒,她便吃酒;让她行令,她就行令;让她吃茶,她就吃茶;她见到开眼的事物,就会不自禁地"念佛";她赞赏一切奢美的东西,却从不过分羡慕;她可躺在泥地上睡觉,到了怡红院,她也能在精致床帐内乘着酒劲酣然入睡。

红楼梦写了<u>两个生动的祖母形象,一为贾母,一为刘姥姥</u>。她们都有自己的独特阅历和独到见解,都希望家族兴旺,子孙过得好。

三、探究提升

15. 这几回,可谓是世家家居生活再现。

其一,贵族之家闲情逸致多多。结社、赏花、唱和是清代都门特别盛行的社会风气,大观园里的结社,给我们提供了认识这种生活的画面。结社,也是一种聚会和雅集,菊花诗的诗会便极是讲究,不枉宝钗和湘云整个夜晚的创意琢磨。

再有贾母这个爱玩爱热闹的,孙辈一请便准到,王熙凤、薛宝钗预先布排,非常妥帖。眼前有桂花和水面,席上又是煮茶,又是烫酒,还有肥美的螃蟹。主子、丫鬟和乐一团,气氛真是再好不过。

看大观园里的诗会,因为是女性居多(探春写给宝玉的花笺,也直接把宝玉当作是男闺蜜了,她还提醒宝玉做菊花诗时,"才宣过总不许带出闺阁字样来,你可要留神"),故而场面清雅,互相称赞,彼此叫好。

还有贾母宴请刘姥姥时,吃酒行令,鸳鸯主持,雅俗共赏,"比如我说一副儿,将这三张牌拆开,先说头一张,次说第二张,再说第三张,说完了,合成这一副儿的名字。无论诗词歌赋,成语俗话,比上一句,都要叶韵。错了的罚一杯。"这可看作是贵族内眷们的一种智力游戏。

其二,百年积蓄的丰厚家底。潇湘馆里,贾母提出要给黛玉的窗子换窗纱,王熙凤提到库房有蝉翼纱,贾母笑她"连这个纱还不认得呢",告诉众人此乃"软烟罗",这个"软烟罗"最可看出贾母之收藏的精致奢华了。小说里这样写:

贾母笑道:"你能够活了多大,见过几样没处放的东西,就说嘴来了。那个软烟罗只有四样颜色:一样雨过天晴,一样秋香色,一样松绿的,一样就是银红的,<u>若是做了帐子,糊了窗屉,远远的看着,就似烟雾一样,所以叫作'软烟罗'。那银红的又叫作'霞影纱'</u>。如今上用的府纱也没有这样软厚轻密的了。"

(第四十回,页535~536)

"软厚轻密"这四个字,各有各的修饰作用,彼此又相反相克。"软"怎么还能"厚"?"厚"了如何做到"轻"?"轻"了怎么可能"密"?凤姐管它叫"蝉翼纱",又可想象其大致样子和特点,可贾母偏偏能恰到好处说出它的好处来——实用且富审美。

刘姥姥随后对于贾母"大柜子"的补充,从一个贾府外的庄户人的视角告诉我们,贾母这位当年的荣国府管家,必定是见过大世面的,且有大收藏。而"软烟罗"是生动形象的具体事例之一,作者非有此生活体验,是很难写出的。

其三,奢华的日常宴席。菊花诗会,多亏宝钗赞助,有了螃蟹宴。

刘姥姥以旁眼告诉我们,"一共倒有二十多两银子。阿弥陀佛!这一顿的钱够我们庄家人过一年了"。她第一次进贾府,告了半天穷,王熙凤最后赏的就是二十两银子。这样一勾连,难免令读者心里略颤一颤。

第四十回"史太君两宴大观园",贾母带着刘姥姥进大观园,一天内前后两次宴席,早饭和午饭,都是在园子里吃的。早饭摆在秋爽斋的晓翠堂,用"一色捏丝戗金五彩大盒子"盛来,案几是小楠木桌子,筷子是乌木三镶银箸,还特意给刘姥姥准备了象牙镶金的筷子,有饭有菜,有鸽子蛋。

游玩一圈后,午饭摆在缀锦阁。看其桌案:"上面左右两张榻,榻上都铺着锦裀蓉簟,每一榻前有两张雕漆几,也有海棠式的,也有梅花式的,也有荷叶式的,也有葵花式的,也有方的,也有圆的,其式不一。一个上面放着炉瓶,一分攒盒;一个上面空设着,预备放人所喜食物。"看其器物:"每人一把乌银洋錾自斟壶,一个十锦珐琅杯。"还有那一套一连十个的黄杨根整抠的套杯,"那大的足似个小盆子,第十个极小的还有手里的杯子两个大;喜的是雕镂奇绝,一色山水树木人物,并有草字以及图印"。

再看吃食,特别提到了茄鲞,制作工艺繁复,"你把才下来的茄子把皮刨了,只要净肉,切成碎钉子,用鸡油炸了,再用鸡脯子肉并香菌、新笋、蘑菇、五香腐干、各色干果子,俱切成钉子,拿鸡汤煨了,将香油一收,外加糟油一拌,盛在瓷罐子里封严,要吃时拿出来,用炒的鸡瓜一拌就是",令人深感惊异。

饭后又有点心,"每个盒内两样:这盒内一样是藕粉桂糖糕,一样是松穰鹅油卷。那盒内一样是一寸来大的小饺儿。贾母因问什么馅儿,婆子们忙回是螃蟹的。贾母听了,皱眉说:'这油腻腻的,谁吃这个!'那一样是奶油炸的各色小面果,也不喜欢。因让薛姨妈吃,薛姨妈只拣了一块糕。贾母拣了一个卷子,只尝了一尝,剩的半个递与丫鬟了"。贾母第二天就身体不舒服,凤姐的女儿也生病了,估计与长期过富贵生活,身体虚弱有关,与吃食太多荤油也有关。刘姥姥也出现肠胃问题,不过,她到底身子皮实一些。

这些饮食果然精致,可确实也样样失了其天然风味。与刘姥姥带来的新鲜瓜果一比,便显得刘姥姥的回赠之物难得了(对于贾府的主子们而言)。

其四,高水准的生活审美。看贾母点评潇湘馆的窗纱,以追求意境为上;看贾母吩咐缀锦阁吃酒,藕香榭演曲,"借着水音更好听",酒酣之际,连刘姥姥都沉醉其中了,"当下刘姥姥听见这般音乐,且又有了酒,越发喜的手舞足蹈起来"。

其五,合乎规矩的大家之礼。贾母应湘云等人之邀,到园子里赏桂花,贾母提到自己幼年摔下湖里,留下了鬓角处的疤痕,凤姐奉承贾母。

贾母笑道:"明儿叫你日夜跟着我,我倒常笑笑觉的开心,不许回家去。"王夫人笑道:"老太太因为喜欢他,才惯的他这样。还这样说,他明儿越发无礼了。"贾母笑道:"我喜欢他这样。况且他又不是那不知高低的孩子。家常没人,娘儿们原该这样。横竖礼体不错就罢,没的倒叫他从神儿似的作什么。"

(第三十八回,页507)

贾府之女眷多是诰命夫人,于宫礼和家礼都是谙习熟稔的。贾母的一番评定,可看作是荣国府日常相处之道。贾母有礼法之谨,又有相容之度。看凤姐、鸳鸯、平儿、李纨等主子丫鬟们相处,各在其职、各谋其分,宴乐之际又能彼此戏谑,互相亲近。

我们看刘姥姥的感慨,可以了解一二。

一时吃毕,贾母等都往探春卧室中去说闲话。这里收拾过残桌,又放了一桌。刘姥姥看着李纨与凤姐儿对坐着吃饭,叹道:"别的罢了,我只爱你们家这行事。怪道说'礼出大家'。"凤姐儿忙笑道:"你可别多心,才刚不过大家取笑儿。"一言未了,鸳鸯也进来笑道:"姥姥别恼,我给你老人家赔个不是。"刘姥姥笑道:"姑娘说那里话,咱们哄着老太太开个心儿,可有什么恼的!你先嘱咐我,我就明白了,不过大家取个笑儿。我要心里恼,也就不说了。"鸳鸯便骂人"为什么不倒茶给姥姥吃。"刘姥姥忙道:"刚才那个嫂子倒了茶来,我吃过了。姑娘也该用饭了。"

(第四十回,页539~540)

由此,我们再来看贾母等人如何对待刘姥姥。

贾母和刘姥姥虽然都是祖母身份,但因为身份和地位的差距,她们又是如此不同。我们可以看到刘姥姥在荣国府体验了她从未体验过的。

虽住了两三天,日子不多,却把古往今来没见过的,没吃过的,没听见过的,都经验了。

(第四十二回,页562)

从贾母的角度看,刘姥姥也给了自己从未体验过的。刘姥姥给她讲述的故事,刘姥姥的言语反应,在贾母这里也是全然新鲜的、陌生的,不禁让我们想起了鲁迅小说里的"我"和闰土。

贾母安享荣华,却也温和亲近,在不需要面对家族根本性利益问题时,贾母是一个和善慷慨的老太太。

因为贾母的一份喜欢,刘姥姥第二次进荣国府得到了特殊礼遇。不仅住了下来,还到大观园里游玩一番。此外,告辞时,我们来看大家的做法是如何周全的。

平儿一一的拿与他瞧着,说道:"这是昨日你要的青纱一匹,奶奶另外送你一个实地子月白纱作里子。这是两个茧绸,作袄儿裙子都好。这包袱里是<u>两匹绸子</u>，年下做件衣裳穿。这是<u>一盒子各样内造点心</u>，也有你吃过的，也有你没吃过的，拿去摆碟子请客，比你们买的强<u>些</u>。这两条口袋是你昨日装瓜果子来的，如今这一个里头装了<u>两斗御田粳米</u>，熬粥是难得的；这一条里头是<u>园子里果子和各样干果子</u>。这一包是<u>八两银子</u>。这都是我们奶奶的。这两包，每包里头五十两，共是<u>一百两</u>，是太太给的，叫你拿去或者作个小本买卖，或者置几亩地，以后再别求亲靠友的。"说着又悄悄笑道："这<u>两件袄儿和两条裙子</u>，还有四块包头，<u>一包绒线</u>，可是我送姥姥的。衣裳虽是旧的，我也没大狠穿，你要弃嫌我就不敢说了。"

　　平儿说一样，刘姥姥就念一句佛，已经念了几千声佛了。又见平儿也送他这些东西，又如此谦逊，忙念佛道："姑娘说那里话？这样好东西我还弃嫌！我便有银子也没处去买这样的呢。只是我怪臊的，收了又不好，不收又辜负了姑娘的心。"平儿笑道："休说外话，咱们都是自己，我才这样。你放心收了罢，我还和你要东西呢。到年下，你只把你们晒的那个灰条菜干子和豇豆、扁豆、茄子、葫芦条儿各样干菜带些来，我们这里上上下下都爱吃。这个就算了，别的一概不要，别罔费了心。"刘姥姥千恩万谢答应了。平儿道："你只管睡你的去。<u>我替你收拾妥当了就放在这里，明儿一早打发小厮们雇辆车装上，不用你费一点心的</u>。"

（第四十二回，页 564~565）

四、真题重现

略

北京四中
红楼通习课

BEIJING SIZHONG HONGLOU TONGXIKE

于鸿雁 白楠茁 著　下册

十三 第四十三至四十八回

第四十三至四十八回内容速看

此六回内容：九月二日，凤姐过生日，宝玉则一早出门，祭拜金钏儿。趁着凤姐儿等聚在贾母处，贾琏在家里私会鲍二的老婆，凤姐发现后，与贾琏争执，连带平儿挨打，受了委屈。李纨将平儿拉进了大观园，宝玉亲自为其理妆。赖嬷嬷因其孙子得了县官之位，特地来凤姐这里，请贾府的主子们赏脸去赖大花园热闹庆祝。秋分之后，黛玉再次咳嗽起来，宝钗看望，赠送燕窝。宝玉秋雨夜里来看望黛玉，甚为关切。邢夫人替自己的丈夫贾赦向贾母讨要鸳鸯，鸳鸯死活不依。九月十四日这天，众人应邀到赖大花园，薛蟠很想结交柳湘莲，因其缠腻不止而遭柳湘莲痛打。贾琏近日也因未能帮助贾赦得到石呆子的古扇而挨打。薛蟠因被打一事羞愧，趁机跟着伙计外出经历。宝钗让香菱和自己做伴，住进了大观园。香菱找黛玉拜师学诗。

凤姐的强与弱

一、基础了解

1.（1）请将第四十三至四十八回的回目抄录在下面。

第四十三回：_____

第四十四回：_____

第四十五回：_____

第四十六回：_____

第四十七回：_____

第四十八回：_____

（2）请梳理第四十三至四十八回，贾府和大观园中发生的大事，并将下面的内容补充完整。

①贾母用大家凑份子的新法儿给凤姐过生日，此事交给了宁府贾珍的媳妇_____（填人名）来全权负责。

②宝玉在凤姐生日当天去拜祭了金钏儿，由文中哪些信息可以得知？

_____

_____

③趁着凤姐在贾母处过生日，贾琏在家里做见不得人的事儿，被凤姐发现后，_____（人名）无缘无故被连累挨了凤姐的打，受了委屈，后来她被_____（人名）拉进了_____（地名），后又来到了_____（地名），宝玉亲自为其理妆。

④赖嬷嬷来凤姐这里请贾府的老太太、太太、奶奶、姑娘们去赖大花园里热闹一天，是因为_____。

⑤邢夫人替自己的丈夫_____（人名）向贾母要_____（人名）做妾，_____（人名）死活不依。贾母知道后气得骂向了王夫人，因为和王夫人是姐妹关系，所以_____（人名）也不方便帮忙劝阻，

恰好_____（人名）经过，她十分聪慧，从中帮助王夫人解了围，也劝住了贾母。

⑥九月十四日这天，众人到赖大花园里热闹，薛蟠很想结交_____（人名），但_____（人名）实在厌恶薛蟠，于是心生一计将薛蟠骗到人迹罕至处痛打了一顿。

⑦因为薛蟠外出做事，宝钗便让_____（人名）住进了大观园和自己做伴。_____（人名）住进大观园后，便去找黛玉要拜师学诗。黛玉认为作诗最重要的是_____，还为她推荐了_____、_____和_____（按顺序，均填人名）的诗。

2. 请根据第四十三回的内容，在横线处填上正确的内容并回答问题。

（尤氏）一面说着，一面又往贾母处来。先请了安，大概说了两句话，便走到_____房中和_____商议，只听_____的主意行事，何以讨贾母的喜欢。二人计议妥当。尤氏临走时，也把_____二两银子还他，说："这还使不了呢。"说着，一径出来，又至王夫人跟前说了一回话。因王夫人进了佛堂，把彩云一分也还了他。见凤姐不在跟前，一时把_____、_____二人的也还了。他两个还不敢收。尤氏道："你们可怜见的，那里有这些闲钱？凤丫头便知道了，有我应着呢。"二人听说，千恩万谢的方收了。于是尤氏一径出来，坐车回家。不在话下。

展眼已是九月初二日，园中人都打听得尤氏办得十分热闹，不但有戏，连耍百戏并说书的男女先儿全有，都打点取乐顽耍。

（第四十三回，页582~583）

（1）请在选文横线处填上人名。

（2）曹雪芹善于在细节中塑造人物形象。有时，一个简单的小事情就能反映出一个人物的性情。那么,从这段话中,你能读出一个怎样的尤氏呢?请简要分析。

_____
_____
_____

3. 在下面文段横线处填上正确的人名,并回答问题。

　　探春有心的人,想_____虽有委曲,如何敢辩;_____也是亲姊妹,自然也不好辩的;_____也不便为姨母辩;李纨、凤姐、宝玉一概不敢辩;这正用着女孩儿之时,_____老实,_____小,因此窗外听了一听,便走进来陪笑向贾母道:"这事与太太什么相干?老太太想一想,也有大伯子要收屋里的人,小婶子如何知道?便知道,也推不知道。"犹未说完,贾母笑道:"可是我老糊涂了!姨太太别笑话我。你这个姐姐他极孝顺我,不像我那大太太一味怕老爷,婆婆跟前不过应景儿。可是委屈了他。"

(第四十六回,页 627~628)

(1)请先在选文横线处填上恰当的人名,再想一想,为什么李纨、凤姐和宝玉一概不敢辩?

_____
_____

(2)请你谈谈从此段文字中读出了一个怎样的探春?

_____
_____
_____

4. 阅读文段，回答问题。

且说香菱见过众人之后，吃过晚饭，宝钗等都往贾母处去了，自己便往潇湘馆中来。此时黛玉已好了大半，见香菱也进园来住，自是欢喜。香菱因笑道："我这一进来了，也得了空儿，好歹教给我作诗，就是我的造化了。"黛玉笑道："既要作诗，你就拜我作师。我虽不通，大略也还教得起你。"香菱笑道："果然这样，我就拜你作师。你可不许腻烦的。"

（第四十八回，页648）

黛玉道："断不可看这样的诗。你们因不知诗，所以见了这浅近的就爱，一入了这个格局，再学不出来的。你只听我说，你若真心要学，我这里有《王摩诘全集》，你且把他的五言律读一百首，细心揣摩透熟了，然后再读一二百首老杜的七言律，次再李青莲的七言绝句读一二百首。肚子里先有了这三个人作了底子，然后再把陶渊明、应玚、谢、阮、庾、鲍等人的一看。你又是一个极聪敏伶俐的人，不用一年的工夫，不愁不是诗翁了！"香菱听了，笑道："既这样，好姑娘，你就把这书给我拿出来，我带回去，夜里念几首也是好的。"

黛玉听说，便命紫鹃将王右丞的五言律拿来，递与香菱，又道："你只看有红圈的都是我选的，有一首念一首。不明白的问你姑娘，或者遇见我，我讲与你就是了。"香菱拿了诗，回至蘅芜苑中，诸事不顾，只向灯下一首一首的读起来。宝钗连催他数次睡觉，他也不睡。宝钗见他这般苦心，只得随他去了。

一日，黛玉方梳洗完了，只见香菱笑吟吟的送了书来，又要换杜律。黛玉笑道："共记得多少首？"香菱笑道："凡红圈选的我尽读了。"黛玉道："可领略了些滋味没有？"香菱笑道："领略了些滋味，不知可是不是，说与你听听。"黛玉笑道："正要讲究讨论，方能长进。你且说来我听。"

香菱笑道:"据我看来,诗的好处,有口里说不出来的意思,想去却是逼真的。有似乎无理的,想去竟是有理有情的。"黛玉笑道:"这话有了些意思,但不知你从何处见得?"

(第四十八回,页 649~650)

香菱听了,喜的拿回诗来,又苦思一回作两句诗,又舍不得杜诗,又读两首。如此茶饭无心,坐卧不定。宝钗道:"何苦自寻烦恼。都是颦儿引的你,我和他算账去。你本来呆头呆脑的,再添上这个,越发弄成个呆子了。"香菱笑道:"好姑娘,别混我。"

…………

黛玉笑道:"意思却有,只是措词不雅。皆因你看的诗少,被他缚住了。把这首丢开,再作一首,只管放开胆子去作。"

香菱听了,默默的回来,越性连房也不入,只在池边树下,或坐在山石上出神,或蹲在地下抠土,来往的人都诧异。李纨、宝钗、探春、宝玉等听得此信,都远远的站在山坡上瞧看他。只见他皱一回眉,又自己含笑一回。

宝钗笑道:"这个人定要疯了!昨夜嘟嘟哝哝直闹到五更天才睡下,没一顿饭的工夫天就亮了。我就听见他起来了,忙忙碌碌梳了头就找颦儿去。一回来了,呆了一日,作了一首又不好,这会子自然另作呢。"宝玉笑道:"这正是'地灵人杰',老天生人再不虚赋情性的。我们成日叹说可惜他这么个人竟俗了,谁知到底有今日。可见天地至公。"宝钗笑道:"你能够像他这苦心就好了,学什么有个不成的。"宝玉不答。

只见香菱兴兴头头的又往黛玉那边去了。

…………

香菱自为这首妙绝,听如此说,自己扫了兴,不肯丢开手,便要思索起来。因见他姊妹们说笑,便自己走至阶前竹下闲步,挖心搜胆,耳不旁听，目不别视。一时探春隔窗笑说道："菱姑娘，你闲闲罢。"香菱怔怔答道："'闲'字是十五删的，你错了韵了。"众人听了，不觉大笑起来。宝钗道："可真是诗魔了。都是颦儿引的他！"黛玉笑道："圣人说'诲人不倦'，他又来问我，我岂有不说之理。"李纨笑道："咱们拉了他往四姑娘房里去，引他瞧瞧画儿，叫他醒一醒才好。"

…………

各自散后，香菱满心中还是想诗。至晚间对灯出了一回神，至三更以后上床卧下，两眼鳏鳏，直到五更方才朦胧睡去了。一时天亮，宝钗醒了，听了一听，他安稳睡了，心下想："他翻腾了一夜，不知可作成了？这会子乏了，且别叫他。"正想着，只听香菱从梦中笑道："可是有了，难道这一首还不好？"宝钗听了，又是可叹，又是可笑，连忙唤醒了他，问他："得了什么？你这诚心都通了仙了。学不成诗，还弄出病来呢。"一面说，一面梳洗了，会同姊妹往贾母处来。

（第四十八回，页 652~654）

（1）"香菱学诗"是《红楼梦》中的经典片段，也是曹雪芹在《红楼梦》中第一次浓墨重彩地来写香菱。请你结合上文选段，谈谈你对香菱这个人物形象的认识与理解。

_____
_____
_____

（2）你觉得黛玉是一个怎样的老师呢？请你模仿香菱的口吻，给黛玉写一篇"我心目中的好老师"吧！

_____
_____
_____

二、阅读进阶

5. 阅读文段，回答问题。

　　这日宝钗来望他，因说起这病症来。宝钗道："这里走的几个太医虽都还好，只是你吃他们的药总不见效，不如再请一个高明的人来瞧一瞧，治好了岂不好？每年间闹一春一夏，又不老又不小，成什么？不是个常法。"黛玉道："不中用。我知道我这样病是不能好的了。且别说病，只论好的日子我是怎么形景，就可知了。"宝钗点头道："可正是这话。古人说'食谷者生'，你素日吃的竟不能添养精神气血，也不是好事。"黛玉叹道："'死生有命，富贵在天'，也不是人力可强的。今年比往年反觉又重了些似的。"说话之间，已咳嗽了两三次。宝钗道："昨儿我看你那药方上，人参肉桂觉得太多了。虽说益气补神，也不宜太热。依我说，先以平肝健胃为要，肝火一平，不能克土，胃气无病，饮食就可以养人了。每日早起拿上等燕窝一两，冰糖五钱，用银铫子熬出粥来，若吃惯了，比药还强，最是滋阴补气的。"

　　黛玉叹道："你素日待人，固然是极好的，然我最是个多心的人，只当你心里藏奸。从前日你说看杂书不好，又劝我那些好话，竟大感激你。往日竟是我错了，实在误到如今。<u>细细算来，我母亲去世的早，又无姊妹兄弟，我长了今年十五岁，竟没一个人像你前日的话教导我</u>。怨不得云丫头说你好，我往日见他赞你，我还不受用，昨儿我亲自经过，才知道了。比如若是你说了那个，我再不轻放过你的；你竟不介意，反劝我那些话，可知我竟自误了。若不是从前日看出来，今日这话，再不对你说。你方才说叫我吃燕窝粥的话，虽然燕窝易得，但只我因身上不好了，每年犯这个病，也没什么要紧的去处。请大夫，熬药，人参肉桂，已经闹了个天翻地覆，这会子我又兴出新文来熬什么燕窝粥，老太太、太太、凤姐姐这三个人便没话说，那些底下的婆子丫头们，未免不嫌我太多事了。你看这里这些人，因见老太太多疼了宝玉和凤丫头两个，他们尚虎视眈眈，背地里言三语四的，何况于我？况我又不是他们这里正经主子，原是无依无靠投奔了来的，他们已经多嫌着我了。如今我还不知进退，何苦叫他们咒我？"

宝钗道："这样说，我也是和你一样。"黛玉道："你如何比我？你又有母亲，又有哥哥，这里又有买卖地土，家里又仍旧有房有地。你不过是亲戚的情分，白住了这里，一应大小事情，又不沾他们一文半个，要走就走了。我是一无所有，吃穿用度，一草一纸，皆是和他们家的姑娘一样，那起小人岂有不多嫌的。"宝钗笑道："将来也不过多费得一副嫁妆罢了，如今也愁不到这里。"黛玉听了，不觉红了脸，笑道："人家才拿你当个正经人，把心里的烦难告诉你听，你反拿我取笑儿。"宝钗笑道："虽是取笑儿，却也是真话。你放心，我在这里一日，我与你消遣一日。你有什么委屈烦难，只管告诉我，我能解的，自然替你解一日。我虽有个哥哥，你也是知道的，只有个母亲比你略强些。咱们也算同病相怜。你也是个明白人，何必作'司马牛之叹'？你才说的也是，多一事不如省一事。我明日家去和妈妈说了，只怕我们家里还有，与你送几两，每日叫丫头们就熬了，又便宜，又不惊师动众的。"黛玉忙笑道："东西事小，难得你多情如此。"宝钗道："这有什么放在口里的！只愁我人人跟前失于应候罢了。只怕你烦了，我且去了。"黛玉道："晚上再来和我说句话儿。"宝钗答应着便去了，不在话下。

（第四十五回，页608~610）

（1）请你查一查，什么是"司马牛之叹"？

（2）此段节选自第四十五回，回目中有"金兰契互剖金兰语"。"金兰"

一词，源自《世说新语·贤媛》："山公与嵇、阮一面，契若金兰"，原指朋友间感情投合，后来用作结拜为异姓兄弟姐妹的代称。那么，选文中的"金兰"指的就是_____与_____。请你说一说这二人之前经历了什么事，使得他们彼此的情感变得如此亲近了。

_____
_____
_____

（3）我们该如何理解黛玉说的"细细算来，我母亲去世的早，又无姊妹兄弟，我长了今年十五岁，竟没一个人像你前日的话教导我"这句话？从这句话中你读出了什么信息？

_____
_____
_____

6. 阅读文段，回答问题。

　　宝玉却不留心，因见案上有诗，遂拿起来看了一遍，又不禁叫好。黛玉听了，忙起来夺在手内，向灯上烧了。宝玉笑道："我已背熟了，烧也无碍。"黛玉道："我也好了许多，谢你一天来几次瞧我，下雨还来。这会子夜深了，我也要歇着，你且请回去，明儿再来。"宝玉听说，回手向怀中掏出一个核桃大小的一个金表来，瞧了一瞧，那针已指到戌末亥初之间，忙又揣了，说道："原该歇了，又扰的你劳了半日神。"说着，披蓑戴笠出去了，又翻身进来问道："你想什么吃，告诉我，我明儿一早回老太太，岂不比老婆子们说的明白？"黛玉笑道："等我夜里想着了，明儿早起告诉你。你听雨越发紧了，快去罢。可有人跟着没有？"

　　有两个婆子答应："有人，外面拿着伞点着灯笼呢。"黛玉笑道："这个天点灯笼?"宝玉道:"不相干,是明瓦的,不怕雨。"黛玉听说,回手向书架上把个玻璃绣球灯拿了下来,命点一支小蜡来,递与宝玉,道:"这个又比那个亮,正是雨里点的。"宝玉道:"我也有这么一个,怕他们失脚滑倒了打破了,所以没点来。"黛玉道:"跌了灯值钱,跌了人值钱?你又穿不惯木屐子。那灯笼命他们前头照着。这个又轻巧又亮,原是雨里自己拿着的,你自己手里拿着这个,岂不好?明儿再送来。就失了手也有限的,怎么忽然又变出这'剖腹藏珠'的脾气来!"宝玉听说,连忙接了过来,前头两个婆子打着伞提着明瓦灯,后头还有两个小丫鬟打着伞。宝玉便将这个灯递与一个小丫头捧着,宝玉扶着他的肩,一径去了。

就有蘅芜苑的一个婆子,也打着伞提着灯,送了一大包上等燕窝来,还有一包子洁粉梅片雪花洋糖,说:"这比买的强。姑娘说了:姑娘先吃着,完了再送来。"黛玉道:"回去说'费心'。"命他外头坐了吃茶。婆子笑道:"不吃茶了,我还有事呢。"黛玉笑道:"我也知道你们忙。如今天又凉,夜又长,越发该会个夜局,痛赌两场。"婆子笑道:"不瞒姑娘说,今年我大沾光儿了。横竖每夜各处有几个上夜的人,误了更也不好,不如会个夜局,又坐了更,又解闷儿。今儿又是我的头家,如今园门关了,就该上场了。"黛玉听说笑道:"难为你。误了你发财,冒雨送来。"命人给他几百钱,打些酒吃,避避雨气。那婆子笑道:"又破费姑娘赏酒吃。"说着,磕了一个头,外面接了钱,打伞去了。

(第四十五回,页612~614)

(1)宝玉看到的黛玉写的那首诗的名字是_____。
(2)"戌末亥初"换算成现在的时间是几点?

（3）林黛玉的性情随着她和宝玉之间的情感发展也在不断发生着变化。请你结合以上选段，谈一谈黛玉的性情发生了怎样的变化。

_____

_____

7. 阅读文段，回答问题。

鸳鸯也往园子里来，各处游玩，不想正遇见平儿。平儿因见无人，便笑道："新姨娘来了！"鸳鸯听了，便红了脸，说道："怪道你们串通一气来算计我！等着我和你主子闹去就是了。"

平儿听了，自悔失言，便拉他到枫树底下，坐在一块石上，越性把方才凤姐过去回来所有的形景言词始末原由告诉与他。鸳鸯红了脸，向平儿冷笑道："这是咱们好，比如袭人、琥珀、素云、紫鹃、彩霞、玉钏儿、麝月、翠墨，跟了史姑娘去的翠缕，死了的可人和金钏，去了的茜雪，连上你我，这十来个人，从小儿什么话儿不说？什么事儿不作？这如今因都大了，各自干各自的去了，然我心里仍是照旧，有话有事，并不瞒你们。这话我且放在你心里，且别和二奶奶说：别说大老爷要我做小老婆，就是太太这会子死了，他三媒六聘的娶我去作大老婆，我也不能去。"

（第四十六回，页 620~621）

鸳鸯又是气，又是臊，又是急，因骂道："两个蹄子不得好死的！人家有为难的事，拿着你们当正经人，告诉你们与我排解排解，你们倒替换着取笑儿。你们自为都有了结果了，将来都是做姨娘的。据我看，天下的事未必都遂心如意。你们且收着些儿，别忒乐过了头儿！"

二人见他急了，忙陪笑央告道："好姐姐，别多心，咱们从小儿都是亲姊妹一般，不过无人处偶然取个笑儿。你的主意告诉我们知道，也好放心。"鸳鸯道："什么主意！我只不去就完了。"平儿摇头道："你不去未必得干休。大老爷的性子你是知道的。虽然你是老太太房里的人，此刻不敢把你怎么样，将来难道你跟老太太一辈子不成？也要出去的。那时落了他的手，倒不好了。"鸳鸯冷笑道："老太太在一日，我一日不离这里。若是老太太归西去了，他横竖还有三年的孝呢，没个娘才死了他先放小老婆的！等过三年，知道又是怎么个光景，那时再说。纵到了至急为难，我剪了头发作姑子去；不然，还有一死。一辈子不嫁男人，又怎么样？乐得干净呢！"平儿袭人笑道："真这蹄子没了脸，越发信口儿都说出来了。"鸳鸯道："事到如此，臊一会怎么样！你们不信，慢慢的看着就是了。太太才说了，找我老子娘去。我看他南京找去！"平儿道："你的父母都在南京看房子，没上来，终久也寻的着。现在还有你哥哥嫂子在这里。可惜你是这里的家生女儿，不如我们两个人是单在这里。"鸳鸯道："家生女儿怎么样？'牛不吃水强按头'？我不愿意，难道杀我的老子娘不成？"

（第四十六回，页621~622）

他嫂子笑道："姑娘既知道，还奈何我！快来，我细细的告诉你，可是天大的喜事。"

鸳鸯听说，立起身来，照他嫂子脸上下死劲啐了一口，指着他骂道："你快夹着屁嘴离了这里，好多着呢！什么'好话'！宋徽宗的鹰，赵子昂的马，都是好画儿。什么'喜事'！状元痘儿灌的浆儿又满——是喜事。怪道成日家美慕人家女儿作了小老婆，一家子都仗着他横行霸道的，一家子都成了小老婆了！看的眼热了，也把我送在火坑里去。我若得脸呢，你们在外头横行霸道，自己就封自己是舅爷了。我若不得脸败了时，你们把忘八脖子一缩，生死由我。"一面说，一面哭，平儿袭人拦着劝。

（第四十六回，页622~623）

可巧王夫人、薛姨妈、李纨、凤姐儿、宝钗等姊妹并外头的几个执事有头脸的媳妇,都在贾母跟前凑趣儿呢。鸳鸯喜之不尽,拉了他嫂子,到贾母跟前跪下,一行哭,一行说,把邢夫人怎么来说,园子里他嫂子又如何说,今儿他哥哥又如何说,"因为不依,方才大老爷越性说我恋着宝玉,不然要等着往外聘,我到天上,这一辈子也跳不出他的手心去,终久要报仇。我是横了心的,当着众人在这里,我这一辈子莫说是'宝玉',便是'宝金''宝银''宝天王''宝皇帝',横竖不嫁人就完了!就是老太太逼着我,我一刀抹死了,也不能从命!若有造化,我死在老太太之先;若没造化,该讨吃的命,服侍老太太归了西,我也不跟着我老子娘哥哥去,我或是寻死,或是剪了头发当尼姑去!若说我不是真心,暂且拿话来支吾,日后再图别的,天地鬼神,日头月亮照着嗓子,从嗓子里头长疔烂了出来,烂化成酱在这里!"原来他一进来时,便袖了一把剪子,一面说着,一面左手打开头发,右手便铰。众婆娘丫鬟忙来拉住,已剪下半绺来了。众人看时,幸而他的头发极多,铰的不透,连忙替他挽上。

(第四十六回,页 626~627)

请结合选文内容,谈谈你对鸳鸯这一人物的认识。

_____

_____

三、探究提升

8. 阅读文段,回答问题。

宝玉便让平儿到怡红院中来。袭人忙接着,笑道:"我先原要让你的,只因大奶奶和姑娘们都让你,我就不好让的了。"平儿也陪笑说"多谢"。因又说道："好好儿的从那里说起，无缘无故白受了一场气。"袭人笑道："二奶奶素日待你好，这不过是一时气急了。"平儿道："二奶奶倒没说的，只是那淫妇治的我，他又偏拿我凑趣，况还有我们那糊涂爷倒打我。"说着便又委曲，禁不住落泪。宝玉忙劝道："好姐姐，别伤心，我替他两个赔不是罢。"平儿笑道："与你什么相干？"宝玉笑道："我们弟兄姊妹都一样。他们得罪了人，我替他赔个不是也是应该的。"又道："可惜这新衣裳也沾了，这里有你花妹妹的衣裳，何不换了下来，拿些烧酒喷了熨一熨。把头也另梳一梳。"一面说，一面便吩咐了小丫头子们舀洗脸水，烧熨斗来。

平儿素习只闻人说宝玉专能和女孩儿们接交；宝玉素日因平儿是贾琏的爱妾，又是凤姐儿的心腹，故不肯和他厮近，因不能尽心，也常为恨事。平儿今见他这般，心中也暗暗的敁敠：果然话不虚传，色色想的周到。又见袭人特特的开了箱子，拿出两件不大穿的衣裳来与他换，便赶忙的脱下自己的衣服，忙去洗了脸。宝玉一旁笑劝道："姐姐还该擦上些脂粉，不然倒像是和凤姐姐赌气子似的。况且又是他的好日子，而且老太太又打发了人来安慰你。"

平儿听了有理，便去找粉，只不见粉。宝玉忙走至妆台前，将一个宣窑瓷盒揭开，里面盛着一排十根玉簪花棒，拈了一根递与平儿。又笑向他道："这不是铅粉，这是紫茉莉花种，研碎了兑上香料制的。"平儿倒在掌上看时，果见轻白红香，四样俱美，摊在面上也容易匀净，且能润泽肌肤，不似别的粉青重涩滞。然后看见胭脂也不是成张的，却是一个小小的白玉盒子，里面盛着一盒，如玫瑰膏子一样。宝玉笑道："那市卖的胭脂都不干净，颜色也薄。这是上好的胭脂拧出汁子来，淘澄净了渣滓，配了花露蒸叠成的。只用细簪子挑一点儿抹在手心里，用一点水化开抹在唇上；手心里就够打颊腮了。"平儿依言妆饰，果见鲜艳异常，且又甜香满颊。宝玉又将盆内的一枝并蒂秋蕙用竹剪刀撷了下来，与他簪在鬓上。忽见李纨打发丫头来唤他，方忙忙的去了。

宝玉因自来从未在平儿前尽过心，——且平儿又是个极聪明极清俊的上等女孩儿，比不得那起俗蠢拙物——深为恨怨。今日是_____的生日，故一日不乐。不想落后闹出这件事来，竟得在平儿前稍尽片心，亦今生意中不想之乐也。因歪在床上，心内怡然自得。忽又思及贾琏惟知以淫乐悦己，并不知作养脂粉。又思平儿并无父母兄弟姊妹，独自一人，供应贾琏夫妇二人。贾琏之俗，凤姐之威，他竟能周全妥贴，今儿还遭涂毒，想来此人薄命，比黛玉犹甚。想到此间，便又伤感起来，不觉洒然泪下。因见袭人等不在房内，尽力落了几点痛泪。复起身，又见方才的衣裳上喷的酒已半干，便拿熨斗熨了叠好；见他的手帕子忘去，上面犹有泪渍，又拿至脸盆中洗了晾上。又喜又悲，闷了一回，也往稻香村来，说一回闲话，掌灯后方散。

（第四十四回，页594~596）

（1）请结合《红楼梦》的相关内容，在第四段横线上填上人名。

（2）此段选文内容出自第四十四回，回目中有"喜出望外平儿理妆"，选文中其实不仅有"喜"亦有"悲"。请你结合选文内容，概括说明宝玉为何又喜又悲。

_____

_____

（3）脂砚斋对这段内容有这样的点评："忽使平儿在绛芸轩中梳妆，非世人想不到，宝玉亦想不到者也。作者费尽心机了"。"写宝玉最善闺阁中事，诸如脂粉等类，不写成别致文章，则宝玉不成宝玉矣。然要写又不便特为此费一番笔墨，故思及借人发端。然借人又无人，若袭人辈则逐日皆如此，又何必拣一日细写？似觉无味。若宝钗等又系姊妹，更不便来细搜袭人之妆奁，况也是自幼知道的了。因左思右想，须得一个又甚亲，又甚疏，又可唐突，又不可唐突，又和袭人等极亲，又和袭人等不大常处，又得袭人辈之美，又不得袭人辈之修饰一人来，方可发端。故思及平儿一人方如此，故放手细写绛芸闱中之什物也。"①

（三联，页 468~469）

这一段点评可谓是既点明了宝玉之性情和"奇处"，又点明了曹雪芹的苦心设计，看似是写平儿，其实是借平儿写宝玉，从另一个角度写宝玉对女孩子的体贴、用心和关怀，这也呼应了警幻仙姑之前给宝玉的评价——天生第一痴情人。

请你在读过的《红楼梦》的相关情节中，再找出一处曹雪芹费心设计写宝玉对女孩子的体贴和用心的文字，并进行赏析。

四、真题重现

2017·江苏高考·简答题

《红楼梦》第四十五回"金兰契互剖金兰语，风雨夕闷制风雨词"中，黛玉对宝钗说："我最是个多心的人，只当你心里藏奸……往日竟是我错了，实在误到如今。"请说明黛玉对宝钗的认识发生变化的原因。

---

① 《脂砚斋评石头记》，上海三联书店，2011，页 468~469。

本节参考答案

一、基础了解

1.（1）第四十三回：闲取乐偶攒金庆寿　不了情暂撮土为香

第四十四回：变生不测凤姐泼醋　喜出望外平儿理妆

第四十五回：金兰契互剖金兰语　风雨夕闷制风雨词

第四十六回：尴尬人难免尴尬事　鸳鸯女誓绝鸳鸯偶

第四十七回：呆霸王调情遭苦打　冷郎君惧祸走他乡

第四十八回：滥情人情误思游艺　慕雅女雅集苦吟诗

（2）①尤氏　②首先，宝玉平时不喜水仙庵，而今天偏要到这里来祭拜，说是因为合了心意，水仙庵供的是洛神，而金钏儿恰是跳井淹死的，所以这一点相合。其次，到了水仙庵之后，宝玉特把香炉放到井台儿上。最后，宝玉回到家后看到玉钏儿在落泪。由这些情节，我们可以知道宝玉祭拜的是金钏儿。③平儿　李纨　大观园　怡红院　④赖嬷嬷的孙子，也就是贾府的仆人家的晚辈捐了个州官做　⑤贾赦　鸳鸯　鸳鸯　薛姨妈　探春　⑥柳湘莲　柳湘莲　⑦香菱　香菱　立意　王维　杜甫　李白

2.（1）鸳鸯　鸳鸯　鸳鸯　鸳鸯　周（周姨娘）　赵（赵姨娘）

（2）从这段选文中，首先，我们可以看出尤氏的办事能力不亚于王熙凤，做事麻利有章法，也有想法，将王熙凤的生日会办得热热闹闹而又不多花银子。其次，尤氏比王熙凤更有德行，更有善心，也更会做人。尤氏知道各个丫鬟月薪不多，也知道姨娘们手头吃紧，所以就将她们的

钱都还了回去。

3.（1）王夫人　薛姨妈　宝钗　迎春　惜春　因为李纨是王夫人的儿媳妇，她要替婆婆辩解也有护亲的嫌疑；凤姐是王夫人的侄女儿，更要避嫌；宝玉是王夫人的儿子，此事也不方便为母亲辩护。况且，他们三人都是贾母的晚辈，自然不敢辩。　（2）探春真是一个胆大心细，情商极高的女孩子，既能想到众人碍于关系不好为王夫人辩解，又能明白老太太发火发错了人，还能够大胆地为王夫人在祖母面前辩解，说得又很在理，这个女孩儿实在是不简单。

4.（1）香菱在《红楼梦》中第一次出现是叫"英莲"，这也是一位命途多舛的女孩，自小被拐子拐去，生生地被打得忘掉自己的过去，后又遭遇冯渊和薛蟠的抢人风波，被呆霸王薛蟠买到手，成了薛家的丫鬟，又成为薛蟠的小妾，之后还会遭受正妻夏金桂的折磨与迫害。在这一回中，曹雪芹让香菱住进了"大观园"，香菱进了大观园，仿佛一下子就展现了她的青春女孩模样，她天真、热情，而且还迸发出了极大的读书作诗的兴趣。其实，曾经的甄英莲也是书香世家之女，她的父亲甄士隐也是一位神仙一流人物，家族也是当地望族，可是谁承想一夜之间就都变了样。所以，香菱进大观园，一定要找黛玉学作诗也算是她骨子里带来的一种气质吧。同时，在学诗的过程中，我们还可以发现：香菱是一个极其聪明的学生，她读诗歌，能够联系自己的生活，能够品出诗中的精彩，实在是有慧根；香菱还是一个特别刻苦的学生，读书极其认真，废寝忘食，极为专注用心；香菱还有一些作诗的痴劲儿在其中，她无时无刻不在想着诗歌，甚至连梦里都要琢磨诗句。这样的一个香菱，实在是既可爱又让人觉得可怜。幸好贾府内有一个理想国大观园，能够让香菱得偿所愿，在短暂的时光中得到她本应享有的青春。

（2）黛玉是一位好老师。首先，她能够非常准确地为我推荐合适的阅读书目,并且有重点圈画,不仅能够做到重点突出,她还能够因材施教,结合我的特点为我制订学习方案。其次,她很有耐心,能够循循善诱,一步步让我将自己对诗歌的认识与理解说出来。最后,她对我诗歌的点评也很到位,能够一针见血地指出问题并给出修改建议。总而言之,作为一位"文学创作指导老师",我觉得黛玉是很有教学热情的,也从教学中获得了成就感,是一位真正的好老师。

二、阅读进阶

5.(1)"司马牛之叹"出自《论语·颜渊》。司马牛忧曰:"人皆有兄弟,我独亡。"子夏曰:"商闻之矣:死生有命,富贵在天。君子敬而无失,与人恭而有礼,四海之内皆兄弟也。君子何患乎无兄弟也?"这里是对孑然一身、孤立无援的感叹。

(2)薛宝钗 林黛玉 第四十回中,大家和刘姥姥一起行酒令,黛玉无意中说出一句《牡丹亭》中的句子"良辰美景奈何天"。宝钗记在了心里,在第四十二回的时候将黛玉带到蘅芜苑,问她昨日行酒令之时为何会说出禁书中的句子,并且语重心长地劝她不要读那些不该读的书。这次谈话给林妹妹留下了很深的印象,两个人从此也更加深了对彼此的了解,解开了心结。

(3)林妹妹从小便失去了母亲,我们在读《红楼梦》时,在前四十回中大概更多感受到的是林妹妹的小性儿,很可能会感觉黛玉在贾府住得好,吃得好,虽然身体不好,但是贾母、王夫人都很疼爱照顾她,她和宝玉又最投合,怎么还会总是伤心?还记得第三十三回宝玉挨打之后,黛玉一天早上看到王熙凤带着贾母、邢夫人和王夫人一干人等去看宝玉后的反应吗?她感受到了有父母的好处,这个好处是什么?恐怕就是有人打心底里疼爱你，这种疼爱不是一种道德行为，王夫人疼爱黛玉恐怕就是出于一种道德行为，但父母疼爱孩子却是出于一种本能。而在这一回中，宝钗可以说是充当了黛玉父母的角色，因为父母的爱要为孩子考虑深远，她语重心长地劝黛玉要读正经书，不要被书带偏，这难道不是为人父母该做的事情吗？所以难怪黛玉被宝姐姐感动了，说出了这番话。这句话听着也十分叫人心疼，"长到十五岁，竟没一个人像你前日的话教导我"，由此得知，虽然黛玉在贾府不愁吃喝，但是一个孩子需要的不仅仅是物质上的保障，更是精神上的关爱与引领。

6.（1）《秋窗风雨夕》

（2）如本书上册70页表格所述，"戌末亥初"大概的时间是在21:00点左右。确实是不早了，林妹妹需要休息了。

（3）从以上选段可以看出，林妹妹的性情变得温和、友善、平易了很多。她和宝玉之间的对话更加亲切了，更有温情了。当婆子们说有灯笼的时候，黛玉非常体贴地将自己的玻璃绣球灯给了宝玉；当宝玉说怕灯被打碎的时候，黛玉更是关心地表示人比灯更重要；当宝钗的婆子来给黛玉送燕窝的时候，黛玉更是像换了一个人，不仅给赏钱，而且说话也极为客气，特别懂事，还很有情商地表达了对耽误婆子发财的歉意。"小性儿"的黛玉展现出性情上的另一个侧面。她在人情世故上的交往能力并不比宝钗低，只是大多数时候，黛玉志不在此。

7. 鸳鸯是贾母身边的第一大丫鬟。在前几十回中，最着力写她的一笔恐怕就是第四十六回了，之前在第四十回贾母陪刘姥姥逛大观园时，鸳鸯也表现出了绝佳的办事能力，性情爽利，为人热情友善，很讨人喜欢，连尤氏要为凤姐儿办生日会都要和她谋划如何才能讨得老太太欢心。而在这一回中，鸳鸯的抗婚更是凸显了这个女孩子的不一般。首先，从现实角度考虑，邢夫人说的话没有错，如果鸳鸯跟了贾赦，那么她就是姨娘，也就不再是下人了，日后如果再生下一儿半女，那么地位可能会更不一样。可是，鸳鸯并不为所动，旁人看来不能理解，但鸳鸯却有自己的想法，就像她和她嫂子说的那句："看的眼热了，也把我送在火坑里去。我若得脸呢，你们在外头横行霸道，自己就封自己是舅爷了。我若不得脸败了时，你们把忘八脖子一缩，生死由我。"你看鸳鸯想得多明白啊，姨娘有什么好，不过就是人家的工具，生死都由别人，自己是一分主都做不得了。可以说，鸳鸯骨子里大概是一个很向往自由的女孩子。

其次，鸳鸯性格刚烈，不为主子的强势屈服。只要是自己不喜欢，别说小老婆，大老婆她也不做，说明她很清楚贾赦的为人。正如她说的那句话："我不愿意，难道杀我的老子娘不成？"最重要的是自己愿不愿意。所以，无论是邢夫人还是贾赦，她都不怕，敢于给自己做主，敢于反抗，这种精神在贾府中也是数一数二的。最后，鸳鸯还是一个伶牙俐齿、能表达、敢发声的女孩儿。她在撑自己嫂子的时候说出的话针针见血，句句到位，把她的嫂子说得哑口无言。

三、探究提升

8.（1）金钏儿

（2）"喜"的是竟然能够有机会亲自为平儿姑娘整理妆容，体贴一个如此可人意的姑娘实在是宝玉内心最大的畅事。"悲"的是他又想到了平儿的遭遇，终身相托付的男人是如此不靠谱，而且凤姐又不是一个善主，实在是不易，这让宝玉禁不住怜香惜玉了。

（3）这样的文字不在少数，大家可以边读边找，在书上勾勾画画，慢慢地，宝玉的形象在我们心中就会越来越丰满了。下表中，简单举三个例子。

回目	具体内容	简析	曹公费心之处
第十九回	宝玉看到茗烟与一个自己都不太相熟的小丫鬟相好,他会为这个女孩儿抱不平,大呼"可怜"。	他会从女孩子的角度来想问题,请问偌大一个贾府,哪个男子能做到?	特意让宝玉在宁国府时遇到,一是符合茗烟对女孩儿并不了解之情,二是也从侧面写出了宁府风气之乱,与宝玉对女孩子的用心形成对比。
第三十一回	宝玉哄着晴雯耍性子,撕扇子。	读到这里,觉得宝玉不像是公子哥,倒像是这群丫鬟的哥哥,他愿意体贴女孩子的心思,愿意让她们开心。	此处可谓是典型的一笔多带,既写出了宝玉对屋里女孩子们的纵容,也表现了晴雯的个性特点,又通过这两点表明了宝玉对女孩子们的态度,她对晴雯说出的那段"爱物"之理也可看出宝玉的独特思想。
第三十九回	刘姥姥随口讲了一个故事,宝玉便当真,要为这个根本不存在的"茗玉"小姐修庙。	恐怕也只有宝玉会对这样莫须有的事情格外上心了。	曹雪芹先写刘姥姥为了讨贾母和众姑娘开心便开始胡编一些新奇的故事讲给她们听,看似是要写刘姥姥,实则通过刘姥姥随口讲的故事点染出宝玉的痴性来。一个从未谋面的女孩子,竟也能勾出宝玉的怜爱,可见宝玉是"爱博而心劳"啊!

四、真题重现

略

十四 第四十九至五十四回

第四十九至五十四回内容速看

此六回内容：诸位姻亲到京，大观园里增添了邢岫烟、薛宝琴、李纹、李绮等多位姑娘，湘云也被贾母接来住进了大观园。十月里下了头场雪，李纨提议再聚诗社，替新来的人接风。大家在芦雪广（yǎn）烤鹿肉、联诗，罚宝玉去妙玉的栊翠庵折红梅。贾母凑趣而来，赞叹薛宝琴雪中折梅之景比画儿还好看，又问及年庚八字。众姐妹赞叹宝琴去过的古迹多，猜其怀古绝句的谜底。袭人回家探望病重的母亲，一直到送母殡后方回。怡红院里，病中的晴雯在麝月助力下，自作主张，将偷平儿镯子的丫鬟坠儿赶了出去；又带病深夜里为宝玉赶着补缀雀金裘上的烧洞。贾蓉领取朝廷春祭恩赏，门下庄头乌进孝等送来年供和年节礼物。除夕之日，宁荣二府祭拜宗祠。又是一年元宵节，贾母宴请家族众人。席间，黛玉让宝玉替她饮酒，惯会说笑的凤姐讲出了冷笑话。

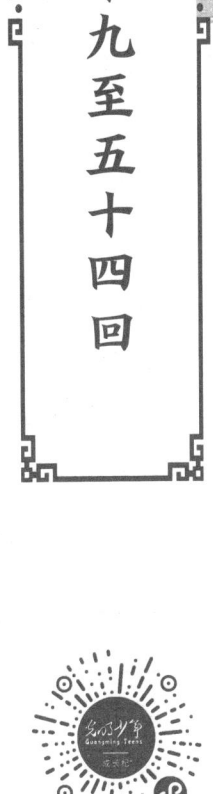

贾母心中的孙媳妇

一、基础了解

1．（1）请将第四十九至第五十四回的回目抄写在下面。

第四十九回：＿＿＿＿＿＿＿＿＿＿＿＿＿＿＿＿＿＿＿＿＿＿＿＿

第五十回：＿＿＿＿＿＿＿＿＿＿＿＿＿＿＿＿＿＿＿＿＿＿＿＿＿

第五十一回：＿＿＿＿＿＿＿＿＿＿＿＿＿＿＿＿＿＿＿＿＿＿＿＿

第五十二回：＿＿＿＿＿＿＿＿＿＿＿＿＿＿＿＿＿＿＿＿＿＿＿＿

第五十三回：＿＿＿＿＿＿＿＿＿＿＿＿＿＿＿＿＿＿＿＿＿＿＿＿

第五十四回：＿＿＿＿＿＿＿＿＿＿＿＿＿＿＿＿＿＿＿＿＿＿＿＿

（2）第四十九至五十四回，时光走向了年末。

①首先是＿＿＿＿＿＿得以进入大观园，三易其稿，完成了黛玉所出、题为"＿＿＿＿＿＿"的七律，得到了大家的夸赞。之后，诸位姻亲到京，大观园里增添了多位姑娘，新登场的有＿＿＿＿＿＿、＿＿＿＿＿＿、＿＿＿＿＿＿、＿＿＿＿＿＿。

②黛玉见到众人皆有亲眷，独自己孤单，不免垂泪，宝玉深知其情，十分劝慰她。又恐贾母特别疼爱宝琴，担心黛玉心中不自在，但发现黛玉声色不似往日，宝琴更与黛玉亲敬异常，便用两人曾共读过的《西厢记》中的戏文问黛玉："＿＿＿＿＿＿＿＿＿＿＿＿＿＿＿＿＿＿＿＿＿＿"，黛玉便与之细细说了两件事：＿＿＿＿＿＿＿＿＿＿＿＿＿＿＿＿＿＿＿＿＿＿＿＿＿＿＿＿＿＿＿＿＿＿＿＿＿＿、＿＿＿＿＿＿＿＿＿＿＿＿＿＿＿＿＿＿＿＿＿＿＿＿＿＿＿＿＿。

③十月里下了头场雪，＿＿＿＿＿＿提议，虽然过了诗社正日子，但可以乘兴凑个社，替新来的人接风。此次凑社，地点在＿＿＿＿＿＿。此处"盖在傍山临水河滩之上，一带几间，茅檐土壁，槿篱竹牖，推窗便可垂钓，四面都是芦苇掩覆，一条去径逶迤穿芦度苇过去，便是藕香榭的竹桥

了"。大家在这里烤鹿肉，举办联诗活动。_____起第一句"一夜北风紧"，之后共有十二人参与联诗，其中_____的诗句最多。宝玉再次落第，被罚_____。

④贾母凑趣而来，带着大家去惜春的_____看她画园子，盼望她年下就画好。回到自己院子，薛姨妈来看望贾母，贾母赞叹_____（人名）雪中折梅之景比画儿上还好看，又细问其年庚八字及家中景况，薛姨妈告诉贾母，她已被父亲许给了梅翰林之子。

⑤袭人之母病亡，这期间袭人回家，怡红院里上夜的丫鬟调整为_____和_____。_____夜里受凉生病，宝玉为她请医生。

⑥宝玉去给舅舅过生日，一早先到贾母那里请安。贾母赏赐宝玉一件氅衣，"金翠辉煌，碧彩闪灼"，以孔雀毛拈线织就，名"_____"，只此一件。怡红院里，病中的晴雯在麝月助力下，自作主张，将偷平儿镯子的丫鬟_____赶了出去，夜里又带病为宝玉补缀氅衣上的烧洞。

⑦进入腊月，离年日近，宁荣二府内外上下都忙忙碌碌。贾府领取了朝廷的恩赐——黄布口袋上有"皇恩永锡"四个大字，还有一行小字，是"宁国公_____荣国公_____恩赐永远春祭赏共二分，净折银若干两，某年月日龙禁尉候补侍卫_____当堂领讫，值年寺丞某人"。门下庄头_____（请注意谐音）等来送年供和年节礼物。

⑧腊月二十九，两府装饰一新。腊月三十，两府祭拜宗祠。贾氏宗祠的位置在_____。五间正殿前悬一闹龙填青匾，匾上写着"_____"，旁边是一副对联：_____。

⑨又是一年元宵节，荣府举办夜宴，听戏。贾母特别搬出了珍藏的十六

扇璎珞，乃是真"＿＿＿"之物。＿＿＿＿、＿＿＿＿、＿＿＿＿缺席夜宴。此外，两个为母服丧的丫鬟＿＿＿＿和＿＿＿＿在怡红院里彼此陪伴。直到正月底，这个年节才算过完。

2. 第四十九回，有多方亲戚来到荣国府，一时让人应接不暇，请写出波浪线的人物对应的名字。

然后宝玉忙忙来至怡红院中，向袭人、麝月、晴雯等笑道："你们还不快看人去！谁知宝姐姐的亲哥哥是那个样子，他这叔伯兄弟形容举止另是一样了，倒像是宝姐姐的同胞兄弟似的。更奇在你们成日家只说宝姐姐是绝色的人物，你们如今瞧瞧他这妹子，更有大嫂嫂这两个妹子，我竟形容不出了。老天，老天，你有多少精华灵秀，生出这些人上之人来！可知我井底之蛙，成日家自说现在的这几个人是有一无二的，谁知不必远寻，就是本地风光，一个赛似一个，如今我又长了一层学问了。除了这几个，难道还有几个不成？"一面说，一面自笑自叹。袭人见他又有了魔意，便不肯去瞧。晴雯等早去瞧了一遍回来，嗤嗤笑向袭人道："你快瞧瞧去！大太太的一个侄女儿，宝姑娘一个妹妹，大奶奶两个妹妹，倒像一把子四根水葱儿。"

（第四十九回，页 657~658）

宝姐姐的亲哥哥：＿＿＿＿。

他这叔伯兄弟：＿＿＿＿。

他这妹子：＿＿＿＿。

大嫂嫂这两个妹子：＿＿＿＿、＿＿＿＿。

大太太的一个侄女儿：＿＿＿＿。

3. 下列关于诸位新到贾府的亲戚人物的居寝之处，表述不正确的一项

是（　　）

A. 薛蝌——薛蟠书房

B. 薛宝琴——宝钗蘅芜苑

C. 邢岫烟——迎春缀锦楼

D. 李纹、李绮——李纨稻香村

4. 根据小说内容，将合适的词语填写在横线上。

　　如今香菱正满心满意只想作诗，又不敢十分罗唣宝钗，可巧来了个史湘云。那史湘云又是极爱说话的，那里禁得起香菱又请教他谈诗，越发高了兴，没昼没夜_____起来。宝钗因笑道："我实在_____的受不得了。一个女孩儿家，只管拿着诗作正经事讲起来，叫有学问的人听了，反笑话说不守本分的。一个香菱没闹清，偏又添了你这么个话口袋子，满嘴里说的是什么：怎么是杜工部之_____，韦苏州之_____，又怎么是温八叉之_____，李义山之_____。放着两个现成的诗家不知道，提那些死人做什么！"湘云听了，忙笑问道："是那两个？好姐姐，你告诉我。"宝钗笑道："_____香菱之_____，_____湘云之_____。"湘云香菱听了，都笑起来。

（第四十九回，页 660~661）

5. 根据小说内容和人物形象特点，在横线上填写适当的人名。

　　_____打发了平儿来回复不能来，为发放年例正忙。湘云见了平儿，那里肯放。平儿也是个好顽的，素日跟着凤姐儿无所不至，见如此有趣，乐得顽笑，因而褪去手上的镯子，三个围着火炉儿，便要先烧三块吃。那边_____平素看惯了，不以为异，_____等及李婶深为军事。_____与_____等已议定了题韵。探春笑道："你闻闻，香气这里都闻见了，我也吃去。"说着，也找了他们来。李纨也随来说："客已齐了，你们还吃不够？"_____一面吃，一面说道："我吃这个方爱吃酒，吃了酒才有诗。若不是这鹿肉，今儿断不能作诗。"说着，只见_____披着凫靥裘站在那里笑。湘云笑道："傻子，过来尝尝。"_____笑说："怪脏的。"_____笑道："你尝尝去，好吃的。你林姐姐弱，吃了不消化，不然他也爱吃。"_____听了，便过去吃了一块，果然好吃，便也吃起来。

　　一时凤姐儿打发小丫头来叫平儿。平儿说："史姑娘拉着我呢，你先走罢。"小丫头去了。一时只见凤姐也披了斗篷走来，笑道："吃这样好东西，也不告诉我！"说着也凑着一处吃起来。_____笑道："那里找这一群花子去！罢了，罢了，今日芦雪广遭劫，生生被云丫头作践了。我为芦雪广一大哭！"_____冷笑道："你知道什么！'是真名士自风流'，你们都是假清高，最可厌的。我们这会子腥膻大吃大嚼，回来却是锦心绣口。"宝钗笑道："你回来若作的不好了，把那肉掏了出来，就把这雪压的芦苇子搌上些，以完此劫。"

（第四十九回，页668）

6. 根据小说内容，在横线上写出人物名字。

　　只见贾府人分昭穆排班立定：_____主祭，_____陪祭，_____献爵，_____献帛，_____捧香，贾菖贾菱展拜毯，守焚池。青衣乐奏，三献爵，拜兴毕，焚帛奠酒。礼毕，乐止，退出。

　　众人围随着贾母至正堂上，影前锦幔高挂，彩屏张护，香烛辉煌。上面正居中悬着宁荣二祖遗像，皆是披蟒腰玉；两边还有几轴列祖遗影。贾荇贾芷等从内仪门挨次列站，直到正堂廊下。槛外方是贾敬贾赦，槛内是各女眷。众家人小厮皆在仪门之外。

每一道菜至，传至仪门，贾荇贾芷等便接了，按次传至阶上贾敬手中。＿＿＿＿系长房长孙，独他随女眷在槛内。每＿＿＿＿捧菜至，传于＿＿＿＿，＿＿＿＿便传于他妻子，又传于凤姐尤氏诸人，直传至供桌前，方传于王夫人。王夫人传于贾母，贾母方捧放在桌上。邢夫人在供桌之西，东向立，同贾母供放。直至将菜饭汤点酒茶传完，贾蓉方退出下阶，归入贾芹阶位之首。

凡从文旁之名者，＿＿＿＿为首；下则从玉者，＿＿＿＿为首；再下从草头者，＿＿＿＿为首；左昭右穆，男东女西。俟贾母拈香下拜，众人方一齐跪下，将五间大厅，三间抱厦，内外廊檐，阶上阶下两丹墀内，花团锦簇，塞的无一隙空地。鸦雀无闻，只听铿锵叮当，金铃玉佩微微摇曳之声，并起跪靴履飒沓之响。

（第五十三回，页728~729）

7. 请运用《乡土中国》中"差序格局"的概念，分析上面节选文段中展现出的中国传统文化中"家"的状态。

_____

_____

二、阅读进阶

8. 阅读文段，回答问题。

（一）

只闻麝月悄问道："你怎么就得了的？"平儿道："那日洗手时不见了，二奶奶就不许吵嚷，出了园子，即刻就传给园里各处的妈妈们小心查访。我们只疑惑那姑娘的丫头，本来又穷，只怕小孩子家没见过，拿了起来也是有的。再不料定是你们这里的。幸而二奶奶没有在屋里，你们这里的宋妈妈去了，拿着这支镯子，说是小丫头子坠儿偷起来的，被他看见，来回二奶奶的。我赶忙接了镯子，想了一想：宝玉是偏在你们身上留心用意、争胜要强的，那一年有一个良儿偷玉，刚冷了一二年间，还有人提起来趁愿，这会子又跑出一个偷金子的来了。而且更偷到街坊家去了。偏是他这样，偏是他的人打嘴。所以我倒忙叮咛宋妈，千万别告诉宝玉，只当没有这事，别和一个人提起。第二件，老太太、太太听了也生气。三则袭人和你们也不好看。所以我回二奶奶，只说：'我往大奶奶那里去的，谁知镯子褪了口，丢在草根底下，雪深了没看见。今儿雪化尽了，黄澄澄的映着日头，还在那里呢，我就拣了起来。'二奶奶也就信了，所以我来告诉你们。你们以后防着他些，别使唤他到别处去。等袭人回来，你们商议着，变个法子打发出去就完了。"麝月道："这小娼妇也见过些东西，怎么这么眼皮子浅。"平儿道："究竟这镯子能多少重，原是二奶奶的，说这叫做'虾须镯'，倒是这颗珠子还罢了。晴雯那蹄子是块爆炭，要告诉了他，他是忍不住的。一时气了，或打或骂，依旧嚷出来不好，所以单告诉你，留心就是了。"说着便作辞而去。

宝玉听了，又喜又气又叹。喜的是平儿竟能体贴自己；气的是坠儿小窃；叹的是坠儿那样一个伶俐人，作出这丑事来。因而回至房中，把平儿之话一长一短告诉了晴雯。又说："他说你是个要强的，如今病着，听了这话越发要添病，等好了再告诉你。"晴雯听了，果然气的蛾眉倒蹙，凤眼圆睁，即时就叫坠儿。宝玉忙劝道："你这一喊出来，岂不辜负了平儿待你我之心了。不如领他这个情，过后打发他就完了。"晴雯道："虽如此说，只是这口气如何忍得！"宝玉道："这有什么气的？你只养病就是了。"

（第五十二回，页 707~708）

（二）

这里晴雯吃了药，仍不见病退，急的乱骂大夫，说："只会骗人的钱，一剂好药也不给人吃。"麝月笑劝他道："你太性急了，俗语说：'病来如山倒，病去如抽丝。'又不是老君的仙丹，那有这样灵药！你只静养几天，自然好了。你越急越着手。"晴雯又骂小丫头子们："那里钻沙去了！瞅我病了，都大胆子走了。明儿我好了，一个一个的才揭你们的皮呢！"唬的小丫头子篆儿忙进来问："姑娘作什么。"晴雯道："别人都死绝了，就剩了你不成？"

说着，只见坠儿也蹭了进来。晴雯道："你瞧瞧这小蹄子，不问他还不来呢。这里又放月钱了，又散果子了，你该跑在头里了。你往前些，我不是老虎吃了你！"坠儿只得前凑。晴雯便冷不防欠身一把将他的手抓住，向枕边取了一丈青，向他手上乱戳，口内骂道："要这爪子作什么？拈不得针，拿不动线，只会偷嘴吃。眼皮子又浅，爪子又轻，打嘴现世的，不如戳烂了！"坠儿疼的乱哭乱喊。麝月忙拉开坠儿，按晴雯睡下，笑道："才出了汗，又作死。等你好了，要打多少打不的？这会子闹什么！"晴雯便命人叫宋嬷嬷进来，说道："宝二爷才告诉了我，叫我告诉你们，坠儿很懒，宝二爷当面使他，他拨嘴儿不动，连袭人使他，他背后骂他。今儿务必打发他出去，明儿宝二爷亲自回太太就是了。"宋嬷嬷听了，心下便知镯子事发，因笑道："虽如此说，也等花姑娘回来知道了，再打发他。"晴雯道："宝二爷今儿千叮咛万嘱咐的，什么'花姑娘''草姑娘'，我们自然有道理。你只依我的话，快叫他家的人来领他出去。"麝月道："这也罢了，早也去，晚也去，带了去早清净一日。"

宋嬷嬷听了，只得出去唤了他母亲来。打点了他的东西，又来见晴雯等，说道："姑娘们怎么了，你侄女儿不好，你们教导他，怎么撵出去？也到底给我们留个脸儿。"晴雯道："你这话只等宝玉来问他，与我们无干。"那媳妇冷笑道："我有胆子问他去！他那一件事不是听姑娘们的调停？他纵依了，姑娘们不依，也未必中用。比如方才说话，虽是背地里，姑娘就直叫他的名字。在姑娘们就使得，在我们就成了野人了。"

晴雯听说，一发急红了脸，说道："我叫了他的名字了，你在老太太跟前告我去，说我撒野，也撑出我去。"麝月忙道："嫂子，你只管带了人出去，有话再说。这个地方岂有你叫喊讲礼的？你见谁和我们讲过礼？别说嫂子你，就是赖奶奶林大娘，也得担待我们三分。便是叫名字，从小儿直到如今，都是老太太吩咐过的，你们也知道的，恐怕难养活，巴巴的写了他的小名儿，各处贴着叫万人叫去，为的是好养活。连挑水、挑粪、花子都叫得，何况我们！连昨儿林大娘叫了一声'爷'，老太太还说他呢，此是一件。二则，我们这些人常回老太太的话去，可不叫着名字回话，难道也称'爷'？那一日不把宝玉两个字念二百遍，偏嫂子又来挑这个了！过一日嫂子闲了，在老太太、太太跟前，听听我们当着面儿叫他就知道了。嫂子原也不得在老太太、太太跟前当些体统差事，成年家只在三门外头混，怪不得不知我们里头的规矩。这里不是嫂子久站的，再一会，不用我们说话，就有人来问你了。有什么分证话，且带了他去，你回了林大娘，叫他来找二爷说话。家里上千的人，你也跑来，我也跑来，我们认人问姓，还认不清呢！"说着，便叫小丫头子："拿了擦地的布来擦地！"

那媳妇听了，无言可对，亦不敢久立，赌气带了坠儿就走。宋妈妈忙道："怪道你这嫂子不知规矩，你女儿在这屋里一场，临去时，也给姑娘们磕个头。没有别的谢礼——便有谢礼，他们也不希罕——不过磕个头，尽了心。怎么说走就走？"坠儿听了，只得翻身进来，给他两个磕了两个头，又找秋纹等。他们也不睬他。那媳妇嗐声叹气，不敢多言，抱恨而去。

晴雯方才又闪了风，着了气，反觉更不好了，翻腾至掌灯，刚安静了些。只见宝玉回来，进门就嗐声跺脚。麝月忙问原故，宝玉道："今儿老太太喜喜欢欢的给了这个褂子，谁知不防后襟子上烧了一块，幸而天晚了，老太太、太太都不理论。"一面说，一面脱下来。麝月瞧时，果见有指顶大的烧眼，说："这必定是手炉里的火迸上了。这不值什么，赶着叫人悄悄的拿出去，叫个能干织补匠人织上就是了。"说着便用包袱包了，交与一个妈妈送出去。说："赶天亮就有才好。千万别给老太太、太太知道。"

婆子去了半日，仍旧拿回来，说："不但能干织补匠人，就连裁缝绣匠并作女工的问了，都不认得这是什么，都不敢揽。"麝月道："这怎么样呢！明儿不穿也罢了。"宝玉道："明儿是正日子，老太太、太太说了，还叫穿这个去呢。偏头一日就烧了，岂不扫兴。"晴雯听了半日，忍不住翻身说道："拿来我瞧瞧罢。没那个福气穿就罢了。这会子又着急。"宝玉笑道："这话倒说的是。"说着，便递与晴雯，又移过灯来，细看了一会。晴雯道："这是孔雀金线织的，如今咱们也拿孔雀金线就像界线似的界密了，只怕还可混得过去。"麝月笑道："孔雀线现成的，但这里除了你，还有谁会界线？"晴雯道："说不得，我挣命罢了。"宝玉忙道："这如何使得！才好了些，如何做得活。"

晴雯道："不用你蝎蝎螫螫的，我自知道。"一面说，一面坐起来，挽了一挽头发，披了衣裳，只觉头重身轻，满眼金星乱迸，实实撑不住。若不做，又怕宝玉着急，少不得狠命咬牙捱着。便命麝月只帮着拈线。晴雯先拿了一根比一比，笑道："这虽不很像，若补上，也不很显。"宝玉道："这就很好，那里又找俄罗斯国的裁缝去。"晴雯先将里子拆开，用茶杯口大的一个竹弓钉牢在背面，再将破口四边用金刀刮的散松松的，然后用针绗了两条，分出经纬，亦如界线之法，先界出地子后，依本衣之纹来回织补。补两针，又看看，织补两针，又端详端详。无奈头晕眼黑，气喘神虚，补不上三五针，便伏在枕上歇一会。

宝玉在旁，一时又问："吃些滚水不吃？"一时又命："歇一歇。"一时又拿一件灰鼠斗篷替他披在背上，一时又命拿个拐枕与他靠着。急的晴雯央道："小祖宗！你只管睡罢。再熬上半夜，明儿把眼睛抠搂了，怎么处！"宝玉见他着急，只得胡乱睡下，仍睡不着。

一时只听自鸣钟已敲了四下，刚刚补完；又用小牙刷慢慢的剔出绒毛来。麝月道："这就很好，若不留心，再看不出的。"宝玉忙要了瞧瞧，说道："真真一样了。"晴雯已嗽了几阵，好容易补完了，说了一声："补虽补了，到底不像，我也再不能了！"嗳哟了一声，便身不由主倒下了。

（第五十二回，页715~719）

（三）

宝玉便走过山石之后去站着撩衣，麝月秋纹皆站住背过脸去，口内笑说："蹲下再解小衣，仔细风吹了肚子。"后面两个小丫头子知是小解，忙先出去茶房预备去了。这里宝玉刚转过来，只见两个媳妇子迎面来了，问是谁，秋纹道："宝玉在这里，你大呼小叫，仔细唬着他。"那媳妇们忙笑道："我们不知道，大节下来惹祸了。姑娘们可连日辛苦了。"说着，已到了跟前。

麝月等问："手里拿的是什么？"媳妇们道："是老太太赏金、花二位姑娘吃的。"秋纹笑道："外头唱的是《八义》，没唱《混元盒》，那里又跑出'金花娘娘'来了。"宝玉笑命："揭起来我瞧瞧。"秋纹麝月忙上去将两个盒子揭开。两个媳妇忙蹲下身子，宝玉看了两盒内都是席上所有的上等果品菜馔，点了一点头，迈步就走。麝月二人忙胡乱掷了盒盖，跟上来。宝玉笑道："这两个女人倒和气，会说话，他们天天乏了，倒说你们连日辛苦，倒不是那矜功自伐的。"麝月道："这好的也很好，那不知礼的也太不知礼。"宝玉笑道："你们是明白人，耽待他们是粗笨可怜的人就完了。"一面说，一面来至园门。

那几个婆子虽吃酒斗牌,却不住出来打探,见宝玉来了,也都跟上了。来至花厅后廊上,只见那两个小丫头一个捧着小沐盆,一个搭着手巾,又拿着沤子壶在那里久等。秋纹先忙伸手向盆内试了一试,说道:"你越大越粗心了,那里弄的这冷水。"小丫头笑道:"姑娘瞧瞧这个天,我怕水冷,巴巴的倒的是滚水,这还冷了。"

正说着,可巧见一个老婆子提着一壶滚水走来。小丫头便说:"好奶奶,过来给我倒上些。"那婆子道:"哥哥儿,这是老太太泡茶的,劝你走了舀去罢,那里就走大了脚。"秋纹道:"凭你是谁的,你不给?我管把老太太茶吊子倒了洗手。"那婆子回头见是秋纹,忙提起壶来就倒。秋纹道:"够了。你这么大年纪也没个见识,谁不知是老太太的水!要不着的人就敢要了。"婆子笑道:"我眼花了,没认出这姑娘来。"宝玉洗了手,那小丫头子拿小壶倒了些沤子在他手内,宝玉沤了。秋纹麝月也趁热水洗了一回,沤了,跟进宝玉来。

(第五十四回,页738~740)

(1)上述三个选篇内,涉及的女性人物形象主要有_____、_____、_____、_____;主要的事件是_____、_____、_____、_____。

(2)《红楼梦》在回目中对有些人物使用了"一字评"的手法,如第五十二回"俏平儿情掩虾须镯　勇晴雯病补雀金裘"。你怎么理解晴雯之"勇"?请结合选段内容及其他相关情节,谈谈自己的看法。

_____

_____

(3)脂批在第五十二回中说:"妙极!红玉既有归结,坠儿岂可不表哉?可知'奸贼'二字是相连的。故'情'字原非正道,坠儿原不情也,不过一愚人耳,可以传奸,即可以为盗。二次小窃,皆出于宝玉房中,亦大有深意在焉。"①

①坠儿这一人物形象还在哪一回中出现过?请简单概括相关情节。
_____
_____

②你怎样理解"二次小窃,皆出于宝玉房中,亦大有深意在焉"这句话?
_____
_____

9. 阅读文段,回答问题。

贾珍道:"你走了几日?"乌进孝道:"回爷的话,今年雪大,外头都是四五尺深的雪,前日忽然一暖一化,路上竟难走的很,耽搁了几日。虽走了一个月零两日,因日子有限了,怕爷心焦,可不赶着来了。"贾珍道:"我说呢,怎么今儿才来。我才看那单子上,今年你这老货又来打擂台来了。"乌进孝忙进前了两步,回道:"回爷说,今年年成实在不好。从三月下雨起,接接连连直到八月,竟没有一连晴过五日。九月里一场碗大的雹子,方近一千三百里地,连人带房并牲口粮食,打伤了上千上万的,所以才这样。小的并不敢说谎。"贾珍皱眉道:"我算定了你至少也有五千两银子来,这够作什么的!如今你们一共只剩了八九个庄子,今年倒有两处报了旱涝,你们又打擂台,真真是又教别过年了。"

乌进孝道:"爷的这地方还算好呢!我兄弟离我那里只一百多里,谁知竟大差了。他现管着那府里八处庄地,比爷这边多着几倍,今年也只这些东西,不过多二三千两银子,也是有饥荒打呢。"贾珍道:"正是呢,我这边都可,已没有什么外项大事,不过是一年的费用。我受用些,就费些;我受些委屈就省些。再者年例送人请人,我把脸皮厚些,可省些

---

① 《脂砚斋评石头记》,上海三联书店,2011,页547。

也就完了。比不得那府里，这几年添了许多花钱的事，一定不可免是要花的，却又不添些银子产业。这一二年倒赔了许多，不和你们要，找谁去！"乌进孝笑道："那府里如今虽添了事，有去有来，娘娘和万岁爷岂不赏的！"贾珍听了，笑向贾蓉等道："你们听，他这话可笑不可笑？"贾蓉等忙笑道："你们山坳海沿子上的人，那里知道这道理。娘娘难道把皇上的库给了我们不成！他心里纵有这心，他也不能作主。岂有不赏之理，按时到节不过是些彩缎古董顽意儿。纵赏银子，不过一百两金子，才值了一千两银子，够一年的什么？这二年那一年不多赔出几千银子来！头一年省亲连盖花园子，你算算那一注共花了多少，就知道了。再两年再一回省亲，只怕就精穷了。"贾珍笑道："所以他们庄家老实人，外明不知里暗的事。黄柏木作磬槌子——外头体面里头苦。"贾蓉又笑向贾珍道："果真那府里穷了。前儿我听见凤姑娘和鸳鸯悄悄商议，要偷出老太太的东西去当银子呢。"贾珍笑道："那又是你凤姑娘的鬼，那里就穷到如此。他必定是见去路太多了，实在赔的狠了，不知又要省那一项的钱，先设此法使人知道，说穷到如此了。我心里却有一个算盘，还不至如此田地。"说着，命人带了乌进孝出去，好生待他，不在话下。

这里贾珍吩咐将方才各物，留出供祖的来，将各样取了些，命贾蓉送过荣府里。然后自己留了家中所用的，馀者派出等例来，一分一分的堆在月台下，命人将族中的子侄唤来与他们。接着荣国府也送了许多供祖之物及与贾珍之物。

贾珍看着收拾完备供器，趿着鞋，披着狐猁狲大裘，命人在厅柱下石矶上太阳中铺了一个大狼皮褥子，负暄闲看各子弟们来领取年物。因见贾芹亦来领物，贾珍叫他过来，说道："你作什么也来了？谁叫你来的？"贾芹垂手回说："听见大爷这里叫我们领东西，我没等人去叫就来了。"贾珍道："我这东西，原是给你那些闲着无事的无进益的小叔叔兄弟们的。那二年你闲着,我也给过你的。你如今在那府里管事,家庙里管和尚道士们,一月又有你的分例外,这些和尚的分例银子都从你手里过,你还来取这个,太也贪了!你自己瞧瞧,你穿的可像个手里使钱办事的?先前说你没进益,如今又怎么了?比先倒不像了。"贾芹道:"我家里原人口多,费用大。"贾珍冷笑道:"你还支吾我。你在家庙里干的事,打谅我不知道呢。你到了那里自然是爷了,没人敢违拗你。你手里又有了钱,离着我们又远,你就为王称霸起来,夜夜招聚匪类赌钱,养老婆小子。这会子花的这个形象,你还敢领东西来?领不成东西,领一顿驮水棍去才罢。等过了年,我必和你琏二叔说,换回你来。"贾芹红了脸,不敢答应。

(第五十三回,页 724~726)

"黄柏木作磬槌子——外头体面里头苦",此语甚是新鲜,又很生动。结合选文和小说相关内容,谈谈贾府的"里头苦"。请分条概括后,再辅以细节分析。

_____

_____

三、探究提升

10. 阅读文段,回答问题。

　　宝玉便要了一壶暖酒,也从李婶薛姨妈斟起,二人也让坐。贾母便说:"他小,让他斟去,大家倒要干过这杯。"说着,便自己干了。邢、王二夫人也忙干了,让他二人。薛李也只得干了。贾母又命宝玉道:"连你姐姐妹妹一齐斟上,不许乱斟,都要叫他干了。"宝玉听说,答应着,一一按次斟了。

至黛玉前，偏他不饮，拿起杯来，放在宝玉唇上边，宝玉一气饮干。黛玉笑说："多谢。"宝玉替他斟上一杯。凤姐儿便笑道："宝玉，别喝冷酒，仔细手颤，明儿写不得字，拉不得弓。"宝玉忙道："没有吃冷酒。"凤姐儿笑道："我知道没有，不过白嘱咐你。"然后宝玉将里面斟完，只除贾蓉之妻是丫头们斟的。复出至廊上，又与贾珍等斟了。坐了一回，方进来仍归旧坐。

一时上汤后，又接献元宵来。贾母便命将戏暂歇歇："小孩子们可怜见的，也给他们些滚汤滚菜的吃了再唱。"又命将各色果子元宵等物拿些与他们吃去。

一时歇了戏，便有婆子带了两个门下常走的女先生儿进来，放两张杌子在那一边命他坐了，将弦子琵琶递过去。贾母便问李薛听何书，他二人都回说："不拘什么都好。"贾母便问："近来可有添些什么新书？"那两个女先儿回说道："倒有一段新书，是残唐五代的故事。"贾母问是何名，女先儿道："叫做《凤求鸾》。"贾母道："这一个名字倒好，不知因什么起的，先大概说说原故，若好再说。"女先儿道："这书上乃说残唐之时，有一位乡绅，本是金陵人氏，名唤王忠，曾做过两朝宰辅。如今告老还家，膝下只有一位公子，名唤王熙凤。"

众人听了，笑将起来。贾母笑道："这重了我们凤丫头了。"媳妇忙上去推他，"这是二奶奶的名字，少混说。"贾母笑道："你说，你说。"女先生忙笑着站起来，说："我们该死了，不知是奶奶的讳。"凤姐儿笑道："怕什么，你们只管说罢，重名重姓的多呢。"

女先生又说道："这年王老爷打发了王公子上京赶考，那日遇见大雨，进到一个庄上避雨。谁知这庄上也有个乡绅，姓李，与王老爷是世交，便留下这公子住在书房里。这李乡绅膝下无儿，只有一位千金小姐。

这小姐芳名叫作雏鸾，琴棋书画，无所不通。"贾母忙道："怪道叫作《凤求鸾》。不用说，我猜着了，自然是这王熙凤要求这雏鸾小姐为妻。"女先儿笑道："老祖宗原来听过这一回书。"众人都道："老太太什么没听过！便没听过，也猜着了。"

贾母笑道："这些书都是一个套子，左不过是些佳人才子，最没趣儿。把人家女儿说的那样坏，还说是佳人，编的连影儿也没有了。开口都是书香门第，父亲不是尚书就是宰相，生一个小姐必是爱如珍宝。这小姐必是通文知礼，无所不晓，竟是个绝代佳人。只一见了一个清俊的男人，不管是亲是友，便想起终身大事来，父母也忘了，书礼也忘了，鬼不成鬼，贼不成贼，那一点儿是佳人？便是满腹文章，做出这些事来，也算不得是佳人了。比如男人满腹文章去作贼，难道那王法就说他是才子就不入贼情一案不成？可知那编书的是自己塞了自己的嘴。再者，既说是世宦书香大家小姐都知礼读书，连夫人都知书识礼，便是告老还家，自然这样大家人口不少，奶母丫鬟服侍小姐的人也不少，怎么这些书上，凡有这样的事，就只小姐和紧跟的一个丫鬟？你们白想想，那些人都是管什么的，可是前言不答后语？"

众人听了，都笑说："老太太这一说，是谎都批出来了。"贾母笑道："这有个原故：编这样书的，有一等妒人家富贵，或有求不遂心，所以编出来污秽人家。再一等，他自己看了这些书看魔了，他也想一个佳人，所以编了出来取乐。何尝他知道那世宦读书家的道理！别说他那书上那些世宦书礼大家，如今眼下真的，拿我们这中等人家说起，也没有这样的事，别说是那些大家子。可知是诌掉了下巴的话。所以我们从不许说这些书，丫头们也不懂这些话。这几年我老了，他们姊妹们住的远，我偶然闷了，说几句听听，他们一来，就忙歇了。"李薛二人都笑说："这正是大家的规矩，连我们家也没这些杂话给孩子们听见。"

（第五十四回，页 740~742）

（1）元宵夜宴，宝玉斟酒，黛玉未饮，凤姐出言。凤姐之言何意？你怎样理解？

_____

_____

（2）本回回目为"史太君破陈腐旧套"，破的是什么"陈腐旧套"？

_____

_____

（3）贾母让文官等十二个学戏的小丫头唱了《寻梦》《下书》，分别出自《牡丹亭》和《西厢记》。请你阅读相关文段，思考这样的安排与"破陈腐旧套"是否矛盾？

_____

_____

四、真题重现

2020·北京高考·简答题

《红楼梦》第五回中晴雯的判词是：

霁月难逢，彩云易散。<u>心比天高，身为下贱</u>。风流灵巧招人怨。寿夭多因<u>毁谤</u>生，<u>多情公子空牵念</u>。

请从判词的画线部分选择三处，各举出原著中的一个具体情节加以印证。

本节参考答案

一、基础了解

1. （1）第四十九回：琉璃世界白雪红梅　脂粉香娃割腥啖膻

第五十回：芦雪广争联即景诗　暖香坞雅制春灯谜

第五十一回：薛小妹新编怀古诗　胡庸医乱用虎狼药

第五十二回：俏平儿情掩虾须镯　勇晴雯病补雀金裘

第五十三回：宁国府除夕祭宗祠　荣国府元宵开夜宴

第五十四回：史太君破陈腐旧套　王熙凤效戏彩斑衣

（2）①香菱　月　邢岫烟　李纹　李绮　薛宝琴　②是几时孟光接了梁鸿案　贾母在大观园宴请刘姥姥的酒席上，黛玉行酒令，一时心急用了《牡丹亭》和《西厢记》的语句，宝钗劝诫她少看杂书　黛玉今秋以来咳嗽加重，宝钗劝她以燕窝冰糖调养，并在秋雨之夜差人送来一大包上等燕窝和洁粉梅片雪花洋糖。　③李纨　芦雪广　王熙凤　湘云　去栊翠庵向妙玉乞红梅枝　④暖香坞　宝琴　⑤晴雯　麝月　晴雯　⑥雀金呢　坠儿　⑦贾演　贾源　贾蓉　乌进孝　⑧宁府西边另一个院子　慎终追远　已后儿孙承福德，至今黎庶念荣宁　⑨慧纹　贾敬　贾赦　贾政（外放学差）　袭人　鸳鸯

2. 薛蟠　薛蝌　薛宝琴　李纹　李绮　邢岫烟

3. B

4. 高谈阔论　聒噪　沉郁　淡雅　绮靡　隐僻　呆　心苦　疯　话多

5. 凤姐　宝钗黛玉　宝琴　探春　李纨　湘云　宝琴　宝琴　宝钗　宝

琴　黛玉　湘云

6. 贾敬　贾赦　贾珍　贾琏　贾琮　宝玉　贾蓉　贾敬　贾蓉　贾蓉　贾敬　贾珍　贾蓉

7. 祭拜宗祠，非常明显地表现出了中国传统社会里"家"的伸缩自如性。凡是与贾演、贾源有血缘关系的都是贾府人，都要来祭拜贾氏宗祠。

"差序格局"，指的是中国传统社会中以"己"为中心，向外推延出去的社会关系格局。人伦、伦理中的"伦"，是有差等的次序。

在祭拜过程中，人员的站立排序亲者近、疏者远。内仪门、门槛是分界线，门槛内是贾母等嫡系女眷，门槛处是贾敬贾赦，越往仪门处排，亲缘关系就越远。仪门外就是更远一些的亲属。

二、阅读进阶

8.（1）晴雯　麝月　秋纹　坠儿　平儿告知偷金镯子（虾须镯）的是宝玉房中的丫鬟坠儿　晴雯赶走坠儿　晴雯病中织补雀金呢　麝月秋纹等要热水给宝玉洗手时恃势作势

（2）"勇晴雯"，晴雯是勇敢的。她虽为贾府的丫鬟，位卑人轻，但她直言快语，爽利行事，不惧威势。

晴雯勇于清正，自爱自强。在得知坠儿偷窃之事后，晴雯气恼异常，她自己磊落，也容不下身旁之人不端。尚在病中，也不管怡红院管事丫鬟袭人不在，就"矫诏"（假托圣旨之意）将坠儿撵了出去。

晴雯勇于承担，重情重义。她抱病补裘，是以消耗自己生命心血的一种投入方式来帮助宝玉的。

晴雯勇于追求平等。第三十七回里，宝玉让秋纹去给贾母和王夫人送园子里的桂花，贾母、王夫人感动于宝玉的孝敬之心，爱屋及乌，贾母赏了秋纹几百钱，王夫人赏了两件衣服，秋纹因此得意这份恩典有脸面。晴雯却对此不以为然。她同时对袭人得到了王夫人重用，获得的月例比赵姨娘、周姨娘都多，也进行了嘲讽。在晴雯看来，"一样这屋里的人，难道谁又比谁高贵些？"

对待宝玉，晴雯的关心和爱护方式与袭人不同，她尽心尽力，但遇到不公平对待时不隐忍，而是据理力争。第三十一回端午节，宝玉因为金钏儿之事心情不好，晴雯为之换衣时失手摔坏了扇子，遭到了宝玉的训斥，晴雯便利嘴回了过去，不仅气坏了宝玉，还连带着数落了袭人，晚间才有晴雯撕扇的场景。

晴雯判词有曰："心比天高，身为下贱。风流灵巧招人怨。"晴雯十岁时被赖大买来，本是赖家的丫鬟，常跟着赖嬷嬷进荣府，贾母喜欢她伶俐标致，赖嬷嬷就将晴雯孝敬给了贾母，后来又到了怡红院。晴雯样貌出挑，又总是勇于出头，难免就会惹得其他丫鬟婆子嫉恨，会被冠上"轻狂"的名头。晴雯最终被赶出了怡红院。我们看众人，特别是婆子们的心态：

方欲说时，只见几个老婆子走来，忙说道："你们小心，传齐了伺候着。此刻太太亲自来园里，在那里查人呢。只怕还查到这里来呢。又吩咐快叫怡红院的晴雯姑娘的哥嫂来，在这里等着领出他妹妹去。"因笑道："阿弥陀佛！今日天睁了眼，把这一个祸害妖精退送了，大家清净些。"

（第七十七回，页1080）

（3）①第二十六至二十七回，怡红院的三等丫鬟小红与贾府旁支子弟贾芸之间产生爱慕之情，坠儿便是二人的传情递意者。

贾芸捡到了小红的手帕子，他进大观园拜见宝玉时是坠儿领着进园的，小红在蜂腰桥见到他们，和坠儿说话间特意问坠儿可有见到自己的帕子，是以回目中有"蜂腰桥设言传心事"。贾芸从宝玉那儿出来，仍是由坠儿送出，贾芸将自己的手帕给坠儿，让坠儿带给小红，并要求谢礼。芒种节那天，宝钗扑蝶到了滴翠亭，听到了亭内小红和坠儿的对话，正是坠儿将贾芸的帕子给了小红，并替贾芸从小红那里再次索要了信物。

这几回故事里，大家在芦雪广烤鹿肉，平儿也过来吃烤鹿肉，为了方便，褪下了镯子，之后便遍寻不见，原来是坠儿偷走了。

在人事管理中，私相传递、偷窃盗物自然应该受到惩罚，难怪脂批说"可以传奸即可以为盗"，为人处世总要有所为有所不为。

②"二次小窃，皆出于宝玉房中，亦大有深意在焉"，脂批的这句话，可以理解为对宝玉房中管理原则和管理秩序提出了反思。

良儿偷玉，是随带出来的事情；坠儿偷金镯子，则是完整叙述出来的。一二年间，宝玉房中的人就陆续出现了这样品质不端的人物和影响恶劣的事件。

宝玉素来就称"女儿是水作的骨肉"，"凡山川日月之精秀，只钟于女儿，须眉男子不过是些渣滓浊沫而已"，他对姐姐妹妹，连同房中的丫鬟们一律是敬重爱护的。大家深知这一点，挨打时候，女孩子劝他改了吧，宝玉却说"就便为这些人死了，也是情愿的"。平儿从宋嬷嬷处得知是宝玉房里的人偷的，也为之隐瞒下来，说"宝玉是偏在你们身上留心用意、争胜要强的"。

宝玉在贾府受宠的地位、宝玉对女性的信仰和对丫鬟们的回护，都让他房里的丫鬟成了贾府特殊的存在群体，这些女孩子便难免会恣意任为、恃势凌弱。第十九回里，就提到李嬷嬷来给宝玉请安时，看到宝玉出门后"丫头们只顾玩闹，十分看不过"。第五十二回，把坠儿赶出去时，坠儿的母亲说"他那一件事不是听姑娘们的调停？他纵依了，姑娘们不依，也未必中用"，也跟李嬷嬷当年痛斥袭人时一样的口气。

第五十二回、第五十四回里，麝月得到了充分表现，我们看她反驳坠儿的母亲，看她和秋纹对底层婆子、丫鬟们的颐指气使，能看出她比晴雯要沉稳很多，晴雯是一味生气，直接发出来，麝月则头头是道，也更为充分地表现出宝玉房里丫鬟的特殊地位。

宝玉笑道："这两个女人倒和气，会说话，他们天天乏了，倒说你们连日辛苦，倒不是那矜功自伐的。"麝月道："这好的也很好，那不知礼的也太不知礼。"宝玉笑道："你们是明白人，耽待他们是粗笨可怜的人就完了。"

（第五十四回，页739）

我们看宝玉主仆之间的对话，言为心声，可以看出他们的内心真实想法来。

这些琐屑小事日积月累，自然会形成一种氛围和舆论，为后面的情节发展埋下伏笔。

难怪，到第七十七回，王夫人到怡红院里查检人员时，大家会落井下石，可见人心难平。

原来王夫人自那日着恼之后，<u>王善保家的去趁势告倒了晴雯，本处有人和园中不睦，也就随机趁便下了些话</u>。王夫人皆记在心中。因节间有碍，故忍了两日，今日特来亲自阅人。一则为晴雯犹可，二则因竟有人指宝玉为由，说他大了，已解人事，都由屋里的丫头们不长进教习坏了。因这事更比晴雯一人较甚，乃从袭人起以至于极小作粗活的小丫头们，个个亲自看了一遍。

（第七十七回，页1081）

9. 其一，家庭财政入不敷出，逐年亏空。

黑山庄的庄头带来的年供大大少于贾珍预期，"真真是又教别过年了"，其中的"又"字表现出此种情况非今年特有。

荣宁二府财政主要依赖于皇恩的荫庇和祖上置办的田庄产出。前者极其有限，后者有丰有欠。丰者少，欠者多。

越是"外头体面"，就越是会导致"里头苦"。特别是荣国府，先是元妃省亲，之后是宝玉们住进大观园、清虚观打醮、诸位亲戚的投奔等，都需要大量的开支来应对；此外，子弟尚未成家立业者多，后面几年更须有足够的储备基金。然而，现在的情况是，不仅田庄的收成不能依赖，而且庄子还在减少；又没有任何新的财政来源。

第十六回提到，为了省亲，特派贾蔷去姑苏聘请教习、采买女孩子、置办乐器行头等，用的是江南甄家收着的五万两银子，只此一项就支取三万两。之后置办花烛彩灯并各色帘栊帐幔等，花去了剩下的两万两。由此可知，原来的一些家底正在被快速消耗掉。

其二，世家子弟不成气候，败家根底。

贾家家大业大，旁支众多，依傍嫡系生存。

贾芹就是一个典型的事例。从文中的信息来看，他是宁国府子孙，在待业情况下，每年年底可以到宁国府领取年物。现在他已经在荣国府找到了工作，可是，他不仅没有因此过上体面的日子，反倒趁此恣意妄为，"招聚匪类赌钱，养老婆小子"，即是败家的根本。贾芹此事为后面小说情节埋了伏笔。

此外，后面的情节里，贾府被抄，也与贾珍做了和贾芹相同的事情有很大关系。故而，此处贾珍批评贾芹，可是转头他也犯下此类错误，可见贾府上下都不能自律自检。

当然，再往上一辈，贾敬、贾赦等，不仅没有做到率先垂范，甚至还更为过分。

其三，家族管理礼在表面，内里处处有漏洞。

贾府是簪缨世家，处处讲规矩。第五十三回除夕祭宗祠，场面肃穆，礼节严整，甚是壮观。其他如应酬往来之繁缛，晨昏定省之制度，婆媳侍奉之进退，都在小说中得到了充分体现，前者如秦可卿之丧礼，后者如刘姥姥之观察等。但细审文字，会发现家族管理漏洞百出。管理需要监制，贾府则独独缺乏监制。

如黑山庄的年供之多少，只在庄主之自诉。贾珍虽然认为过少，但未曾生出任何心思去实地了解情况，看上去，宁荣二府都相信庄主的忠心和友谊。

如王熙凤管家，之前我们提到过她拿着月例银放高利贷的事情，现在又有她和鸳鸯一起偷出贾母的东西进行典当，这些虽然也有为公中考虑的借口，但"监守自盗"毕竟不是常理，也不是长远之计。

当然，"里头苦"，也并不是所有人都能感受到的，能够感受到"苦"的，应当是清醒的、有远虑的"在其位谋其政者"，贾敬、贾赦、贾政等，都并未具备这样的才具。甚至贾珍虽然说出了此话，但也主要表现为针对荣国府而来的一种"事不关己高高挂起"的态度。至于王熙凤，她更多时候还是为巩固自己的地位而处心积虑，苦不苦，这会儿她还没有什么感觉呢。

三、探究提升

10. （1）元宵夜宴，大花厅上是贾母及儿媳、孙媳、孙女和薛姨妈、李婶等女眷的席位，贾珍、贾琏、贾环等男性席位摆在大花厅的廊上。宝玉因为身份特殊，和贾母在一起。此前，贾珍等已经走进花厅给贾母等人敬过酒了。作为晚辈，宝玉也要轮流敬酒才合乎礼数。宝玉也是先敬客人李婶、薛姨妈，之后是贾母、邢夫人、王夫人，这些长辈们都干了。

贾母便让宝玉给众姐妹也斟一番酒。"至黛玉前，偏他不饮"，可见，其他姐妹都是饮酒的，这是回应宝玉之敬酒的礼数，也是给贾母面子。因此，黛玉的举动就显得与众不同，甚至有些不合时宜、不够妥当、不够稳重。她不仅不饮酒，还将酒杯放在宝玉唇上边，虽然二人自小亲近，但在这样的宴席上，就有些越矩超线了。

随后，凤姐的言语显得完全没有针对性，"别喝冷酒"，文中之前特意提过"宝玉便要了一壶暖酒"，可见"别喝冷酒"之说纯属无中生有，凤姐这么聪明伶俐的人，为何口出此言呢？令人颇有些费解。

也许，凤姐此话是一种提醒，她不好直接说，也不好跟黛玉说，那便跟宝玉说，说什么呢？这样的场合，这样不合适的举动，就只能随便用个事件来告诫一下了。

宝玉忙道："没有吃冷酒。"

凤姐儿笑道："我知道没有，不过白嘱咐你。"

细琢磨这话，非常有意思，有"潜台词"的意味呢。

（2）贾母（史太君）破的是"才子佳人"题材通俗文艺作品讲故事的套子。此类作品多表现为男女一见相悦、私订终身、突破阻碍、终成好事的情节发展模式。

贾母认为故事不合生活逻辑，如：

既说是世宦书香大家小姐都知礼读书，连夫人都知书识礼，便是告老还家，自然这样大家人口不少，奶母丫鬟服侍小姐的人也不少，怎么这些书上，凡有这样的事，就只小姐和紧跟的一个丫鬟？你们白想想，那些人都是管什么的，可是前言不答后语？

（第五十四回，页742）

这些人物既不是"才子"，也谈不上"佳人"，如：

只一见了一个清俊的男人，不管是亲是友，便想起终身大事来，父母也忘了，书礼也忘了，鬼不成鬼，贼不成贼，那一点儿是佳人？便是满腹文章，做出这些事来，也算不得是佳人了。比如男人满腹文章去作贼，难道那王法就说他是才子就不入贼情一案不成？

（第五十四回，页 741~742）

在贾母看来，才子佳人作品里，社会背景虚空，生活事理混乱，人物形象不值得赞颂。

这实际上也表现了《红楼梦》作者对明清盛行的一些以男女情感为主题的作品的批判，也与第一回内容遥相呼应，重申这部作品的立意之旨。

（3）从《红楼梦》的内容来看，《西厢记》《牡丹亭》等书是禁书，但戏曲舞台上，这些故事早已流传，并成为经典曲目，是家养戏班子和商业戏班子的主打戏目，是当时戏子们必须学习的演出内容。

之前，黛玉行酒令，用了其中的曲文，宝钗劝诫黛玉不要看杂书；第五十一回，宝琴编写怀古诗十首，其九和其十分别是"蒲东寺怀古"和"梅花观怀古"，就出自张珙和崔莺莺、柳梦梅和杜丽娘的故事。宝钗便说，"后二首却无考，我们也不大懂得"，黛玉、探春、李纨等都说不可"胶柱鼓瑟"，提到"咱们虽不曾看这些外传，不知底里，难道咱们连两本戏也没有见过不成？那三岁孩子也知道，何况咱们？""如今这两首虽无考，凡说书唱戏，甚至于求的签上皆有注批，老少男女，俗语口头，人人皆知皆说的。况且又并不是看了'西厢''牡丹'的词曲，怕看了邪书。这竟无妨，只管留着。"

（第五十一回，页 693~694）

可见，看书不可，听戏听书无妨。

看书，读书，自是有一定文化水平的人方有的能力，是养心养性之途；而听戏听书，则是一般老百姓的娱乐生活。

此外，贾母让文官等唱戏，为的是"弄个新样儿的"，听的是"一个发脱口齿，再听一个喉咙罢了"，更多的还是在声音和乐声的欣赏。

四、真题重现

略

十五　第五十五至六十一回

第五十五至六十一回内容速看

此七回内容：年事忙过，凤姐因小产身体虚弱，一直调养到八、九月间。李纨、探春一起协理内务，王夫人又请宝钗帮助管理大观园。探春等遇到诸多挑战和考验。她们决定开源节流，以包产到人的方式改革大观园的管理体制。江南世交甄家进宫朝贺，遣人到贾府送礼请安，两家的孙辈都名宝玉，两个宝玉的相貌性情竟也大略一样。贾宝玉日有所思，做梦梦见与大观园相似的园子，与怡红院相似的院落，与自己相似的甄宝玉。紫鹃与宝玉戏语，说黛玉终究是要回苏州林家去的，宝玉一下子犯了癔症，好不容易才醒转过来。贾母促成了薛蝌和邢岫烟的姻缘，宝钗比以往更加关照邢岫烟。朝廷有老太妃去世，两府需全员随祭入葬。十二个学戏的女孩子绝大多数留在了贾府，进入大观园。藕官、芳官及其干娘之间，再加上赵姨娘和大观园里的几位管事婆子等，因诸多小事儿背后的利益、地位之争，将大观园闹得硝烟阵阵。

两种情深

一、基础了解

1.（1）请将第五十五至六十一回的回目抄写在下面。

第五十五回：_____

第五十六回：_____

第五十七回：_____

第五十八回：_____

第五十九回：_____

第六十回：_____

第六十一回：_____

（2）请梳理第五十五至六十一回贾府和大观园中发生的大事，并将下面的内容补充完整。

①王熙凤因为小产，身子虚弱，再加上之前一直逞强好胜，心力更亏，于是王夫人只能将家中事务交于_____来管理，后又让_____来一起协同裁处。这二人害怕大观园中人多事杂，疏于照管，于是便又请来了_____帮助管理大观园。

②探春当家，一上来便有吴新登家的用赵姨娘哥哥去世恩赏丧仪费用一事来探虚实，_____是老好人，直接仿照袭人母亲去世时赏了四十两银子这个旧例，也要赏赵姨娘四十两，但探春没有同意。请你结合相关内容，说说探春不同意的理由是什么。

_____

_____

_____。

③探春想要派几个本分老成能知园圃之事的老妈子来收拾料理大观园，因为：第一，_____；第二，_____

_____；第三，_____；第四，_____。（请用原文填写）探春这一想法是从_____那里受到的启发。

④宝玉做梦，梦到了一个和大观园一样的园子，梦到了几个和袭人、晴雯、鸳鸯一样的女孩儿，还梦到了一个和自己一模一样的少年。根据文本内容，贾宝玉梦到的这个少年是_____（人名）。

⑤宝玉犯了痴病，呆呆傻傻，是因为_____（人名）和他开玩笑，告诉他_____（用自己的话概括）。

⑥从第五十七回开始，大观园内又出现了很多新鲜面孔，她们大多是各房里的下人、丫鬟、婆子，请你根据这几回的故事，将下面的内容填写完整。

A. 因宫里老太妃去世，所以京城官宦家中所养的优伶，无论男女一概蠲免遣发。尤氏和王夫人商量，自家从江南买来的十二个女孩子，听她们的意愿，愿意回家就请父母来接走，若不愿意回去就留下。于是，芳官去了_____（居所名）；_____（人名）去了蘅芜苑；_____（人名）去了潇湘馆；葵官送给了_____（人名）；_____（人名）送给了探春。

B. _____（人名）祭奠已经去世的药官，在园子里烧纸，被夏婆婆抓住，幸好宝玉帮她解了围。宝玉后来从芳官口里知道了事情原委，分外感慨，便让芳官将另一祭奠亡者的方法转告给她，简而言之就是两个字_____。

C. 芳官性格豪爽且直率，她不想把蔷薇硝分给贾环，于是便将自己的茉莉粉充当蔷薇硝给了他，结果惹怒了_____，众"官"便和她在大观园内大闹了一场。

D. 春燕是_____（居所）里的丫鬟，她的母亲便是芳官的干娘。从春燕的嘴里我们知道，宝玉对姑娘们的好不仅在平时，更是体现在_____。正是因为这个原因，再加上可以赚些钱来贴补家用，厨娘柳妈的女儿_____也拜托_____求宝玉让她进到怡红院中当丫鬟。

E. 芳官拿了宝玉的_____给柳五儿吃，其母柳妈却将半瓶玫瑰露拿给了五儿的表哥吃，五儿的舅母又回赠一包_____，五儿又将其分了一半给_____用，结果撞上了林之孝家的，被当作偷东西的嫌疑人关押了起来。最后因为_____出手相助，五儿和柳妈才脱困。

2. 阅读文段，回答问题。

　　凤姐因问为何去这一日，平儿便笑着将方才的原故细细说与他听了。凤姐儿笑道："好，好，好，好个三姑娘！我说他不错。只可惜他命薄，没托生在太太肚里。"……

　　说着，又向平儿笑道："你知道，我这几年生了多少省俭的法子，一家子大约也没个不背地里恨我的。我如今也是骑上老虎了。虽然看破些，无奈一时也难宽放；二则家里出去的多，进来的少。凡百大小事仍是照着老祖宗手里的规矩，却一年进的产业又不及先时。多省俭了，外人又笑话，老太太、太太也受委屈，家下人也抱怨刻薄。若不趁早儿料理省俭之计，再几年就都赔尽了。"平儿道："可不是这话！将来还有三四位姑娘，还有两三个小爷，一位老太太，这几件大事未完呢。"

　　凤姐儿笑道："我也虑到这里，倒也够了：宝玉和林妹妹他两个一娶一嫁，可以使不着官中的钱，老太太自有梯己拿出来。二姑娘是大老爷那边的，也不算。剩了三四个，满破着每人花上一万银子。环哥娶亲有限，花上三千两银子，不拘那里省一抿子也就够了。老太太事出来，一应都是全了的，不过零星杂项，便费也满破三五千两。如今再俭省些，陆续也就够了。只怕如今平空又生出一两件事来，可就了不得了。咱们且别虑后事，你且吃了饭，快听他商议什么。这正碰了我的机会，我正愁没个膀臂。虽有个宝玉，他又不是这里头的货，纵收伏了他也不中用。大奶奶是个佛爷，也不中用。二姑娘更不中用，亦且不是这屋里的人。四姑娘小呢。兰小子更小。环儿更是个燎毛的小冻猫子，只等有热灶火坑让他钻去罢。真真一个娘肚子里跑出这样天悬地隔的两个人来，我想到这里就不服。再者林丫头和宝姑娘他两个倒好，偏又都是亲戚，又不好管咱家务事。况且一个是美人灯儿，风吹吹就坏了；一个是拿定了主意，'不干己事不张口，一问摇头三不知'，也难十分去问他。倒只剩了三姑娘一个，心里嘴里都也来的，又是咱家的正人，太太又疼他，虽然面上淡淡的，皆因是赵姨娘那老东西闹的，心里却是和宝玉一样疼呢。比不得环儿，实在令人难疼，要依我的性早撵出去了。如今他既有这主意，正该和他协同，大家做个膀臂，我也不孤不独了。按正理，天理良心上论，咱们有他这个人帮着，咱们也省些心，于太太的事也有些益。若按私心藏奸上论，我也太行毒了，也该抽头退步。回头看看了，再要穷追苦克，人恨极了，暗地里笑里藏刀，咱们两个才四个眼睛，两个心，一时不防，倒弄坏了。趁着紧溜之中，他出头一料理，众人就把往日恨咱们的恨心暂可解了。还有一件，我虽知你极明白，恐怕你心里挽不过来，如今嘱咐你：他虽是姑娘家，心里却事事明白，不过是言语谨慎；他又比我知书识字，更利害一层了。如今俗语'擒贼必先擒王'，他如今要作法开端，一定是先拿我开端。倘或他要驳我的事，你可别分辩，你只越恭敬，越说驳的是才好。千万别想着怕我没脸，和他一犟，就不好了。"

（第五十五回，页 762~764）

（1）文中加点的人物名字全都正确的一项是（　　）。

A. 邢夫人　迎春　探春　惜春

B. 李纨　　迎春　惜春　探春

C. 李纨　　惜春　探春　迎春

D. 邢夫人　迎春　惜春　探春

（2）文中画波浪线的语句评论的是＿＿＿＿＿＿和＿＿＿＿＿＿。

（3）请你根据选文内容，谈谈凤姐作为贾府大管家，其才能有哪些表现。

_____

_____

3. 阅读文段，回答问题。

　　宝钗笑道："真真膏粱纨绮之谈。虽是千金小姐，原不知这事，但你们都念过书识字的，竟没看见朱夫子有一篇《不自弃文》不成？"探春笑道："虽看过，那不过是勉人自励，虚比浮词，那里都真有的？"宝钗道："朱子都有虚比浮词？那句句都是有的。你才办了两天时事，就利欲熏心，把朱子都看虚浮了。你再出去见了那些利弊大事，越发把孔子也看虚了！"探春笑道："你这样一个通人，竟没看见子书？当日姬子有云，登利禄之场，处运筹之界者，窃尧舜之词，背孔孟之道。"宝钗笑道："底下一句呢？"探春笑道："如今只断章取意，念出底下一句，我自己骂我自己不成？"宝钗道："天下没有不可用的东西；既可用，便值钱。难为你是个聪敏人，这些正事大节目事竟没经历，也可惜迟了。"李纨笑道："叫了人家来，不说正事，你们且对讲学问。"宝钗道："学问中便是正事。此刻于小事上用学问一提，那小事越发作高一层了。不拿学问提着，便都流入市俗去了。"

（第五十六回，页767~768）

（1）以下这段话出自朱熹《不自弃文》，请你断句并翻译。

夫 天 下 之 物 皆 物 也 而 物 有 一 节 之 可 取 且 不 为 世 之 所 弃 可 谓 人 而 不 如 物 乎

_____

_____

（2）请你结合文段上下文，从以下四句中选出最有可能是探春没有说出的"底下那一句"的一项（　　）

A. 立志不坚，终不济事

B. 自修则人不得以非理相加

C. 使之以权，动之以利，世无不尽职者

D. 凡事谦恭，不得盛气凌人，自取其辱

（3）宝钗说："学问中便是正事。"请说一说探春和宝钗、李纨商议的正事是什么。为何宝钗说这些事情"用学问一提"就"越发作高一层"，"不拿学问提着，便都流入世俗去了"？你是如何理解这段话的？

_____

_____

_____

4. 阅读文段，回答问题。

宝玉心中便又疑惑起来：若说必无，然亦似有；若说必有，又并无目睹。心中闷闷了，回至房中榻上默默盘算，不觉就忽忽的睡去，不觉竟到了一座花园之内。宝玉诧异道："除了我们大观园，更又有这一个园子？"

正疑惑间，从那边来了几个女儿，都是丫鬟。宝玉又诧异道："除了鸳鸯、袭人、平儿之外，也竟还有这一干人？"只见那些丫鬟笑道："宝玉怎么跑到这里来了？"宝玉只当是说他自己，忙来陪笑说道："因我偶步到此，不知是那位世交的花园，好姐姐们，带我逛逛。"众丫鬟都笑道："原来不是咱家的宝玉。他生的倒也还干净，嘴儿也倒乖觉。"

宝玉听了，忙道："姐姐们，这里也竟还有个宝玉？"丫鬟们忙道："宝玉二字，我们是奉老太太、太太之命，为保佑他延寿消灾的。我们叫他，他听见喜欢。你是那里远方来的臭小厮，也乱叫起他来。仔细你的臭肉，打不烂你的。"又一个丫鬟笑道："咱们快走罢，别叫宝玉看见，又说同这臭小厮说了话，把咱熏臭了。"说着一径去了。

宝玉纳闷道："从来没有人如此涂毒我，他们如何竟这样？真亦有我这样一个人不成？"一面想，一面顺步早到了一所院内。宝玉又诧异道："除了怡红院，也更还有这么一个院落。"忽上了台矶，进入屋内，只见榻上有一个人卧着，那边有几个女孩儿做针线，也有嘻笑顽耍的。只见榻上那个少年叹了一声。一个丫鬟笑问道："宝玉，你不睡又叹什么？想必为你妹妹病了，你又胡愁乱恨呢。"

宝玉听说，心下也便吃惊。只见榻上少年说道："我听见老太太说，长安都中也有个宝玉，和我一样的性情，我只不信。我才作了一个梦，竟梦中到了都中一个花园子里头，遇见几个姐姐，都叫我臭小厮，不理我。好容易找到他房里头，偏他睡觉，空有皮囊，真性不知那去了。"宝玉听说，忙说道："我因找宝玉来到这里。原来你就是宝玉？"榻上的忙下来拉住笑道："原来你就是宝玉？这可不是梦里了。"宝玉道："这如何是梦？真而又真了。"一语未了，只见人来说："老爷叫宝玉。"唬得二人皆慌了。一个宝玉就走，一个宝玉便忙叫："宝玉快回来，快回来！"

袭人在旁听他梦中自唤，忙推醒他，笑问道："宝玉在那里？"此时宝玉虽醒，神意尚恍惚，因向门外指说："才出去了。"袭人笑道："那是你梦迷了。你揉眼细瞧，是镜子里照的你影儿。"宝玉向前瞧了一瞧，原是那嵌的大镜对面相照，自己也笑了。早有人捧过漱盂茶卤来，漱了口。

麝月道:"怪道老太太常嘱咐说小人屋里不可多有镜子。小人魂不全,有镜子照多了,睡觉惊恐作胡梦。如今倒在大镜子那里安了一张床。有时放下镜套还好;往前去,天热困倦不定,那里想的到放他,比如方才就忘了。自然是先躺下照着影儿顽的,一时合上眼,自然是胡梦颠倒;不然如何得看着自己叫着自己的名字?不如明儿挪进床来是正经。"

(第五十六回,页 778~779)

(1)怡红院中的大镜子在《红楼梦》中多次出现。你能联想到其他情节吗?除此处出现的这面大镜子外,你是否还记得其他的镜子?

_____

_____

_____

(2)此处"宝玉梦宝玉"的情节可谓是精彩异常,两个宝玉竟然在梦中相见。据麝月说是因为宝玉睡前照了镜子才"胡梦颠倒"。请想一想,宝玉会做此梦的直接原因是什么?另外,我们常说"日有所思,夜有所梦",贾宝玉借见到"甄宝玉"一梦,透露出自己日常生活中的哪几处常态?

_____

_____

_____

5. 根据原文,将下列横线处的内容填补完整,并完成后面的问题。

　　柳家的听了,便将茯苓霜搁起,且按着房头分派菜馔。忽见_____房里小丫头莲花儿走来说:"_____姐姐说了,要碗鸡蛋,炖的嫩嫩的。"柳家的道:"就是这样尊贵。不知怎的,今年这鸡蛋短的很,十个钱一个还找不出来。昨儿上头给亲戚家送粥米去,四五个买办出去,好容易才凑了二千个来。我那里找去?你说给他,改日吃罢。"

莲花儿道:"前儿要吃豆腐,你弄了些馊的,叫他说了我一顿。今儿要鸡蛋又没有了。什么好东西,我就不信连鸡蛋都没有了,别叫我翻出来。"一面说,一面真个走来,揭起菜箱一看,只见里面果有十来个鸡蛋,说道:"这不是?你就这么利害!吃的是主子的,我们的分例,你为什么心疼?又不是你下的蛋,怕人吃了。"柳家的忙丢了手里的活计,便上来说道:"你少满嘴里混嗳!你娘才下蛋呢!通共留下这几个,预备菜上的浇头。姑娘们不要,还不肯做上去呢,预备接急的。你们吃了,倘或一声要起来,没有好的,连鸡蛋都没了。你们深宅大院,水来伸手,饭来张口,只知鸡蛋是平常物件,那里知道外头买卖的行市呢。别说这个,有一年连草根子都没了的日子还有呢。我劝他们,细米白饭,每日肥鸡大鸭子,将就些儿也罢了。吃腻了膈,天天又闹起故事来了。鸡蛋、豆腐,又是什么面筋、酱萝卜炸儿,敢自倒换口味。只是我又不是答应你们的,一处要一样,就是十来样。我倒别伺候头层主子,只预备你们二层主子了。"

莲花听了,便红了脸,喊道:"谁天天要你什么来?你说上这两车子话!叫你来,不是为便宜却为什么。前儿小燕来,说'＿＿＿＿姐姐要吃芦蒿',你怎么忙的还问肉炒鸡炒?小燕说'荤的因不好才另叫你炒个面筋的,少搁油才好'。你忙的倒说'自己发昏',赶着洗手炒了,狗颠儿似的亲捧了去。今儿反倒拿我作筏子,说我给众人听。"柳家的忙道:"阿弥陀佛!这些人眼见的。别说前儿一次,就从旧年一立厨房以来,凡各房里偶然间不论姑娘姐儿们要添一样半样,谁不是先拿了钱来,另买另添。有的没的,名声好听,说我单管姑娘厨房省事,又有剩头儿,算起帐来,惹人恶心:连姑娘带姐儿们四五十人,一日也只管要两只鸡,两只鸭子,十来斤肉,一吊钱的菜蔬。你们算算,够作什么的?连本项两顿饭还撑持不住,还搁的住这个点这样,那个点那样,买来的又不吃,又买别的去。既这样,不如回了太太,多添些分例,也像大厨房里预备老太太的饭,把天下所有的菜蔬用水牌写了,天天转着吃,吃到一个月现算倒好。连前儿_____和_____偶然商议了要吃个油盐炒枸杞芽儿来,现打发个姐儿拿着五百钱来给我,我倒笑起来了,说:'二位姑娘就是大肚子弥勒佛,也吃不了五百钱的去。这三二十个钱的事,还预备的起。'赶着我送回钱去,到底不收,说赏我打酒吃,又说:'如今厨房在里头,保不住屋里的人不去叨登,一盐一酱,那不是钱买的?你不给又不好,给了你又没的赔。你拿着这个钱,全当还了他们素日叨登的东西窝儿。'这就是明白体下的姑娘,我们心里只替他念佛。没的听了又气不忿,又说太便宜了我,隔不了十天,也打发个小丫头子来寻这样寻那样,我倒好笑起来。你们竟成了例,不是这个,就是那个,我那里有这些赔的。"

(第六十一回,页 836~838)

思考:从柳妈的这段话中,你听出了什么信息?

_____
_____
_____

二、阅读进阶

6. 阅读文段,回答问题。

春燕进来,宝玉知道回复,便先点头。春燕知意,便不再说一语,略站了一站,便转身出来,使眼色与芳官。芳官出来,春燕方悄悄的说与他蕊官之事,并与了他硝。宝玉并无与琮环可谈之语,因笑问芳官手里是什么。芳官便忙递与宝玉瞧,又说是擦春癣的蔷薇硝。宝玉笑道:

"亏他想得到。"贾环听了，便伸着头瞧了一瞧，又闻得一股清香，便弯着腰向靴桶内掏出一张纸来托着，笑说："好哥哥，给我一半儿。"宝玉只得要与他。芳官心中因是蕊官之赠，不肯与别人，连忙拦住，笑说道："别动这个，我另拿些来。"宝玉会意，忙笑包上，说道："快取来。"

芳官接了这个，自去收好，便从奁中去寻自己常使的。启奁看时，盒内已空，心中疑惑，早间还剩了些，如何没了？因问人时，都说不知。麝月便说："这会子且忙着问这个，不过是这屋里人一时短了使了。你不管拿些什么给他们，他们那里看得出来？快打发他们去了，咱们好吃饭。"芳官听了，便将些茉莉粉包了一包拿来。贾环见了，喜的就伸手来接。芳官便忙向炕上一掷。贾环只得向炕上拾了，揣在怀内，方作辞而去。

原来贾政不在家，且王夫人等又不在家，贾环连日也便装病逃学。如今得了硝，兴兴头头来找彩云。正值彩云和赵姨娘闲谈，贾环嘻嘻向彩云道："我也得了一包好的，送你擦脸。你常说，蔷薇硝擦癣，比外头的银硝强。你且看看，可是这个？"彩云打开一看，嗤的一声笑了，说道："你是和谁要来的？"贾环便将方才之事说了。彩云笑道："这是他们哄你这乡老呢。这不是硝，这是茉莉粉。"贾环看了一看，果然比先的带些红色，闻闻也是喷香，因笑道："这也是好的，硝粉一样，留着擦罢，自是比外头买的高便好。"彩云只得收了。

赵姨娘便说："有好的给你！谁叫你要去了，怎怨他们耍你！依我，拿了去照脸摔给他去，趁着这回子撞尸的撞尸去了，挺床的便挺床，吵一出子，大家别心净，也算是报仇。莫不是两个月之后，还找出这个碴儿来问你不成？便问你，你也有话说。宝玉是哥哥，不敢冲撞他罢了。难道他屋里的猫儿狗儿，也不敢去问问不成！"贾环听说，便低了头。彩云忙说："这又何苦生事，不管怎样，忍耐些罢了。"

赵姨娘道："你快休管，横竖与你无干。乘着抓住了理，骂给那些浪淫妇们一顿也是好的。"又指贾环道："呸！你这下流没刚性的，也只好受这些毛崽子的气！平白我说你一句儿，或无心中错拿了一件东西给你，你倒会扭头暴筋瞪着眼蹬摔娘。这会子被那起屄崽子耍弄也罢了。你明儿还想这些家里人怕你呢。你没有屄本事，我也替你羞。"贾环听了，不免又愧又急，又不敢去，只摔手说道："你这么会说，你又不敢去，支使了我去闹。倘或往学里告去捱了打，你敢自不疼呢？遭遭儿调唆了我闹去，闹出了事来，我捱了打骂，你一般也低了头。这会子又调唆我和毛丫头们去闹。你不怕三姐姐，你敢去，我就服你。"只这一句话，便戳了他娘的肺，便喊说："我肠子里爬出来的，我再怕不成！这屋里越发有得说了。"一面说，一面拿了那包子，便飞也似往园中去了。彩云死劝不住，只得躲入别房。贾环便也躲出仪门，自去顽耍。

赵姨娘直进园子，正是一头火，顶头正遇见藕官的干娘夏婆子走来。见赵姨娘气恨恨的走来，因问："姨奶奶那去？"赵姨娘又说："你瞧瞧，这屋里连三日两日进来唱戏的小粉头们，都三般两样掂人分量放小菜碟儿了。若是别一个，我还不恼，若叫这些小娼妇捉弄了，还成个什么！"夏婆子听了，正中己怀，忙问因何。赵姨娘悉将芳官以粉作硝轻侮贾环之事说了。

夏婆子道："我的奶奶，你今日才知道，这算什么事。连昨日这个地方他们私自烧纸钱，宝玉还拦到头里。人家还没拿进个什么儿来，就说使不得，不干不净的忌讳。这烧纸倒不忌讳？你老想一想，这屋里除了太太，谁还大似你？你老自己撑不起来；但凡撑起来的，谁还不怕你老人家？如今我想，乘着这几个小粉头儿恰不是正头货，得罪了他们也有限的，快把这两件事抓着理扎个筏子，我在旁作证据，你老把威风抖一抖，以后也好争别的礼。便是奶奶姑娘们，也不好为那起小粉头子说你老的。"赵姨娘听了这话，益发有理，便说："烧纸的事不知道，你却细细的告诉我。"夏婆子便将前事一一的说了,又说:"你只管说去。倘或闹起,还有我们帮着你呢。"赵姨娘听了越发得了意,仗着胆子便一径到了怡红院中。

可巧宝玉听见黛玉在那里,便往那里去了。芳官正与袭人等吃饭,见赵姨娘来了,便都起身笑让:"姨奶奶吃饭,有什么事这么忙?"赵姨娘也不答话,走上来便将粉照着芳官脸上撒来,指着芳官骂道:"小淫妇!你是我银子钱买来学戏的,不过娼妇粉头之流!我家里下三等奴才也比你高贵些的,你都会看人下菜碟儿。宝玉要给东西,你拦在头里,莫不是要了你的了?拿这个哄他,你只当他不认得呢!好不好,他们是手足,都是一样的主子,那里有你小看他的!"

芳官那里禁得住这话,一行哭,一行说:"没了硝我才把这个给他的。若说没了,又恐他不信,难道这不是好的?我便学戏,也没往外头去唱。我一个女孩儿家,知道什么是粉头面头的!姨奶奶犯不着来骂我,我又不是姨奶奶家买的。'梅香拜把子——都是奴几'呢!"袭人忙拉他说:"休胡说!"赵姨娘气的便上来打了两个耳刮子。袭人等忙上来拉劝,说:"姨奶奶别和他小孩子一般见识,等我们说他。"芳官捱了两下打,那里肯依,便拾头打滚,泼哭泼闹起来。口内便说:"你打得起我么?你照照那模样儿再动手!我叫你打了去,我还活着!"便撞在怀里叫他打。

众人一面劝,一面拉他。晴雯悄拉袭人说:"别管他们,让他们闹去,看怎么开交!如今乱为王了,什么你也来打,我也来打,都这样起来还了得呢!"

外面跟着赵姨娘来的一干的人听见如此,心中各各称愿,都念佛说:"也有今日!"又有那一干怀怨的老婆子见打了芳官,也都称愿。

当下藕官蕊官等正在一处作耍,湘云的大花面葵官,宝琴的荳官,两个闻了此信,慌忙找着他两个说:"芳官被人欺侮,咱们也没趣,须得大家破着大闹一场，方争过气来。"四人终是小孩子心性，只顾他们情分上义愤，便不顾别的，一齐跑入怡红院中。茞官先便一头，几乎不曾将赵姨娘撞了一跤。那三个也便拥上来，放声大哭，手撕头撞，把个赵姨娘裹住。晴雯等一面笑，一面假意去拉。急的袭人拉起这个，又跑了那个，口内只说："你们要死！有委曲只好说，这没理的事如何使得！"赵姨娘反没了主意，只好乱骂。蕊官藕官两个一边一个，抱住左右手；葵官茞官前后头顶住。四人只说："你只打死我们四个就罢！"芳官直挺挺躺在地下，哭得死过去。

（第六十回，页 823~827）

（1）所谓"场面描写"，即对一个特定的时间与地点内许多人物活动的总体情况的描写。《红楼梦》中有许多非常精彩的场面描写，比如第九回的顽童闹学堂，再比如第六十回的赵姨娘大闹怡红院。这两回对场面的描写都极为精彩，既有对主要人物的聚焦，也有群像的衬托，还写出了特定的氛围。请你从场面描写的角度鉴赏以上文段。

_____
_____
_____
_____

（2）第五十五回"辱亲女愚妾争闲气 欺幼主刁奴蓄险心"中便有赵姨娘与探春相闹的一出戏，请你结合第五十五回中的情节以及上面文段中的内容评价一下赵姨娘这一人物形象。

_____
_____
_____
_____

7. 阅读文段，回答问题。

　　这日宝钗因来瞧黛玉，恰值岫烟也来瞧黛玉，二人在半路相遇。宝钗含笑唤他到跟前，二人同走至一块石壁后，宝钗笑问他："这天还冷的很，你怎么倒全换了夹的？"岫烟见问，低头不答。宝钗便知道又有了原故，因又笑问道："必定是这个月的月钱又没得。凤丫头如今也这样没心没计了。"岫烟道："他倒想着不错日子给，因姑妈打发人和我说，一个月用不了二两银子，叫我省一两给爹妈送出去，要使什么，横竖有二姐姐的东西，能着些儿搭着就使了。姐姐想，二姐姐也是个老实人，也不大留心，我使他的东西，他虽不说什么，他那些妈妈丫头，那一个是省事的，那一个是嘴里不尖的？我虽在那屋里，却不敢很使他们，过三天五天，我倒得拿出钱来给他们打酒买点心吃才好。因一月二两银子还不够使，如今又去了一两。前儿我悄悄的把绵衣服叫人当了几吊钱盘缠。"

　　宝钗听了，愁眉叹道："偏梅家又合家在任上，后年才进来。若是在这里，琴儿过去了，好再商议你这事。离了这里就完了。如今不先完了他妹妹的事，也断不敢先娶亲的。如今倒是一件难事。再迟两年，又怕你熬煎出病来。等我和妈再商议，有人欺负你，你只管耐些烦儿，千万别自己熬煎出病来。不如把那一两银子明儿也越性给了他们，倒都歇心。你以后也不用白给那些人东西吃，他尖刺让他们去尖刺，很听不过了，各人走开。倘或短了什么，你别存那小家儿女气，只管找我去。并不是作亲后方如此，你一来时咱们就好的。便怕人闲话，你打发小丫头悄悄的和我说去说是了。"岫烟低头答应了。

　　宝钗又指他裙上一个碧玉珮问道："这是谁给你的？"岫烟道："这是三姐姐给的。"宝钗点头笑道："他见人人皆有，独你一个没有，怕人笑话，故此送你一个。这是他聪明细致之处。但还有一句话你也要知道，这些妆饰原出于大官富贵之家的小姐，你看我从头至脚可有这些富丽闲妆？然七八年之先，我也是这样来的，如今一时比不得一时了，所以我都自己该省的就省了。将来你这一到了我们家，这些没有用的东西，只怕还有一箱子。咱们如今比不得他们了，总要一色从实守分为主，不比他们才是。"岫烟笑道："姐姐既这样说，我回去摘了就是了。"宝钗忙笑道："你也太听说了。这是他好意送你，你不佩着，他岂不疑心。我不过是偶然提到这里，以后知道就是了。"

岫烟忙又答应，又问："姐姐此时那里去？"宝钗道："我到潇湘馆去。你且回去把那当票叫丫头送来，我那里悄悄的取出来，晚上再悄悄的送给你去，早晚好穿，不然风扇了事大。但不知当在那里了？"岫烟道："叫作'恒舒典'，是鼓楼西大街的。"宝钗笑道："这闹在一家去了。伙计们倘或知道了，好说'人没过来，衣裳先过来'了。"岫烟听说，便知是他家的本钱，也不觉红了脸一笑，二人走开。

宝钗就往潇湘馆来。正值他母亲也来瞧黛玉，正说闲话呢。

....

黛玉笑道："姨妈既这么说，我明日就认姨妈做娘，姨妈若是弃嫌不认，便是假意疼我了。"薛姨妈道："你不厌我，就认了才好。"宝钗忙道："认不得的。"黛玉道："怎么认不得？"宝钗笑问道："我且问你，我哥哥还没定亲事，为什么反将邢妹妹先说与我兄弟了，是什么道理？"黛玉道："他不在家，或是属相生日不对，所以先说与兄弟了。"宝钗笑道："非也。我哥哥已经相准了，只等来家就下定了，也不必提出人来，我方才说你认不得娘，你细想去。"说着，便和他母亲挤眼儿发笑。

黛玉听了，便也一头伏在薛姨妈身上，说道："姨妈不打他我不依。"薛姨妈忙也搂他笑道："你别信你姐姐的话，他是顽你呢。"宝钗笑道："真个的，妈明儿和老太太求了他作媳妇，岂不比外头寻的好？"黛玉便够上来要抓他，口内笑说："你越发疯了。"薛姨妈忙也笑劝，用手分开方罢。

因又向宝钗道："连那女儿我还怕你哥哥遭踏了他，所以给你兄弟说了。别说这孩子，我也断不肯给他。前儿老太太因要把你妹妹说给宝玉，偏生又有了人家，不然倒是一门好亲。前儿我说定了邢女儿，老太太还取笑我说：'我原要说他的人，谁知他的人没到手，倒被他说了我们的一个去了。'虽是顽话，细想来倒也有些意思。我想宝琴虽有了人家，我虽没人可给，难道一句话也不说。我想着，你宝兄弟老太太那样疼他，他又生的那样，若要外头说去，老太太断不中意。不如竟把你林妹妹定与他，岂不四角俱全？"

　　林黛玉先还怔怔的，听后来见说到自己身上，便啐了宝钗一口，红了脸，拉着宝钗笑道："我只打你！你为什么招出姨妈这些老没正经的话来？"宝钗笑道："这可奇了！妈说你，为什么打我？"紫鹃忙也跑来笑道："姨太太既有这主意，为什么不和太太说去？"薛姨妈哈哈笑道："你这孩子，急什么，想必催着你姑娘出了阁，你也要早些寻一个小女婿去了。"紫鹃听了，也红了脸，笑道："姨太太真个倚老卖老的起来。"说着，便转身去了。黛玉先骂："又与你这蹄子什么相干？"后来见了这样，也笑起来说："阿弥陀佛！该，该，该！也臊了一鼻子灰去了！"薛姨妈母女及屋内婆子丫鬟都笑起来。婆子们因也笑道："姨太太虽是顽话，却倒也不差呢。到闲了时和老太太一商议，姨太太竟做媒保成这门亲事是千妥万妥的。"薛姨妈道："我一出这主意，老太太必喜欢的。"

　　一语未了，忽见湘云走来，手里拿着一张当票，口内笑道："这是个帐篇子？"黛玉瞧了，也不认得。地下婆子们都笑道："这可是一件奇货，这个乖可不是白教人的。"宝钗忙一把接了，看时，就是岫烟才说的当票，忙折了起来。

　　薛姨妈忙说："那必定是那个妈妈的当票子失落了，回来急的他们找。那里得的？"湘云道："什么是当票子？"众人都笑道："真真是个呆子，连个当票子也不知道。"薛姨妈叹道："怨不得他，真真是侯门千金，而且又小，那里知道这个？那里去有这个？便是家下人有这个，他如何得见？别笑他呆子，若给你们家的小姐们看了，也都成了呆子。"众婆子笑道："林姑娘方才也不认得，别说姑娘们。此刻宝玉他倒是外头常走出去的，只怕也还没见过呢。"薛姨妈忙将原故讲明。

湘云黛玉二人听了，方笑道："原来为此。人也太会想钱了，姨妈家的当铺也有这个不成？"众人笑道："这又呆了。'天下老鸹一般黑'，岂有两样的？"薛姨妈因又问是那里拣的？湘云方欲说时，宝钗忙说："是一张死了没用的，不知那年勾了帐的，香菱拿着哄他们玩的。"薛姨妈听了此话是真，也就不问了。一时人来回："那府里大奶奶过来请姨太太说话呢。"薛姨妈起身去了。

这里屋内无人时，宝钗方问湘云何处捡的。湘云笑道："我见你令弟媳的丫头篆儿悄悄的递与莺儿。莺儿便随手夹在书里，只当我没看见。我等他们出去了，我偷着看，竟不认得。知道你们都在这里，所以拿来大家认认。"黛玉忙问："怎么，他也当衣裳不成？既当了，怎么又给你去？"宝钗见问，不好隐瞒他两个，遂将方才之事都告诉了他二人。

黛玉便说"兔死狐悲，物伤其类"，不免感叹起来。史湘云便动了气说："等我问着二姐姐去！我骂那起老婆子丫头一顿，给你们出气何如？"说着，便要走。

（第五十七回，页 793~798）

（1）文段中写姑娘们见到当票处出现了四个"呆"字，请你结合文本，说一说这四个"呆"字的含义。

_____

_____

（2）请结合选文内容，分析邢岫烟、宝钗、黛玉和湘云的性格特点，鉴赏曹雪芹塑造人物的精妙笔法。

_____

_____

_____

8. 阅读文段，回答问题。

(一)

宝玉便也正要去瞧林黛玉，便起身拄拐辞了他们，从沁芳桥一带堤上走来。只见柳垂金线，桃吐丹霞，山石之后，一株大杏树，花已全落，叶稠阴翠，上面已结了豆子大小的许多小杏。宝玉因想道："能病了几天，竟把杏花辜负了！不觉已到'绿叶成荫子满枝'了！"因此仰望杏子不舍。又想起邢岫烟已择了夫婿一事，虽说是男女大事，不可不行，但未免又少了一个好女儿。不过两年，便也要"绿叶成荫子满枝"了。再过几日，这杏树子落枝空，再几年，岫烟未免乌发如银，红颜似槁了，因此不免伤心，只管对杏流泪叹息。

正悲叹时，忽有一个雀儿飞来，落于枝上乱啼。宝玉又发了呆性，心下想道："这雀儿必定是杏花正开时他曾来过，今见无花空有子叶，故也乱啼。这声韵必是啼哭之声，可恨公冶长不在眼前，不能问他。但不知明年再发时，这个雀儿可还记得飞到这里来与杏花一会了？"

（第五十八回，页804）

(二)

这里宝玉和他只二人，宝玉便将方才从火光发起，如何见了藕官，又如何谎言护庇，又如何藕官叫我问你，从头至尾，细细的告诉他一遍，又问他祭的果系何人。芳官听了，满面含笑，又叹一口气，说道："这事说来可笑又可叹。"宝玉听了，忙问如何。芳官笑道："你说他祭的是谁？祭的是死了的菂官。"宝玉道："这是友谊，也应当的。"

芳官笑道："那里是友谊？他竟是疯傻的想头，说他自己是小生，菂官是小旦，常做夫妻，虽说是假的，每日那些曲文排场，皆是真正温存体贴之事，故此二人就疯了，虽不做戏，寻常饮食起坐，两个人竟是你恩我爱。菂官一死，他哭的死去活来，至今不忘，所以每节烧纸。后来补了蕊官,我们见他一般的温柔体贴,也曾问他得新弃旧的。他说:'这又有个大道理。比如男子丧了妻,或有必当续弦者,也必要续弦为是。便只是不把死的丢过不提,便是情深意重了。若一味因死的不续,孤守一世,妨了大节,也不是理,死者反不安了。'你说可是又疯又呆?说来可是可笑?"

宝玉听说了这篇呆话,独合了他的呆性,不觉又是欢喜,又是悲叹,又称奇道绝,说:"天既生这样人,又何用我这须眉浊物玷辱世界。"

(第五十八回,页810~811)

(1)针对文段(一)的内容,脂批有云:"近之淫书,满纸伤春,究竟不知伤春原委。看他并不提伤春字样,却艳恨秾愁,香流满纸矣。"[①]请谈一谈你对这个批语的理解。

(2)文段(二)中也有三个"呆"字,请你结合文章内容,谈谈这里的"呆"字是什么意思。

三、探究提升

9. 从第三十七至五十四回,《红楼梦》为我们呈现了一个大家族繁盛、奢华的生活实际,也为我们呈现了一个充满诗意和青春的彩色大观园。在这所园子中,有诗会、有鲜花、有欢歌、有笑语,宝玉和姐妹们度过了

[①]《脂砚斋评石头记》,上海三联书店,2011,页623。

一段自由美好的时光。

可是从第五十五回开始,大观园中除了青春笑语,还多了一些其他的声音。探春协助凤姐理家,让我们明白了维持大家族生活开支的不易;赵姨娘三番五次找碴儿发火,使我们看到了大家族中并非都是母慈子孝;还有丫鬟之间的斗嘴与吵闹、婆子们与丫鬟们的恩恩怨怨……我们发现,曹雪芹已经将笔墨从一个家族的上层悄悄转移到了下层,而同为下人,也是各有各的心思,关系错综复杂。

请你梳理一下在这几回中出现的丫鬟和婆子的名字以及她们彼此之间的关系,并选择其中一个人物尝试着进行分析。也可以想一想,曹雪芹为什么要在这几回里着力描写这些人物?

_____
_____
_____
_____
_____
_____

四、真题重现

2019·北京高考·微写作

在《边城》《红楼梦》中,谁是"心清如水"的人?写一首诗或一段抒情文字赞美他(她)。要求:写出赞美对象的姓名和特点,不超过150字。

本节参考答案

一、基础了解

1.（1）第五十五回：辱亲女愚妾争闲气　欺幼主刁奴蓄险心

第五十六回：敏探春兴利除宿弊　时宝钗小惠全大体

第五十七回：慧紫鹃情辞试忙玉　慈姨妈爱语慰痴颦

第五十八回：杏子阴假凤泣虚凰　茜纱窗真情揆痴理

第五十九回：柳叶渚边嗔莺咤燕　绛云轩里召将飞符

第六十回：茉莉粉替去蔷薇硝　玫瑰露引来茯苓霜

第六十一回：投鼠忌器宝玉瞒赃　判冤决狱平儿行权

（2）①李纨　探春　宝钗　②李纨。理由：一是因为她不能坏了规矩，二是她要做规矩给下人婆子们看。如果此事办得不妥，那么她今后再管家就难以服众了。　探春了解到贾母身边的老姨奶奶有家生仆人变为姨奶奶的，也有从外边买来的姨奶奶，她们家里如果有了白事，贾府给她们的赏钱是不一样的，所以在弄明白之前不能随便赏钱坏了规矩。后来，吴新登家的拿来了账册，里面明确记着，两个家里的赏了二十两，两个外头的赏了四十两，还有两个有特殊情况的，各赏了一百两和六十两。于是，探春驳了李纨赏四十两的决定，赏给赵姨娘也就是自己的亲娘娘家二十两。从这里也能看出，赵姨娘是家生的。　③园子有专定之人修理，花木自又一年好似一年的，也不用临时忙乱　也不至作践，白辜负了东西　老妈妈们也可借此小补，不枉年日在园中辛苦　亦可以省了这些花儿匠山子匠打扫人等的工费　赖大家园子　④甄宝玉

⑤紫鹃　林妹妹长大后要被林家人接走　　⑥A. 怡红院　蕊官　藕官　史湘云　艾官　B. 藕官　"诚心"　C. 赵姨娘　D. 怡红院　无论是家生还是外头的，到了年纪全都归还她们自由　五儿　芳官　E. 玫瑰露　茯苓霜　芳官　宝玉

2.（1）B　（2）林黛玉　薛宝钗　（3）凤姐头脑清楚。凤姐在与平儿的谈话中非常全面地分析了贾家目前的经济状况以及今后贾府将会有的红白大事所需要的花销。其一，家大业大开销也大，老规矩若是破了容易惹人笑话，若不破怕真支持不了几年；其二，开销大而进项却一年少似一年，在这一点上作为媳妇的王熙凤也是没有办法的；其三，偌大一个家族，下人婆子们自然少不了，然而人多了自然便有各种利益纠葛，人多口杂，作为管事的人自然少不了被人记恨。这三点，凤姐知道得非常清楚，可见她脑子不糊涂，很精明。她的优势之二便是心明眼亮，有识人之慧。她将目光锁定在三姑娘探春身上是非常准确的，她对三姑娘的评价也是极为到位，同时她也深知单靠自己和平儿根本无法摆平一大家子人，所以，借此养病的机会，她正好培养自己的接班人，只可惜这个接班人早晚要成为别人家的人。她的优势之三就是明白事理。凤姐也并不是一味坐大，她深知管家之关键在于立规矩，我们还记得王熙凤协理宁国府时是怎样立规矩的，所以她特意嘱咐平儿如果探春拿自己开端千万不要阻止。综上所述，凤姐纵然心狠手辣、玩弄权术，但从业务能力上来说还是很过硬的。

3.（1）夫天下之物/皆物也/而物有一节之可取/且不为世之所弃/可谓人而不如物乎　翻译：天下的事物，都有它们特定的物性。只要该物有一点可取之处，便不会被世间丢弃。难道堂堂之人反而不如物吗？

（2）C

（3）探春和宝钗、李纨商议的正事是如何能够更好地利用大观园，让

其生财，让其有现实的用处。之前元妃让姐妹们搬进大观园，是考虑不要让园子里的春光荒废了，这是一种浪漫的诗意的好处。而探春从现实角度出发，考虑让大观园不仅是女孩子们的青春乐园，更成为贾府的重要产业。从前面的情节可知，凤姐明白要增加家中进项才能更好地维持现在的财务状况，她却不知道从哪里入手。然而探春却能敏锐地发现大观园的生财之道，而且能够立马定出规矩，这个姑娘真不简单。由此事可以看出，探春不仅有文墨诗情之才，而且有理家断事之能。有意思的是，宝玉赞女儿是"水作的骨肉"，自己是"须眉浊物"。连他身边的小厮茗烟陪着去祭拜金钏儿时，都代祝说："你在阴间保佑二爷来生也变个女孩儿，和你们一处相伴，再不可又托生这须眉浊物了。"而探春作为豪门贵族中"姨娘养的"，却深恨自己是女孩儿家，"我但凡是个男人，可以出得去"，是她此生无法实现的志向。宝钗、探春读书多、明道理，待人处事也豁朗透亮。此时商量敛财生利之事，不从私处考量，又体贴众人心意。如此看来，的确是小事也须"用学问一提"。

4.（1）第十七至十八回，贾政带着贾宝玉游历大观园时，在怡红院看到这面大镜子。第四十一回，刘姥姥喝醉了酒上厕所后迷路，结果误打误撞进到了宝玉的屋里，看到了这面大镜子。这面镜子其一是大，其二是精巧——它同时是一道门。可见宝玉屋内的装饰繁复奢华。在《红楼梦》中，有些镜子却有着非比寻常的作用，比如跛足道人送给贾瑞救命的"风月宝鉴"，这面镜子就不是装饰物，而是照射灵魂之物了。

（2）直接原因是听到了甄家人说他们那里也有一个公子哥叫"宝玉"，后来宝玉还和湘云有过一段争论，说同名又同貌的必然没有，结果日有所思夜有所梦，宝玉睡着后就做了这个梦。

这个梦至少透露了宝玉日常的三大常态。第一，面对女孩，常常自卑。这里的"自卑"不是说他对自己没有信心，而是指宝玉总是把女孩看作如水一般纯洁珍贵，而自己身为男子，却是浊臭逼人。比如第五十一回晴雯生病了，请来的医生开了一服药，里面有枳实、麻黄这样的"狼虎药"，于是宝玉就说："旧年我病了，却是伤寒内里饮食停滞，他瞧了，还说我禁不起麻黄、石膏、枳实等狼虎药。我和你们一比，<u>我就如那野坟圈子里长的几十年的一棵老杨树</u>，你们就如秋天芸儿进我的那才开的白海棠，连我禁不起的药，你们如何禁得起。"可见，珍视美貌聪明的女孩子是宝玉的生活常态，所以他在梦中会梦到姐妹们喊他"臭肉""臭小厮"。第二，面对妹妹，常常担忧。这也是宝玉的日常，他每天都在关心着林黛玉的状况，为林妹妹操碎了心。第五十七回补叙了一个细节，宝玉和紫鹃聊天，紫鹃问到燕窝，宝玉才说出是自己听到林妹妹需要吃燕窝，他马上就想到了妹妹不好意思和贾母或凤姐说，又肯定不好意思老让宝钗送，所以他就和贾母提了一嘴，果然贾母就安排上了。可见宝哥哥对这个妹妹的用心。这也是他在梦里，梦到"宝玉"叹气，丫鬟们说"宝玉，你不睡又叹什么？想必为你妹妹病了，你又胡愁乱恨呢"时为什么会吃惊的原因了吧。第三，面对父亲，其又惧又怕的感觉如同听到焦雷。最妙的就是此梦之所以结束恰恰是因为那句"老爷叫宝玉"，那种慌乱感绝对是宝玉日常状态的最佳写照。最后再补充一下阅读感受，"宝玉梦宝玉"，何尝不是一种对精神知己的寻觅追索呢。

5. 迎春　司棋　晴雯　三姑娘（探春）　宝姑娘（宝钗）　赵姨奶奶（赵姨娘）

我们可以从柳妈这段话中听出以下信息。第一，大观园中的贵族小姐们，包括他们身边的丫鬟锦衣玉食，完全不知道柴米油盐贵，虽然每月有月钱，但是每个房里很多人，每人都额外点吃的，厨房确实很难招架得住。第二，迎春是"二木头"，不大管事，更不懂这些人情世故，谁承想她手下的丫鬟倒有些蛮横劲儿，比如司棋的性格倒是与迎春互补，只是做事欠考虑，过于使性子了。第三，探春与宝钗果然是明事理、懂人情世故之人，作为大家小姐能够体贴下人，实为难得。第四，探春的亲娘赵姨娘实在不像话，太小气太狭隘，连一个厨娘都要与人家吃醋，计较得失，哪里有主子的风范，难怪她的儿子不成器。王熙凤体贴宝玉他们，提议大观园内增加一个厨房，却没想到，增加了很多人事纷争。

二、阅读进阶

6.（1）首先，在这个场面中，曹雪芹写活了各个人物。尤其是那些从梨香院里被分派到各个房中的小戏子。《红楼梦》写到这儿，是第一次写下人直接和主子（赵姨娘也算是主子）顶撞，甚至是打起来的场面，实在是稀罕。而且，这个"打"是实实在在的身体冲撞，我们看曹雪芹的描写：抬头打滚、泼哭泼闹、撞在怀里、撞了一跤、放声大哭、手撕头撞、直挺挺躺在地下……这些都是小戏子们的动作描写，何等泼辣，连从不讲理的赵姨娘都没着没落的，可见学唱戏的孩子确实是没有规矩的，这也是她们与婆子们之间有矛盾的一个原因。但同时也从一个侧面体现了大观园的包容性，这些女孩子都是分散在各个房中的，也没见她们与主人有怎样的冲突，而唯独这个赵姨娘特别爱找麻烦。曹雪芹看似没用多少笔墨写她，然而在写芳官、荳官、藕官、葵官等人物时，早就把赵姨娘的不堪写尽了。赵姨娘开始是气得打人，后来却是被人家闹得没了主意，只能乱骂。这样的主子，看着真让人笑话。探春对她的评价极是："这么大年纪，行出来的事总不叫人敬服。这是什么意思，也值得吵一吵，并不留体统，耳朵又软，心里又没有计算。这又是那起没脸面的奴才们的调停，作弄出个呆人替他们出气。"

其次，曹雪芹还借着这件事写出了贾府和大观园内的小算计，写出了那些美好之外的混乱与矛盾。主子与下人、下人与下人，让读者总是在美好中感觉有丝丝不安在流动，这也是大家族中最现实的一面。

（2）首先，赵姨娘是一个非常不懂教育、心胸狭隘的母亲。从这回她对儿子贾环的教育方式来看，我们就知道贾环作为贾宝玉的弟弟为何与宝玉天差地别，如此不堪了。赵姨娘在面对儿子时很少有正面积极的评价，基本都是用身份来打击他，比如："有好的给你！谁叫你要去了，怎怨他们耍你！"这是贾环给彩云要来"蔷薇硝"却被彩云发现其实是"茉莉粉"之后她对亲生儿子说的话。其实，贾环并没有不开心，反倒是赵姨娘，一下子就把问题矛头指向了儿子的身份——庶出上。要知道，家长打击一个孩子的自信心是非常容易的，只要经常当着孩子的面表扬"别人家的孩子"就可以了。慢慢地，孩子的内心一定会多多少少产生自卑感。贾环每天都活在赵姨娘为他营造的自卑感中，你说他还怎么和宝玉这个哥哥好好相处。另外，赵姨娘除了用身份打击贾环，她还总是怂恿贾环用暴力解决问题，遇到比自己弱小的就去欺负。比如这回，她认为芳官不过是个戏子，于是就教唆贾环与她们去理论，贾环不想去，赵姨娘就骂得很难听（怎么会有母亲这么骂自己的孩子），可是遇到比自己位置高能力强的，她又开始面上卑躬屈膝，暗地使劲儿使坏，比如她让马道婆作法魇魔宝玉、凤姐。不过，这次被三四个"官"围攻是她没有想到的。所以，这样的母亲怎么能教育出不卑不亢、从容优雅、有学识、有教养的儿子呢？幸亏探春不在她身边长大。

其次，赵姨娘欲望极强，却又粗鲁愚笨，她想要很多东西却又不知道该怎么争取。从第五十五回她去闹探春那次便可以知道。赵姨娘知道自己的身份很低卑，便总想借着探春和贾环来改变、提升自己的地位。然而，她的眼界学识和气质修养不足以支撑她扭转乾坤，因此就造成了很可笑的情形。一方面，她希望贾环有出息，能够比过贾宝玉，今后她能够靠着环哥儿翻身做主；另一方面，她又总在诋毁贾环，不惮用最恶意的脏话来辱骂他。一方面她期望能讨好老太太、王夫人；另一方面她又认为自己之所以地位不高，就是因为有了王熙凤和贾宝玉的存在。这种荒唐的逻辑使得赵姨娘失去了基本的判断力，仇恨与恐惧同时存在于她的世界中，各种蛮不讲理的索取、小心眼的撒泼打滚就成了她保护自己的办法。她甚至是非不辨，用阴险的奸计谋害他人的性命。

生母这样不讲道理，让探春非常为难。正如探春所说："如今因看重我，才叫我照管家务，还没有做一件好事，姨娘倒先来作践我。倘或太太知道了，怕我为难不叫我管，那才正经没脸，连姨娘也真没脸！"赵姨娘想不明白这个道理，女儿的脸面不就是她的脸面吗？和贾环一样，赵姨娘既恨探春从小不在自己身边长大，觉得她是巴结高枝儿，又想借着这个能上高枝儿的女儿提高自己和贾环的地位，所以她才会说出："太太疼你，你越发拉扯拉扯我们。你只顾讨太太的疼，就把我们忘了。"说到底，还是那"阴微鄙贱"的念头。怎么拉扯呢？赵姨娘认为现在探春当家，多偏袒自己赵家是应该的，不多给银两便是不孝。赵姨娘不懂自己的女儿，她觉得世上所有人都和她一样，只知道占小便宜，却不能从母亲的角度体贴女儿的心思。探春在这样的处境下，难免会有这样的向往："我但凡是个男人，可以出得去，我必早走了，立一番事业，那时自有我一番道理。"她想做一个男人，能够为一份事业而奋斗，能够闯出自己的一片天地，能够自己决定自己的命运。可是，她偏偏是个女孩，更偏偏有这样一个生母。在以粉代硝事件中，赵姨娘本已心头起火，夏婆子的挑拨更是火上浇油。"这屋里除了太太，谁还大似你？"妻妾嫡庶之争，有时是意气之争，有时是生死之争。夏婆子之意其实并不在此，只是利用赵姨娘的身份帮自己出口气而已，却也正说中了赵姨娘心中所想。打压地位低贱的"官"们，以图为自己立威作势，但最终却事与愿违。如果说这件事只是赵姨娘贪便宜的小心思作怪，是那种"竭竭螯螯"的猥琐做派，那么当她得知探春要远嫁之时的心理活动，却令人匪夷所思，毛骨悚然。"却说赵姨娘听见探春这事，反欢喜起来，心里说道：'我这个丫头在家忒瞧不起我，我何从还是个娘，比他的丫头还不济。况且泼上水护着别人。他挡在头里，连环儿也不得出头。如今老爷接了去，我倒干净。想要他孝敬我，不能够了。只愿意他像迎丫头似的，我也称称愿。'"

（第一〇〇回，页1377）

这段话里有四个反常之处：其一，母亲欢喜女儿远嫁；其二，母亲认为自己比女儿低贱；其三，弟弟不能出头是因为姐姐挡着；其四，亲生母亲盼着女儿婚姻不幸，以此获得心理平衡。这哪里是亲生母亲？她已经没有做母亲的慈爱与温情了。女儿不孝敬我，所以活该嫁得远；女儿平时太强势，所以就该有个更厉害的男人管教管教她。亏得探春不知道赵姨娘的这番心愿，否则该如何伤心！再看贾环说的话，"遭遭挑唆了我闹去"，如此说来，赵姨娘不仅对自己的"敌人"阴狠，对自己的一双儿女也不心软。

7.（1）这些婆子嘴里的"呆"，意思是指贵族小姐们一直养在深闺，不食人间烟火，不通世事，不明白普通人家常常会有的艰辛。所以，连一张当票都不认识。

（2）在这段情节中，四个女孩子的性格特点体现得特别鲜明。其一，邢岫烟无论是从性情还是气质上来看，都是一个非常温和、谦虚、懂事的女孩子，因为自己的家境并不好，所以她总是会隐忍迁就，尽量不去麻烦贾府中的人，尤其是住在迎春身边，她更是无法获得应有的照顾和体贴，从这一点来看曹雪芹也顺带着又写了一笔"二木头"迎春（下人给二小姐起的绰号）。然而，她并不会到处说自己的委屈，去争去抢，反而自己默默承受，还拿钱来打点下人，真是一个令人怜惜的可心人。同时，邢岫烟更让人喜爱的一点还在于，她虽然经济状况很不好，但是她从来不为此而感到自卑，永远不卑不亢，和众姐妹在一起不抱怨，不一味攀附，而能清贫自守，淡然处之。其二，薛宝钗的体贴周到、聪慧明理，在她和邢岫烟的对话中再一次体现得淋漓尽致，尤其是她劝说邢岫烟以后不要将名贵玉佩挂身上，毕竟本身没有那么好的经济基础，就千万别和别人攀比。在她看来，身上有那么名贵的物品，一是容易扰乱心性，二是容易招惹是非。宝钗在这里又充当了一回知心大姐姐。大观园的姑娘们中她较年长，所以她也总是会时时去关心这些妹妹，令人心生感激和敬重之情。再看她对邢岫烟当票的处理方式，更见出她的为人，既帮助别人解决了困难，又不使对方难堪。其三，黛玉在明白宝玉对自己的情感后，并未停止流泪。她的孤苦无依之感越来越强，她渴求与兄弟姐妹的亲情，与宝钗结为金兰，让薛姨妈做娘，都是在寻求情感寄托。听说了邢岫烟也去当衣服的时候，她的内心一下子感受到了一种悲伤，是对岫烟的同情，恐怕也是由此想到了自己的身世，虽然她不愁吃喝，但是境遇却也是相似的，凸显了黛玉的多愁善感。孤女的处境带来的另一现实问题是，没有长辈可以切实关照黛玉的婚事。紫鹃为黛玉着急，她私下劝黛玉"趁早儿，老太太还明白硬朗的时节"，赶紧"作定了大事"，甚至忍不住求告薛姨妈。黛玉嘴上骂她，心里应当是明白这层关系的，但此事却难以施行。而"慈姨妈爱语慰痴颦"，虽当面答应向老太太提宝黛婚事，然此至关重要之承诺却在后文中再无交代，真成了"顽话"。因而，黛玉之内心凄苦不仅并未稍减，且愈加难与人言了。其四，史湘云活泼可爱少有心机，她不仅好奇心强，而且还很淘气，偷偷拿人家的东西，拿到之后还不管不顾地直接大声问出来，这真是只有史湘云能做出的事儿。同时，她仗义、豪爽，一听说岫烟受了委屈，就立马要去找迎春问清楚，还要去骂那些婆子为岫烟讨公道。可是，她却没有考虑到这样做了以后岫烟将何以自处，所以说她有些鲁莽也不为过。

8.（1）冯延巳曾在《蝶恋花》中写道："谁道闲情抛掷久？每到春来，惆怅还依旧。"这世界上有很多情感是说不出来却时时常在的，也许平时你会忘掉，但是只要被外界一触发，这种情感就会立马喷涌而出。有些情感是不用说出来的，也不能说，比如伤春，因为一说出来就会立马变得矫情、别扭。宝玉打心眼里珍惜这世上所有美好的纯洁的事物，无论是春天的花朵还是像花朵一样的这些女孩的青春。树要结果，花必然就要凋谢；女孩子要嫁人生子，青春容颜和自由风采必然也要消逝。可是这又是世间的规律，没人能逃脱。所以，宝玉会从一颗将要结果的杏树想到了已经说好了人家的邢岫烟。脂批用"情不情"来概括贾宝玉，意思是对没有情的人或者事物充满感情。第三十五回，傅试家的嬷嬷就私下议论宝玉的"可笑"："时常没人在跟前，就自哭自笑的；看见燕子，就和燕子说话；河里看见了鱼，就和鱼说话；见了星星月亮，不是长吁短叹，就是咕咕哝哝的……"宝玉不言杏花已落，而是遗憾自己"竟把杏花辜负了"；不仅由此伤春，而且联想遥远，似乎眼见着半生已过，"乌发如银，红颜似槁"，与李白"君不见黄河之水天上来，奔流到海不复回；君不见高堂明镜悲白发，朝如青丝暮成雪"一样夸张而令人震撼。所以，评语说宝玉这一段并不提"伤春"二字，"艳恨秾愁"却"香留满纸"。

（2）文段（二）中芳官讲藕官之呆，意思是痴傻，不合情理，令人费解。而宝玉则深为赞叹此"呆",在他看来,人生在世,最重的一字便是情字,世上所有的美好都在于有情有义。他不以藕官药官的同性之爱为新奇怪异,也不以藕官与蕊官的再结新欢为背信弃义,他只满心真诚地认可、钦赞他们的情谊真挚深厚。贾宝玉是一个放诞不拘的情种情痴。

三、探究提升

9. 可从表格中选择某个人物作答。

回目	人物	关系	核心事件
五十五回	吴新登的媳妇	她的丈夫吴新登是管贾府库房的。	不安好心,想为难年轻姑娘探春。
五十六回	老祝妈 老田妈 老叶妈	在大观园内工作,负责大观园内的各项具体事务。 老叶妈是宝玉的小厮茗烟的娘,和宝钗的丫鬟莺儿的娘关系极好。	被分配负责大观园内的产业(竹子、田地和花草)。
五十八回	藕官 芳官 何婆婆 夏婆婆	藕官和芳官等都是当年元妃省亲时从南边买来的小戏子,她们很要好。 何婆婆和夏婆婆是姐妹俩。夏婆婆是藕官的干娘,何婆婆是芳官的干娘,也是怡红院中丫鬟春燕的母亲。	藕官私自在园子里烧纸,被夏婆婆抓住,幸好有宝玉相助。 芳官被干娘何婆婆欺负,非要她用自己女儿洗剩的水来洗头,于是发生了一场争执。
五十九回	藕官 芳官 蕊官 何婆婆 夏婆婆		春燕明事理,自觉母亲和姨妈行事不好。她的姨妈夏婆婆看到莺儿她们折了好多柳条心里心疼,不好责备莺儿,便管教春燕;她的母亲何婆婆追着要打春燕,结果被宝玉拦下。

续表

回目	人物	关系	核心事件
六十回	蕊官 芳官 彩云 蝉姐儿 柳家的（柳妈） 柳五儿	蕊官和芳官十分要好。彩云和贾环要好。蝉姐儿是探春院子里的丫鬟，是夏婆婆的外孙女儿。柳家的是大观园的厨娘，柳五儿是她的女儿，和芳官关系很好。	蕊官让春燕帮忙把擦脸的蔷薇硝带给怡红院的芳官用，贾环想要一些，芳官因为是蕊官给的所以舍不得给，自己的蔷薇硝也用完了，所以就将茉莉粉给了贾环。 赵姨娘因为贾环上了当所以怒火冲天，来怡红院找芳官她们算账，又遇到夏婆婆嚼舌头，结果大闹了一场。 蝉姐儿听说了探春她们要找怂恿赵姨娘生事的始作俑者，就告诉了自己的姥姥夏婆婆。 柳五儿想到怡红院当丫鬟，求芳官向宝玉开口要人。 芳官给了柳五儿一瓶玫瑰露，柳妈又将半瓶给了自己的外甥，结果五儿的舅妈又给了五儿半包茯苓霜。
六十一回	莲花儿 司棋 柳妈 柳五儿 林之孝家的 彩云	莲花儿是司棋的小丫头。司棋是迎春的大丫鬟。	司棋打发莲花儿来要蒸鸡蛋，结果遭到柳妈一顿教训，气得司棋让丫鬟们摔东西，又将蒸好的蛋羹泼在了地上。 柳五儿到怡红院烦春燕将茯苓霜分给了芳官一些，结果被林之孝家的发现，因为行为、说话不敞亮被当作贼抓了起来。 彩云之前偷拿过王夫人的露给贾环，彩云一人做事一人当，想要承认，被宝玉拦过。

四、真题重现

略

十六 第六十二至六十九回

第六十二至六十九回内容速看

此八回内容：宝玉生日，大观园里众人同庆宝玉、平儿、邢岫烟和宝琴生日，湘云醉眠芍药裀，晚间怡红院的丫鬟们要单为宝玉过生日，为了玩占花名的游戏，又请了宝钗、黛玉、李纨、宝琴、香菱等一夜欢闹。第二天宝玉收到妙玉的生日贺卡，又有平儿还席。宁国府贾敬去世，府中此刻只有尤氏掌家。尤氏请其继母带着尤氏姐妹入住宁府帮着看家。贾珍、贾蓉父子星夜驰回，处理殡丧事宜。父子两个与贾琏在国丧和家丧期间与尤氏姊妹暧昧鬼混。贾琏在贾蓉怂恿下，逼着与尤二姐有婚约的张华退婚，偷娶尤二姐，安置于外室。尤三姐思嫁柳湘莲而未得，自刎而亡。凤姐发现尤二姐嫁给贾琏之事，用计害死尤二姐。

宝玉的朋友圈

一、基础了解

1.（1）请将第六十二至六十九回的回目抄写在下面。

第六十二回：＿＿＿＿＿＿＿＿＿＿＿＿＿＿＿＿＿＿＿＿

第六十三回：＿＿＿＿＿＿＿＿＿＿＿＿＿＿＿＿＿＿＿＿

第六十四回：＿＿＿＿＿＿＿＿＿＿＿＿＿＿＿＿＿＿＿＿

第六十五回：＿＿＿＿＿＿＿＿＿＿＿＿＿＿＿＿＿＿＿＿

第六十六回：＿＿＿＿＿＿＿＿＿＿＿＿＿＿＿＿＿＿＿＿

第六十七回：＿＿＿＿＿＿＿＿＿＿＿＿＿＿＿＿＿＿＿＿

第六十八回：＿＿＿＿＿＿＿＿＿＿＿＿＿＿＿＿＿＿＿＿

第六十九回：＿＿＿＿＿＿＿＿＿＿＿＿＿＿＿＿＿＿＿＿

（2）这八回，又可分为三个段落。其一是第六十二至第＿＿＿回，写＿＿＿＿里庆生日；其二是第六十三至第＿＿＿回，写＿＿＿＿里办丧事；其三是第六十五至六十九回，写尤氏二女之死。

①大观园里庆生日，地点在＿＿＿＿＿＿＿＿＿＿＿＿＿＿＿，主要是为了庆祝＿＿＿＿＿的生日。这一天，还是＿＿＿＿＿、＿＿＿＿＿、＿＿＿＿＿的生日。晚间避开园子里查夜，大家凑在一起吃酒的地点是＿＿＿＿＿，从掌灯时分直到二更以后，黛玉、李纨、宝钗、宝琴等才离去。之后，＿＿＿＿＿和众丫鬟婆子又喝酒行令到四更以后，真是一夜酣闹。

②宝玉在生日第二天看到了妙玉的生日贺卡，上面写的是"＿＿＿＿＿＿＿＿＿＿＿"，为了回复这个拜帖，宝玉煞费苦心，在＿＿＿＿＿的指点下，宝玉回复曰"＿＿＿＿＿＿＿＿＿＿＿"。这天＿＿＿＿还席，地点在＿＿＿＿＿。

③＿＿＿＿＿在＿＿＿＿＿吞金服砂而死，朝廷额外下了恩旨，"念彼祖

父之功，追赐五品之职"。因为忙丧事，家中无人照管，故将_____之妻尤氏的继母接来宁府看家，随着尤老夫人一同进入宁国府的，还有她尚未出嫁的两个女儿。

④"只为同枝贪色欲，致使连理起戈矛"（第六十四回校记十四，页906）指的是_____、_____在国丧和家丧期间与尤氏姊妹鬼混，_____也看上了尤二姐，私下赠送_____。_____察觉其心意，为了能让自己更便宜行事，便出主意，让他另买房置家，偷娶尤二姐。其中，_____和_____是堂兄弟，他们二人与_____是父子和叔侄关系，可谓"同枝"。"_____"常比喻夫妻恩爱，这里指的是_____和_____。

⑤尤三姐折簪为誓，谨身养性，心许_____。贾琏接受父命，前往_____，恰遇已义结金兰的_____和_____。后者接受了和尤三姐的婚约，并拿出_____作为信物。

2.《红楼梦》里人物众多，涉及的生日也多。请根据第六十二回内容及小说相关情节，将提及的诸人生日列出来。（不一定要像答案那样总结得这么全，尽力即可。）

	日期	生日所属人物
①		
②		
③		
④		
⑤		

日期	生日所属人物
⑥	
⑦	
⑧	
……	

3. 红香圃里为平儿、宝玉等四人摆寿酒行酒令，规则是"酒面要一句古文，一句旧诗，一句骨牌名，一句曲牌名，还要一句时宪书上的话，共总凑成一句话。酒底要关人事的果菜名"。以下两个酒令，请用合适的词语分别写出其基本风格特点，并写出它们的作者。

①落霞与孤鹜齐飞，风急江天过雁哀，却是一只折足雁，叫的人九回肠，这是鸿雁来宾。——榛子非关隔院砧，何来万户捣衣声。

②奔腾而砰湃，江间波浪兼天涌，须要铁锁缆孤舟，既遇着一江风，不宜出行。——这鸭头不是那丫头，头上那讨桂花油。

_____

_____

_____

4. 黛玉和宝钗、宝玉说："我曾见古史中有才色的女子，终身遭际令人可欣可美可悲可叹者甚多。今日饭后无事，因欲择出数人，胡乱凑几首诗以寄感慨……"，宝玉将之题为《五美吟》。

请根据诗歌内容，写出"五美"的名字和黛玉的情感态度。

序号	诗歌	"五美"的名字	黛玉的情感态度
①	一代倾城逐浪花， 吴宫空自忆儿家。 效颦莫笑东村女， 头白溪边尚浣纱。		
②	肠断乌骓夜啸风， 虞兮幽恨对重瞳。 黥彭甘受他年醢， 饮剑何如楚帐中。		
③	绝艳惊人出汉宫， 红颜命薄古今同。 君王纵使轻颜色， 予夺权何畀画工？		
④	瓦砾明珠一例抛， 何曾石尉重娇娆。 都缘顽福前生造， 更有同归慰寂寥。		
⑤	长揖雄谈态自殊， 美人具眼识穷途。 尸居馀气杨公幕， 岂得羁縻女丈夫。		

5. 兴儿是贾琏的贴身小厮，有机会向尤氏姊妹进行荣国府舆情汇报。阅读第六十五至六十六回，回答下面的问题。

（1）概括荣国府下人们眼里王熙凤的特点。

_____

_____

（2）概括荣国府下人们眼里平儿的特点。

_____

_____

（3）写出荣国府下人们眼里的诸位女性和宝玉的形象特点。（不一定要像答案那样总结得这么全，尽力即可。）

序号	姓名	诨号	形象特点
①			
②			
③			
④			
……			

二、阅读进阶

6. 贾宝玉历来被看作是簪缨世家的叛逆者，请你结合文段和小说内容，谈一谈自己对宝玉恪守礼节的理解。

（一）

这日宝玉清晨起来，梳洗已毕，冠带出来。至前厅院中，已有李贵等四五个人在那里设下天地香烛，宝玉炷了香。行毕礼，奠茶焚纸后，便至宁府中宗祠祖先堂两处行毕礼，出至月台上，又朝上遥拜过贾母、贾政、王夫人等。一顺到尤氏上房，行过礼，坐了一回，方回荣府。先至薛姨妈处，薛姨妈再三拉着，然后又遇见薛蝌，让一回，方进园来。晴雯、麝月二人跟随，小丫头夹着毡子，从李氏起，一一挨着比他长的房中到过。复出二门，至李、赵、张、王四个奶妈家让了一回，方进来。虽众人要行礼，也不曾受。回至房中，袭人等只都来说一声就是了。王夫人有言，不令年轻人受礼，恐折了福寿，故皆不磕头。

（第六十二回，页849）

（二）

　　林之孝家的又笑道："这些时我听见二爷嘴里都换了字眼，赶着这几位大姑娘们竟叫起名字来。虽然在这屋里，到底是老太太、太太的人，还该嘴里尊重些才是。若一时半刻偶然叫一声使得，若只管叫起来，怕以后兄弟侄儿照样，便惹人笑话，说这家子的人眼里没有长辈。"宝玉笑道："妈妈说的是。我原不过是一时半刻的。"袭人晴雯都笑说："这可别委屈了他。直到如今，他可姐姐没离了口。不过顽的时候叫一声半声名字，若当着人却是和先一样。"林之孝家的笑道："这才好呢，这才是读书知礼的。越自己谦越尊重，别说是三五代的陈人，现从老太太、太太屋里拨过来的，便是老太太、太太屋里的猫儿狗儿，轻易也伤他不的。这才是受过调教的公子行事。"

（第六十三回，页870）

（三）

　　老嬷嬷跟至厅上，只见宝玉的奶兄李贵和王荣、张若锦、赵亦华、钱启、周瑞六个人，带着茗烟、伴鹤、锄药、扫红四个小厮，背着衣包，抱着坐褥，笼着一匹雕鞍彩辔的白马，早已伺候多时了。老嬷嬷又吩咐了他六人些话，六个人忙答应了几个"是"，忙捧鞭坠镫。宝玉慢慢的上了马，李贵和王荣笼着嚼环，钱启周瑞二人在前引导，张若锦、赵亦华在两边紧贴宝玉后身。宝玉在马上笑道："周哥，钱哥，咱们打这角门走罢，省得到了老爷的书房门口又下来。"周瑞侧身笑道："老爷不在家，书房天天锁着的，爷可以不用下来罢了。"宝玉笑道："虽锁着，也要下来的。"钱启李贵等都笑道："爷说的是。便托懒不下来，倘或遇见赖大爷林二爷，虽不好说爷，也劝两句。有的不是，都派在我们身上，又说我们不教爷礼了。"周瑞钱启便一直出角门来。

（第五十二回，页714~715）

（四）

刚说着，只见林之孝家的进来说："江南甄府里家眷昨日到京，今日进宫朝贺。此刻先遣人来送礼请安。"说着，便将礼单送上去。

……………

贾母笑道："园里把咱们的宝玉叫了来，给这四个管家娘子瞧瞧，比他们的宝玉如何？"

众媳妇听了，忙去了，半刻围了宝玉进来。四人一见，忙起身笑道："唬了我们一跳。若是我们不进府来，倘若别处遇见，还只道我们的宝玉后赶着也进了京了呢。"一面说，一面都上来拉他的手，问长问短。宝玉忙也笑问好。

贾母笑道："比你们的长的如何？"李纨等笑道："四位妈妈才一说，可知是模样相仿了。"贾母笑道："那有这样巧事？大家子孩子们再养的娇嫩，除了脸上有残疾十分黑丑的，大概看去都是一样的齐整。这也没有什么怪处。"四人笑道："如今看来，模样是一样。据老太太说，淘气也一样。我们看来，这位哥儿性情却比我们的好些。"贾母忙问："怎见得？"四人笑道："方才我们拉哥儿的手说话便知。我们那一个只说我们糊涂，慢说拉手，他的东西我们略动一动也不依。所使唤的人都是女孩子们。"

四人未说完，李纨姊妹等禁不住都失声笑出来。贾母也笑道："我们这会子也打发人去见了你们宝玉，若拉他的手，他也自然勉强忍耐一时。可知你我这样人家的孩子们，凭他们有什么刁钻古怪的毛病儿，见了外人，必是要还出正经礼数来的。若他不还正经礼数，也断不容他刁钻去了。就是大人溺爱的，是他一则生的得人意，二则见人礼数竟比大人行出来的不错，使人见了可爱可怜，背地里所以才纵他一点子。若一味他只管没里没外，不与大人争光，凭他生的怎样，也是该打死的。"

四人听了，都笑说："老太太这话正是。虽然我们宝玉淘气古怪，有时见了人客，规矩礼数更比大人有礼。所以无人见了不爱，只说为什么还打他。殊不知他在家里无法无天，大人想不到的话他偏会说，想不到的事他偏要行，所以老爷太太恨的无法。就是弄性，也是小孩子的常情，胡乱花费，这也是公子哥儿的常情，怕上学，也是小孩子的常情，都还治的过来。第一，天生下来这一种刁钻古怪的脾气，如何使得。"一语未了，人回："太太回来了。"王夫人进来问过安。他四人请了安，大概说了两句。贾母便命歇歇去。王夫人亲捧过茶，方退出。四人告辞了贾母，便往王夫人处来，说了一会家务，打发他们回去，不必细说。

（第五十六回，页 774~777）

---

7. 阅读第六十六至六十九回，梳理王熙凤在贾琏偷娶尤二姐之后采取的行动及效果。

步骤	行动	效果
1	讯问贾琏小厮，初步了解情况。 ① ② ③ ④	

续表

步骤	行动	效果
2	趁贾琏赴平安州,将尤二姐接入大观园。 ① ② ③ ④	尤二姐上当受骗,将王熙凤看作是可以托付的知己,实际上成为可被随意处置的孤家寡人。
3	唆使张华状告贾府,特意制造官司。 ① ② ③	
4	_____ ① ② ③ ④ ⑤	撒了气,推了责任,做足了委屈冤枉的样子,还在贾蓉和尤氏面前成为妥当人,在尤二姐面前成为可托付的人。
5	两面三刀。一面安抚,一面使坏。 ① ② ③ ④	在贾母及众人、尤二姐面前得贤良包容之誉。背后则进一步制造司法争端。
6	_____ ① ②	尤二姐生无可恋,吞金自尽。王熙凤终于去掉了心头之患。

三、探究提升

8. "寿怡红群芳开夜宴"是《红楼梦》的经典片段。请你阅读第六十三回及书中其他部分相关内容,回答下列问题。

(1)《红楼梦》中提到了多人生日的具体日期,作为主要人物之一的贾宝玉,小说浓墨重彩地写了生日情景,却没有提到日子。请你根据本回的相关文句和其他情节内容,推断宝玉的生日大概在什么时候。

_____

_____

(2)第四十九回中提到大观园里诸人:"叙起年庚,除李纨年纪最长,他十二个人皆不过十五六七岁,或有这三个同年,或有那五个共岁,或有这两个同月同日,那两个同刻同时,所差者大半是时刻月分而已。连他们自己也不能细细分晰,不过是'弟''兄''姊''妹'四个字随便乱叫"。第六十二回里探春说:"倒有些意思,一年十二个月,月月有几个生日。人多了,便这等巧,也有三个一日、两个一日的。"本回可谓是对这几句话的注脚和阐释,请你找出他们同年共岁、同月同日的例子来吧。

_____

_____

_____

(3)"寿怡红群芳开夜宴",这里的"群芳"都有哪些人?哪些人没有得到邀请?

_____

_____

_____

(4)"寿怡红群芳开夜宴"上,酒令的主题词(关键词)是什么?都有哪些寓意？

序号	花签花名	群芳	备注
①			**牡丹花** （唐）罗隐 似共东风别有因，绛罗高卷不胜春。 若教解语应倾国，任是无情亦动人。 芍药与君为近侍，芙蓉何处避芳尘。 可怜韩令功成后，辜负秾华过此身。
②			**下第后上永崇高侍郎** （唐）高蟾 天上碧桃和露种，日边红杏倚云栽。 芙蓉生在秋江上，不向东风怨未开。
③			**梅** （宋）王琪 不受尘埃半点侵，竹篱茅舍自甘心。 只因误识林和靖，惹得诗人说到今。
④			**海棠** （宋）苏轼 东风袅袅泛崇光，香雾空蒙月转廊。 只恐夜深花睡去，故烧高烛照红妆。
⑤			**春暮游小园** （宋）王琪 一从梅粉褪残妆，涂抹新红上海棠。 开到荼蘼花事了，丝丝天棘出莓墙。
⑥			**落花** （宋）朱淑贞 连理枝头花正开，妒花风雨便相催。 愿教青帝常为主，莫遣纷纷点翠苔。

续表

序号	花签花名	群芳	备注
⑦			**明妃曲·再和王介甫** （宋）欧阳修 汉宫有佳人，天子初未识， 一朝随汉使，远嫁单于国。 绝色天下无，一失难再得， 虽能杀画工，于事竟何益？ 耳目所及尚如此，万里安能制夷狄！ 汉计诚已拙，女色难自夸。 明妃去时泪，洒向枝上花。 狂风日暮起，飘泊落谁家。 红颜胜人多薄命，莫怨东风当自嗟。
⑧			**庆全庵桃花** （南宋）谢枋得 寻得桃源好避秦，桃红又是一年春。 花飞莫遣随流水，怕有渔郎来问津。

四、真题重现

2017·北京高考·微写作

请从《红楼梦》中的林黛玉、薛宝钗、史湘云、香菱之中选择一人，用一种花来比喻她，并简要陈述这样比喻的理由。要求：依据原著，自圆其说。180字左右。

本节参考答案

一、基础了解

1.（1）第六十二回：憨湘云醉眠芍药裀　呆香菱情解石榴裙

第六十三回：寿怡红群芳开夜宴　死金丹独艳理亲丧

第六十四回：幽淑女悲题五美吟　浪荡子情遗九龙珮

第六十五回：贾二舍偷娶尤二姨　尤三姐思嫁柳二郎

第六十六回：情小妹耻情归地府　冷二郎一冷入空门

第六十七回：见土仪颦卿思故里　闻秘事凤姐讯家童

第六十八回：苦尤娘赚入大观园　酸凤姐大闹宁国府

第六十九回：弄小巧用借剑杀人　觉大限吞生金自逝

（2）六十三　荣国府　大观园　六十四　宁国府

①芍药栏中红香圃三间小敞厅内　平儿　宝玉　宝琴　邢岫烟　怡红院　宝玉　②槛外人妙玉恭肃遥叩芳辰　邢岫烟　槛内人宝玉熏沐谨拜　平儿　榆荫堂　③贾敬　都城外玄真观　贾珍　④贾珍　贾蓉　贾琏　九龙玉佩　贾蓉　贾珍　贾琏　贾蓉　连理　贾琏　王熙凤　⑤柳湘莲　平安州　薛蟠　柳湘莲　家传鸳鸯剑

2.

序号	日期	生日所属人物	答案出处
①	正月初一	贾元春、贾演	第六十二回探春所言（下面无特别说明，皆同此）
②	正月二十一	薛宝钗	第二十二回、第一〇八回 第六十二回探春所言，薛姨妈与薛宝钗同一天生日。
③	二月十二	林黛玉、花袭人	第六十二回、第八十五回
④	三月初一	王夫人	第六十二回
⑤	三月初三	探春	第七十回
⑥	三月初九	贾琏	第六十二回
⑦	五月初三	薛蟠	第二十六回、第二十九回
⑧	七月初七	巧姐	第四十二回
⑨	八月初三	贾母	第七十一回
⑩	九月初二	王熙凤、金钏儿	第四十三回、第四十四回

注：除上面表格内容外，《红楼梦》中共有31处提到生日，其他如第十回、第十一回提到贾敬生日，第十六回写到贾政过生日，第三十六回、第五十七回提到薛姨妈生日，第五十二回提到王子腾过生日，第七十七回提到四儿（原名蕙香）与宝玉同一天生日，第八十五回提到北静郡王生日，等等。

3. ①为黛玉所吟，②为湘云所吟；前者哀怨，后者放达。其内容又具有象征色彩：黛玉的身世遭遇恰如酒令中的折足孤雁，失伴哀鸣；湘云幼小时父母早丧，家业凋零，后来又青春寡居，其生活历程也似江上孤舟，遭遇风涛。

4.

序号	诗歌	"五美"的名字	黛玉的情感态度
①	一代倾城逐浪花， 吴宫空自忆儿家。 效颦莫笑东村女， 头白溪边尚浣纱。	西施	感慨西施不幸远超效颦女
②	肠断乌骓夜啸风， 虞兮幽恨对重瞳。 黥彭甘受他年醢， 饮剑何如楚帐中。	虞姬	苟且求荣的黥布、彭越不及自刎的虞姬
③	绝艳惊人出汉宫， 红颜命薄古今同。 君王纵使轻颜色， 予夺权何畀画工？	明妃 （昭君）	讥刺汉元帝听命于画工
④	瓦砾明珠一例抛， 何曾石尉重娇娆。 都缘顽福前生造， 更有同归慰寂寥。	绿珠	石崇之宠抵不得绿珠以死相报
⑤	长揖雄谈态自殊， 美人具眼识穷途。 尸居馀气杨公幕， 岂得羁縻女丈夫。	红拂	钦佩红拂卓识敢为，追求幸福和自由

读此《五美吟》，可窥见黛玉心胸亦颇有丘壑，自成无限风光，有洒脱潇然之气。

5.（1）招人嫉恨，独断专行，嘴甜心苦，两面三刀；上头一脸笑，脚下使绊子；明是一盆火，暗是一把刀；不讨正经婆婆的欢心，容不下丈夫身边有其他女性。　（2）忠心于王熙凤，是王熙凤的好助手，心性平和，性格和善。

（3）

序号	姓名	诨号	形象特点
①	李纨	大菩萨	寡妇奶奶，清净守节，问事不知，说事不管。
②	迎春	二木头	庶出二小姐，戳一针也不知哎哟一声（木讷软弱，老实无能）。
③	探春	玫瑰花	玫瑰花又红又香，无人不爱的，只是刺戳手。也是一位神道，可惜不是太太养的，"老鸹窝里出凤凰"。
④	惜春		珍大爷亲妹子，因自幼无母，老太太命太太抱过来养这么大，也是一位不管事的，年龄小。
⑤	黛玉	多病西施	天上少有，地下无双。姑太太的女儿，一肚子文章，只是一身多病。
⑥	宝钗		姨太太的女儿，竟是雪堆出来的。自己不敢出气，是生怕这气大了，吹倒了姓林的，气暖了，吹化了姓薛的。
⑦	宝玉		不喜读书。老太太的宝贝，老爷先还管，如今也不敢管了。成天疯疯癫癫的。外清而内浊。只爱在丫头群里闹。再者也没刚柔，没人怕他。未来的宝二奶奶应该是林姑娘。

二、阅读进阶

6. 贾宝玉恪守礼节，无论是对长辈还是姊妹兄弟，无论是对薛蟠还是北静王，他都表现出了良好的家教素养，即便万般不喜欢应酬贾雨村这样的人物，他也会一边抱怨着，一边抓紧换衣服（当然，主要是因为惧怕父亲贾政）。

按照传统礼仪，经过长辈的居所，就算长辈不在家，也是有礼节要求的，宝玉在这一点上也能做到。可见，他能够做到诚于中形于外。

家族内礼是伦理文化的外在表现，宝玉在内心里并不排斥。特别是对贾母和王夫人，宝玉晨昏定省，出必告，返必面，时时孝敬；在宁荣二府之间的交际上，宝玉言行举止也深得众人喜爱。

女性长辈对宝玉疼爱有加，小说中多次出现宝玉在贾母、王夫人、邢夫人等怀中撒娇、受到抚爱的文字，可见宝玉在贾府中的受宠地位。

就是大人溺爱的，是他一则生的得人意，二则见人礼数竟比大人行出来的不错，使人见了可爱可怜，背地里所以才纵他一点子。若一味他只管没里没外，不与大人争光，凭他生的怎样，也是该打死的。

（第五十六回，页776）

贾母的这段评论，可以看出宝玉特殊地位之所以能够保持长久恒定的原因。可以说宝玉是传统礼仪的恪守者。

但，宝玉不读八股文章，不谈经济仕途，不"应酬世务"，不结交为官做宰者（第三十二回，湘云批评宝玉）；也不考虑在家族中立威掌权、为子弟做表率（第二十回，贾环与莺儿赌钱）；他不懂得管家，不会称银两，不了解物价。现实生活与物质层面上，宝玉的确是"于国于家无望""天下无能第一"。他的价值观、生死观也迥异时人，不肖祖辈父辈。他尊重女性，厌弃贵族门第，的确算得上是簪缨世家的叛逆者。

贾宝玉叛逆的，正是小说批判的时代环境和社会背景。贾府的奢华堕落、腐朽挥霍，贾赦、贾琏、贾珍、贾蓉，以及贾雨村等人的丑恶行径，让我们看到了这个家族没落和衰颓的必然性。

可以说，贾宝玉所厌弃的，恰恰是他所依赖的。

7.

步骤	行动	效果
1	讯问贾琏小厮，初步了解情况。 ①从平儿处得知丫头和旺儿关于新奶奶的私下对话，立即问询旺儿，接着逼问兴儿。 ②严令此次讯问不得传出去。 ③命令兴儿不得再去尤二姐处伺候，在自己这里要随传随到。 ④与平儿商量下一步行动对策。	了解到相关人等如贾蓉、贾珍、尤氏，在整个事件中的角色和作用，知道了外室的位置。此外，了解到尤二姐与张华之间的婚约关系。
2	趁贾琏赴平安州，将尤二姐接入大观园。 ①吩咐收拾东厢房，依照正室一样装饰陈设。 ②前往外室，用言语打动尤二姐，尤二姐深受感动，同意搬进贾府，并将贾琏存放之物也一并交给王熙凤。 ③提出因是孝期娶亲，家中长辈不知，只能暂住大观园。 ④将尤二姐身边的丫鬟全部赶走，只留下自己安排的一个善姐。	尤二姐上当受骗，将王熙凤看作是可以托付的知己，在王熙凤的摆弄下实际上成为可被随意处置的孤家寡人。
3	唆使张华状告贾府，特意制造官司。 ①了解尤二姐与张华退婚的详情。 ②给旺儿二十两银子，让他找到张华，并帮他状告贾府，罪名是：国孝家孝之中，背旨瞒亲，仗财依势，强逼退亲，停妻再娶。张华只敢告发旺儿，无奈之下，又扯出贾蓉。 ③再找王信，拿出三百两银子到都察院打点。都察院判决张华枉捏虚词。	王熙凤将贾府私事、贾琏隐瞒之事公诸公堂律法，制造事端，引发波澜。 贾蓉等人被牵扯进官司中，贾蓉也拿出二百两银子打点都察院。

续表

步骤	行动	效果
4	宁国府撒泼，将罪责推给贾珍、贾蓉和尤氏。 ①以官司为由，当面痛斥尤氏、贾蓉让自己背下骂名，让贾琏和整个贾府犯下国法。 ②声称自己为了打点都察院，偷用了王夫人的五百两银子，贾蓉和尤氏赶忙答应赔付这一笔费用。 ③让贾蓉和尤氏接下处理官司的后期打点事宜。 ④应许自己带着尤二姐去见贾母和王夫人、邢夫人。 ⑤在尤二姐面前诉说自己在这件事上的付出。	撒了气，推了责任，做足了委屈冤枉的样子，还在贾蓉和尤氏面前成为妥当人，在尤二姐面前成为可托付的人。
5	两面三刀。一面安抚，一面使坏。 ①带着尤二姐见贾母，得到贾母允许，又以贾母之名，得到两位太太的允许，尤二姐搬进东厢房。 ②继续挑唆张华状告贾府，又打点都察院，都察院批复张华可以到贾府领回尤二姐，令贾母不满尤氏、尤二姐等的做法。 ③王熙凤为防变故，要将尤二姐留在身边，让贾蓉找到张华，以银两为诱，让其父子回原籍。 ④生怕此事前后计谋为人所知，派旺儿务将张华斩草除根，旺儿并未执行此令，骗过王熙凤。	在贾母及众人、尤二姐面前得贤良包容之誉，背后则进一步制造司法争端。
6	借剑杀人。 ①王熙凤以尤二姐先前行止不佳、遭众人肆意评论为由，装作气病了，逐渐冷落尤二姐，给贾赦所赐之妾秋桐以机会，由着她仗势欺辱尤二姐。 ②任由胡太医为尤二姐诊治，将腹中男胎打下。	尤二姐生无可恋，吞金自尽。 王熙凤终于去掉了心头之患。

三、探究提升

8.（1）第六十二回，提到"因天气和暖，黛玉之疾渐愈，故也来了"；此外，"憨湘云醉眠芍药裀"有芍药花飞、落花满地；香菱等小丫鬟们斗草时，有美人蕉、月月红等，这些情景描写告诉我们，这当是春夏之际。

第六十三回，宝玉建议，"天热，咱们都脱了大衣裳才好"；第二日平儿还席，"说红香圃太热，便在榆荫堂中摆了几席新酒佳肴"；接着贾敬过世的消息传来，尤氏处理此事，小说中提到"目今天气炎热，实不得相待，遂自行主持，命天文生择了日期入殓"。

以上文字告诉我们，宝玉生日是在夏季。

第一二〇回，"甄士隐详说太虚情　贾雨村归结红楼梦"，此时，贾雨村因为犯了婪索（收受贿赂罪、贪污罪）的案件，本已审明定罪，今遇大赦，褫籍为民。这次，甄士隐和贾雨村相认。两人说起了宝玉和众钗，还有自己的女儿甄英莲。甄士隐说："昔年我与先生在仁清巷旧宅门口叙话之前，我已会过他（宝玉）一面。"贾雨村很是诧异，一个在苏州，一个在京都，怎么可能会面？甄士隐回答："神交久矣。"

再将《红楼梦》翻至第一回，便会明白，所谓"神交"，便是甄士隐书房一梦。梦中，一僧一道且行且谈，讲到了绛珠仙草与神瑛侍者的灌溉之情与以泪还恩的前世今生，趁此机会，要将一个"蠢物"夹带于中，使他去经历一番。甄士隐要来"蠢物"一看，原来是一鲜明美玉。僧道带着这块美玉前往太虚幻境警幻仙姑那里，交割清楚后让它随之下世经历。在梦里，甄士隐想跟随僧道二人前往太虚幻境，"方举步时，忽听一声霹雳，有若山崩地陷。士隐大叫一声，定睛一看，只见烈日炎炎，芭蕉冉冉，所梦之事便忘了大半。又见奶母正抱了英莲走来"。

这第一回里所写到的，甄士隐梦醒之际，恰是贾宝玉即将降生之时。从"烈日炎炎，芭蕉冉冉"的文字看，宝玉生日当在夏至前后或再晚一点的暑热伏天之中。

至于具体日期，很多红学家就此问题做过推证和研究，周汝昌先生认为宝玉生日是四月二十六，其他研究者也提出四月二十八、四月三十等多种说法。

（2）其一，宝玉、宝琴、平儿、邢岫烟是同一天生日。（第六十二回："当下又值宝玉生日已到，原来宝琴也是这日，二人相同。"）

其二，香菱、晴雯、宝钗同岁。（第六十三回：袭人便伸手取了一支出来，却是一枝桃花，题着"武陵别景"四字，那一面旧诗写道是：

桃红又是一年春。

注云："杏花陪一盏，坐中同庚者陪一盏，同辰者陪一盏，同姓者陪一盏。"众人笑道："这一回热闹有趣。"大家算来，香菱、晴雯、宝钗三人皆与他同庚，黛玉与他同辰，只无同姓者。芳官忙道："我也姓花，我也陪他一钟。"）

其三，黛玉、袭人同一天生日。（同上）

（3）群芳：怡红院里的丫鬟们，如袭人、晴雯、芳官、麝月、小燕；受邀前来的女性及其丫鬟们，如黛玉、宝钗、湘云、探春、李纨、宝琴，还有香菱。

可以邀请却没有受到邀请的，如迎春和惜春。此两姐妹也住在大观园里，且是贾府的正经小姐，是宝玉的堂姐妹，但是怡红院里夜宴玩闹，从宝玉到丫鬟婆子，却没有人想到要邀请她们。

再细观从建诗社到历次活动，二春要么多是旁观式参与，要么是因病缺席或因故请假。大观园里充满青春气息，各处走动频繁，然而迎春的缀锦楼和惜春的暖香坞却多少显得有些冷清。

由此来观想，十二钗正册的排序里，迎春和惜春的位置何以会在后半数中了。

（4）

序号	花签花名	群芳	备注
①	牡丹 艳冠群芳： 任是无情也动人。 注：在席共贺一杯，此为群芳之冠，随意命人，不拘诗词雅谑，道一则以侑酒。	薛宝钗 （艳丽动人，却终生寂寞）	牡丹花 （唐）罗隐 似共东风别有因， 绛罗高卷不胜春。 若教解语应倾国， 任是无情亦动人。 芍药与君为近侍， 芙蓉何处避芳尘。 可怜韩令功成后， 辜负秾华过此身。
②	杏花 瑶池仙品： 日边红杏倚云栽。 注：得此签者，必得贵婿，大家恭贺一杯，共同饮一杯。	贾探春 （远嫁不归）	下第后上永崇高侍郎 （唐）高蟾 天上碧桃和露种， 日边红杏倚云栽。 芙蓉生在秋江上， 不向东风怨未开。
③	老梅 霜晓寒姿： 竹篱茅舍自甘心。 注：自饮一杯，下家掷骰。	李纨 （自处幽独）	梅 （宋）王琪 不受尘埃半点侵， 竹篱茅舍自甘心。 只因误识林和靖， 惹得诗人说到今。
④	海棠 香梦沉酣： 只恐夜深花睡去。 注：既云"香梦沉酣"，掣此签者不便饮酒，只令上下二家各饮一杯。	史湘云 （美好短暂）	海棠 （宋）苏轼 东风袅袅泛崇光， 香雾空蒙月转廊。 只恐夜深花睡去， 故烧高烛照红妆。

续表

序号	花签花名	群芳	备注
⑤	**荼蘼花** 韶华胜极： 开到荼蘼花事了。 注：在席各饮三杯送春。	麝月 （好景不长）	**春暮游小园** （宋）王琪 一从梅粉褪残妆， 涂抹新红上海棠。 <u>开到荼蘼花事了</u>， 丝丝天棘出莓墙。
⑥	**并蒂花** 联春绕瑞： 连理枝头花正开。 注：共贺擎者三杯，大家陪饮一杯。	香菱 （因受妒而被摧残去世）	**落花** （宋）朱淑贞 <u>连理枝头花正开</u>， 妒花风雨便相催。 愿教青帝常为主， 莫遣纷纷点翠苔。
⑦	**芙蓉** 风露清愁： 莫怨东风当自嗟。 注：自饮一杯，牡丹陪饮一杯。	林黛玉 （红颜薄命）	**明妃曲·再和王介甫** （宋）欧阳修 汉宫有佳人，天子初未识， 一朝随汉使，远嫁单于国。 绝色天下无，一失难再得， 虽能杀画工，于事竟何益？ 耳目所及尚如此， 万里安能制夷狄！ 汉计诚已拙，女色难自夸。 明妃去时泪，洒向枝上花。 狂风日暮起，飘泊落谁家。 <u>红颜胜人多薄命</u>， <u>莫怨东风当自嗟</u>。
⑧	**桃花** 武陵别景： 桃红又是一年春。 注：杏花陪一盏，坐中同庚者陪一盏，同辰者陪一盏，同姓者陪一盏。	袭人 （另寻归宿）	**庆全庵桃花** （南宋）谢枋得 <u>寻得桃源好避秦</u>， <u>桃红又是一年春</u>。 花飞莫遣随流水， 怕有渔郎来问津。

酒令主题词是"花"。行酒令的主要活动是占花名、掣花签。

群芳抽到的花签都对应每个人的"判词"。花签上的古诗极大部分都能在旧时十分流行的《千家诗》中找到，因为人们比较熟悉，所以只要提到一句，就容易联想到全诗。这就便于作者采用隐前歇后的手法，把掣签者命运的暗示，巧妙地隐藏于所引诗句的整首诗里。这种"诗谶法"，可以与第五回的判词、小说后面情节的发展、人物的结局一一关联，从小说结构的完整性和严密性来看，表现出曹雪芹贯穿始终的创作意图和创作主旨。

宝钗掣到牡丹花签，此签之注，是随意命人出个节目劝酒助兴。宝钗让芳官唱一支曲。芳官唱了一句"寿筵开处风光好"，就被众人打回去了。这支曲子名《山花子》，是元代杂剧《牧羊记》中《庆寿》一出中的唱词。《牧羊记》写汉代苏武出使匈奴，被匈奴王放逐北海，牧羊十九年，历尽饥寒困苦，坚贞不屈，终于返汉的故事。其全曲为："寿筵开处风光好，争看寿星荣耀。羡麻姑玉女并超，寿同王母年高。寿香腾，寿烛影摇，玉杯寿酒增寿考，金盘寿果长寿桃。愿福如海深，寿比山高。"此曲宜世俗祝寿之用，与寿怡红的氛围不搭，故而刚出口便被打断。

芳官改换为《赏花时》，书下对此曲有注释。此曲出自《邯郸记》。曲子为剧中何仙姑所唱，她叮嘱吕洞宾下凡度人速去速回，不要误期。此处赏花，却正好是写何仙姑扫落花。曲子和群芳掣花签一样，其隐喻也在所引的剧本人物与主题上。《邯郸记》的故事内容写的是荣华富贵，豪强权势，一朝重罪籍没，家资分散，恍然梦觉，以此象征着贾府运途和情节后续发展。

麝月抽到荼蘼花签，荼蘼，春末开花。苏轼有诗"荼蘼不争春，寂寞开最晚"。签注又写着"送春"，麝月问"怎么讲"，宝玉愁眉，忙将签藏起来，说"我们且喝酒"。宝玉从签上预感到了大观园里的春尽悲凉气息。"花事了""诸芳尽"，预示着所有女性的最终结局。根据脂批，袭人出家后，麝月是最后留在穷困潦倒的宝玉夫妇身边唯一的丫头。

四、真题重现

略

十七 第七十至八十回

第七十至八十回内容速看

此十一回内容：又是一年春至，大观园中的诗社名由"海棠社"改为"桃花社"，原定三月二日起社，然总是不得空。直到暮春之际，众人填柳絮词，放风筝。贾政回京，贾母八旬大寿，庆寿场面宏大。大观园里一件职责懈怠、岗位空缺的事情，引发上层矛盾的尖锐化表现。王熙凤、贾琏等为家庭支出发愁，和鸳鸯借当老太太的东西。大观园查赌，引出新的事端。随后傻大姐在大观园捡到有色情图案的绣春囊，邢夫人借此攻击王夫人，于是，王夫人下令抄检大观园，晴雯抗争，探春痛击，惜春冷情；司棋、晴雯、芳官、四儿等都成了受害者。甄家被抄，贾家荣府尚在内抄的余波中，宁府又大开赌局。八月十四，宁府家宴，祠堂那边传来长叹之声；八月十五，荣府大宴，品笛联诗俱成哀音。宝玉为晴雯写诔文，和黛玉的修改之处恰成谶语。迎春嫁给"中山狼"孙绍祖，经常被辱骂欺侮；薛蟠娶了夏金桂，家中不得安宁。

抄检大观园的清理事由

一、基础了解

1.（1）请将第七十至八十回的回目抄写在下面。

第七十回：_____

第七十一回：_____

第七十二回：_____

第七十三回：_____

第七十四回：_____

第七十五回：_____

第七十六回：_____

第七十七回：_____

第七十八回：_____

第七十九回：_____

第八十回：_____

（2）请梳理第七十至八十回贾府和大观园中发生的大事，并将下面的内容补充完整。

①大观园中的诗社三月二日再次起社，将名字由"海棠社"改为"_____"，是因为_____，

诗社议定_____为社主。后来，诗社因为_____，没有开起来，再后来，因为_____写了一首咏絮词，这才开启了诗社活动，大家以"柳絮"为主题，限各色小调，各自抓阄去填词。

②请将下面的词句和对应的作者连线。

飘泊亦如人命薄，空缱绻，说风流。　　　　贾探春

三春事业付东风，明月梅花一梦。　　　　　薛宝钗

好风凭借力，送我上青云！　　　　　　　　薛宝琴

也难绾系也难羁，一任东西南北各分离。　　林黛玉

③贾母过生日，南安王太妃、北静王妃并几位世交公侯诰命都来到荣府为贾母贺寿，贾母让凤姐把史湘云、薛宝钗、薛宝琴和林黛玉叫了来，后来还特意叫来了＿＿＿＿＿，可见，她品格出挑，深得贾母喜爱。

④大户人家是非多，人多口杂，下人们之间的恩怨利益有时候往往能影响主子们之间的关系。比如，尤氏傍晚进入大观园，见角门还没有关上，便让丫鬟叫值班的女人，偏偏值班的两位婆子不把东府的尤氏放在心上，不理不睬，只说管家婆子不在，尤氏的丫鬟生气说了两句，那二位婆子便骂开了。尤氏来到怡红院，地藏庵的两个姑子和宝琴湘云劝尤氏不要和下人计较，袭人则派小丫鬟去请这两位婆子，可巧在外面遇到了＿＿＿＿＿，她是王夫人的陪房，心性乖滑，专管各处献勤讨好。她听了此事之后，便立马跑去了怡红院，安慰尤氏，并将此事处治包揽在自己身上，之后又去得了凤姐的示下。因为她素日和那几个婆子不合，所以立马去找林之孝家的，把那两个婆子捆了扔在马圈里等着发落。可巧，林之孝家的在路上又碰到了＿＿＿＿＿，这个人本来就好打听，平日里又与管事的女人们攀关系，讲交情，弄是非，所以便又趁机挑拨离间。那两个婆子，其中有一个的亲家是费婆子，她原是＿＿＿＿＿的陪房，以前也神气过，不过近来由于＿＿＿＿＿＿＿＿＿一事，贾母不大喜欢＿＿＿＿＿了，所以她也减了威势。这次听了这件事，便立马告诉了＿＿＿＿＿，＿＿＿＿＿虽然没说什么，但是隔日却当着很

多人的面向_____求情，表面是求情，实则是指责。费婆子的主子_____之所以这样做，是因为_____
_____。

⑤鸳鸯无意撞见_____的丫鬟_____与外男私约幽会的丑事，她保证不说出去，可见其仗义怜悯之情。

⑥第七十四回，王夫人命人查抄大观园是_____提议的，她是_____的陪房。这次查抄的起因是_____
_____。

⑦中秋之夜，贾府合家夜宴，贾母令人击鼓传花，花到谁手里谁就要罚喝酒和讲笑话。

_____是第一个讲笑话的人，他只说了一句，大家就都笑了，原因是什么呢？请简述：_____。

第二个得到花的是_____，他不想讲笑话，于是贾政便让他写首诗，为了让贾母高兴，贾政赏了他好东西，_____见他得赏，便也出席作了一首诗交给贾政，获得了贾政的好评。

第三个得到花的是_____，他讲了一个笑话之后，贾母为什么会说"我也得这个婆子针一针就好了"？请简述原因：_____
_____。

第四个得到花的是_____，他的诗歌获得了_____的赞赏。

⑧将下面几回的具体内容补充完整。

第七十六回中，黛玉和湘云在_____（地名）联诗，后来_____加入，为她们的联诗续上了结尾。

第七十七回的回目是"俏丫鬟抱屈夭风流　美优伶斩情归水月"。这里的"俏丫鬟"指的是_____，"抱屈夭风流"指的是_____；

"美优伶"指的是_____，"斩情归水月"的意思是_____。

第七十八回，贾政、贾宝玉父子二人先后为女子作诗，先是贾政要贾宝玉、贾环和贾兰为"风流隽逸，忠义慷慨"的千古佳谈"姽婳将军"_____写诗；后又有宝玉回到园中后，看到了_____花，想到了小丫鬟说_____作了芙蓉花神，于是便为逝去的_____撰写诔文。

第七十九至八十回，贾赦将_____许配给了孙绍祖。薛蟠娶了_____。孙绍祖骂迎春是"醋汁子老婆拧出来的"，这句话用在薛蟠的妻子_____身上倒是很合适，可是薛蟠平日里如何霸道，倒是拿自己的新妇一点办法也没有，真是一物降一物，只是可怜了_____，先是被改名为_____，后又不断被薛蟠的妻子欺负，被薛蟠用木棒打，最后只好跟着宝钗，将今后好生过日子的心都断了。

2. 阅读文段，回答问题。

桃花帘外东风软，桃花帘内晨妆懒。
帘外桃花帘内人，人与桃花隔不远。
东风有意揭帘栊，花欲窥人帘不卷。
桃花帘外开仍旧，帘中人比桃花瘦。
花解怜人花也愁，隔帘消息风吹透。
风透湘帘花满庭，庭前春色倍伤情。
闲苔院落门空掩，斜日栏杆人自凭。
凭栏人向东风泣，茜裙偷傍桃花立。
桃花桃叶乱纷纷，花绽新红叶凝碧。
雾裹烟封一万株，烘楼照壁红模糊。

天机烧破鸳鸯锦，春酣欲醒移珊枕。
侍女金盆进水来，香泉影蘸胭脂冷。
胭脂鲜艳何相类，花之颜色人之泪；
若将人泪比桃花，泪自长流花自媚。
泪眼观花泪易干，泪干春尽花憔悴。
憔悴花遮憔悴人，花飞人倦易黄昏。
一声杜宇春归尽，寂寞帘栊空月痕！

宝玉看了并不称赞，却滚下泪来。便知出自黛玉，因此落下泪来，又怕众人看见，又忙自己擦了。因问："你们怎么得来？"宝琴笑道："你猜是谁作的？"宝玉笑道："自然是潇湘子稿。"宝琴笑道："现是我作的呢。"宝玉笑道："我不信。这声调口气，迥乎不像蘅芜之体，所以不信。"宝钗笑道："所以你不通。难道杜工部首首只作'丛菊两开他日泪'之句不成！一般的也有'红绽雨肥梅''水荇牵风翠带长'之媚语。"宝玉笑道："固然如此说。但我知道姐姐断不许妹妹有此伤悼语句，妹妹虽有此才，是断不肯作的。比不得林妹妹曾经离丧，作此哀音。"众人听说，都笑了。

（第七十回，页 969~970）

请你从《桃花行》这首诗中找出宝玉断定是林妹妹所作的证据。（这首诗中哪些诗句让宝玉读出了"哀音"？）

_____

_____

3. 阅读文段，回答问题。

探春正要剪自己的凤凰，见天上也有一个凤凰，因道："这也不知是谁家的。"众人皆笑说："且别剪你的，看他倒像要来绞的样儿。"说着，只见那凤凰渐逼近来，遂与这凤凰绞在一处。众人方要往下收线，那一家也要收线，正不开交，又见一个门扇大的玲珑喜字带响鞭，在半天如钟鸣一般，也逼近来。众人笑道："这一个也来绞了。且别收，让他三个绞在一处倒有趣呢。"说着，那喜字果然与这两个凤凰绞在一处。三下齐收乱顿，谁知线都断了，那三个风筝飘飘摇摇都去了。

（第七十回，页978）

放风筝，把风筝放走，等于放走晦气。探春的凤凰风筝和另外两个风筝绞在一起，这样写有什么作用呢？

_____

_____

_____

4. 阅读文段，回答问题。

鸳鸯早已听见琥珀说凤姐哭之事，又和平儿前打听得原故。晚间人散时，便回说："二奶奶还是哭的，那边大太太当着人给二奶奶没脸。"贾母因问为什么原故，鸳鸯便将原故说了。贾母道："这才是凤丫头知礼处，难道为我的生日由着奴才们把一族中的主子都得罪了也不管罢。这是大太太素日没好气，不敢发作，所以今儿拿着这个作法子，明是当着众人给凤儿没脸罢了。"正说着，只见宝琴等进来，也就不说了。

贾母因问："你在那里来？"宝琴道："在园里林姐姐屋里大家说话的。"贾母忽想起一事来，忙唤一个老婆子来，吩咐他："到园里各处女人们跟前嘱咐嘱咐，留下的喜姐儿和四姐儿，虽然穷，也和家里的姑娘们是一样，大家照看经心些。我知道咱们家的男男女女都是'一个富贵心，两只体面眼'，未必把他两个放在眼里。有人小看了他们，我听见可不依。"婆子应了方要走时，鸳鸯道："我说去罢。他们那里听他的话。"

说着，便一径往园子来。

....

这里尤氏笑道："老太太也太想的到，实在我们年轻力壮的人捆上十个也赶不上。"李纨道："凤丫头仗着鬼聪明儿，还离脚踪儿不远。咱们是不能的了。"鸳鸯道："罢哟，还提凤丫头虎丫头呢，他也可怜见儿的。虽然这几年没有在老太太、太太跟前有个错缝儿，暗里也不知得罪了多少人。总而言之，为人是难作的：若太老实了没有个机变，公婆又嫌太老实了，家里人也不怕；若有些机变，未免又治一经损一经。如今咱们家里更好，新出来的这些底下奴字号的奶奶们，一个个心满意足，都不知要怎么样才好，稍有不得意，不是背地里咬舌根，就是挑三窝四的。我怕老太太生气，一点儿也不肯说。不然我告诉出来，大家别过太平日子。这不是我当着三姑娘说，老太太偏疼宝玉，有人背地里怨言还罢了，算是偏心。如今老太太偏疼你，我听着也是不好。这可笑不可笑？"探春笑道："糊涂人多，那里较量得许多。我说倒不如小人家人少，虽然寒素些，倒是欢天喜地，大家快乐。我们这样人家人多，外头看着我们不知千金万金小姐，何等快乐，殊不知我们这里说不出来的烦难，更利害。"宝玉道："谁都像三妹妹好多心。事事我常劝你，总别听那些俗话，想那些俗事，只管安富尊荣才是。比不得我们没这清福，该应浊闹的。"尤氏道："谁都像你，真是一心无挂碍，只知道和姊妹们玩笑，饿了吃，困了睡，再过几年，不过还是这样，一点后事也不虑。"宝玉笑道："我能够和姊妹们过一日是一日，死了就完了。什么后事不后事。"

（第七十一回，页991~993）

（1）下列选项中与文中画波浪线处"一个富贵心，两只体面眼"这句话的意思最贴近的是（　　）

A. 富贵闲人

B. 势利成性

C. 小心眼儿

（2）你觉得探春所言"说不出来的烦难"是什么？请结合前文的阅读谈一谈自己的理解。

_____

_____

_____

（3）下列选项中，宝玉的所作所为与李纨对他的评价不相应和的一项是（ ）。

A. 宝玉来到秦可卿的卧房，看到了《燃藜图》，又看到了"世事洞明皆学问，人情练达即文章"的对联，就坚决不肯睡在这里。

B. 晴雯生病请大夫要给银子时，麝月不知道怎么称银子的重量，便问宝玉，宝玉也不知道，索性让麝月捡一块大的给。

C. 黛玉和宝玉聊天，黛玉说感觉近些年贾府总是出多入少，入不敷出的日子很让人担心，宝玉却说只要不短了他俩的就没事儿。

D. 宝玉看黛玉葬花，听到黛玉唱到"侬今葬花人笑痴，他年葬侬知是谁"时，不由得感慨生老病死、人世无常乃是世间常态。

（4）你怎么认识李纨对宝玉的评价？

_____

_____

_____

5. 阅读文段，回答问题。

迎春正因他乳母获罪，自觉无趣，心中不自在，忽报母亲来了，遂接入内室。奉茶毕，邢夫人因说道："你这么大了，你那奶妈子行此事，你也不说说他。如今别人都好好的，偏咱们的人做出这事来，什么意思。"迎春低着头弄衣带，半晌答道："我说他两次，他不听也无法。况且他是妈妈，只有他说我的，没有我说他的。"邢夫人道："胡说！你不好了他原该说，如今他犯了法，你就该拿出小姐的身份来。他敢不从，你就回我去才是。如今直等外人共知，是什么意思。再者，只他去放头儿，还恐怕他巧言花语的和你借贷些簪环衣履作本钱，你这心活面软，未必不周接他些。若被他骗去，我是一个钱没有的，看你明日怎么过节。"迎春不语，只低头弄衣带。

邢夫人见他这般，因冷笑道："总是你那好哥哥好嫂子，一对儿赫赫扬扬，琏二爷凤奶奶，两口子遮天盖日，百事周到，竟通共这一个妹子，全不在意。但凡是我身上掉下来的，又有一话说——只好凭他们罢了。况且你又不是我养的，你虽然不是同他一娘所生，到底是同出一父，也该彼此瞻顾些，也免别人笑话。我想，天下的事也难较定，你是大老爷跟前人养的，这里探丫头也是二老爷跟前人养的，出身一样。如今你娘死了，从前看来，你两个的娘，只有你娘比如今赵姨娘强十倍的。你该比探丫头强才是，怎么反不及他一半！谁知竟不然。这可不是异事。倒是我一生无儿无女的，一生干净，也不能惹人笑话。"旁边伺侯的媳妇们便趁机道："我们的姑娘老实仁德，那里像他们三姑娘伶牙俐齿，会要姊妹们的强。他们明知姐姐这样，他竟不顾恤一点儿。"邢夫人道："连他哥哥嫂子还如是，别人又作什么呢。"

…………

绣桔因说道："如何，前儿我回姑娘，那一个攒珠累丝金凤竟不知那里去了。回了姑娘，姑娘竟不问一声儿。我说必是老奶奶拿去典了银子放头儿的，姑娘不信，只说司棋收着呢。问司棋，司棋虽病着，心里却明白。我去问他，他说没有收起来，还在书架上匣内暂放着，预备八月十五日恐怕要戴呢。姑娘就该问老奶奶一声，只是脸软怕人恼。如今竟怕无着落，明儿要都戴时，独咱们不戴，是何意思呢。"

迎春道："何用问，自然是他拿去暂时借一肩了。我只说他悄悄的拿了出去，不过一时半晌，仍旧悄悄的送来就完了，谁知他就忘了。今日偏又闹出来，问他想也无益。"绣桔道："何曾是忘记！他是试准了姑娘的性格，所以才这样。如今我有个主意：我竟走到二奶奶房里，将此事回了他，或他着人去要，或他省事拿几吊钱来替他赔补。如何？"迎春忙道："罢，罢，罢，省些事罢。宁可没有了，又何必生事。"绣桔道："姑娘怎么这样软弱。都要省起事来，将来连姑娘还骗了去呢，我竟去的是。"说着便走。迎春便不言语，只好由他。

谁知迎春乳母之媳王住儿媳妇正因他婆婆得了罪，来求迎春去讨情，听他们正说金凤一事，且不进去。也因素日迎春懦弱，他们都不放在心上。如今见绣桔立意去回凤姐，估着这事脱不去的，且又有求迎春之事，只得进来，陪笑先向绣桔说："姑娘，你别去生事。姑娘的金丝凤，原是我们老奶奶老糊涂了，输了几个钱，没的捞梢，所以暂借了去。原说一日半晌就赎的，因总未捞过本儿来，就迟住了。可巧今儿又不知是谁走了风声，弄出事来。虽然这样，到底主子的东西，我们不敢迟误下，终久是要赎的。如今还要求姑娘看从小儿吃奶的情常，往老太太那边去讨个情面，救出他老人家来才好。"迎春先便说道："好嫂子，你趁早儿打了这妄想，要等我去说情儿，等到明年也不中用的。方才连宝姐姐林妹妹大伙儿说情，老太太还不依，何况是我一个人。我自己愧还愧不来，反去讨臊去。"绣桔便说："赎金凤是一件事，说情是一件事，别绞在一处说。难道姑娘不去说情，你就不赎了不成？嫂子且取了金凤来再说。"

王住儿家的听见迎春如此拒绝他，绣桔的话又锋利无可回答，一时脸上过不去，也明欺迎春素日好性儿，乃向绣桔发话道："姑娘，你别太张势了。你满家子算一算,谁的妈妈奶子不仗着主子哥儿姐儿多得些益,偏咱们就这样丁是丁卯是卯的,只许你们偷偷摸摸的哄骗了去。自从邢姑娘来了,太太吩咐一个月俭省出一两银子来与舅太太去,这里饶添了邢姑娘的使费,反少了一两银子。常时短了这个,少了那个,那不是我们供给?谁又要去?不过大家将就些罢了。算到今日,少说些也有三十两了。我们这一向的钱,岂不白填了限呢。"绣桔不待说完,便啐了一口,道:"作什么你白填了三十两,我且和你算算帐,姑娘要了些什么东西?"迎春听见这媳妇发邢夫人之私意,忙止道:"罢,罢,罢。你不能拿了金凤来,不必牵三扯四乱嚷。我也不要那凤了。便是太太们问时,我只说丢了,也妨碍不着什么的,你出去歇息歇息倒好。"一面叫绣桔倒茶来。

绣桔又气又急,因说道:"姑娘虽不怕,我们是作什么的,把姑娘的东西丢了。他倒赖说姑娘使了他们的钱,这如今竟要准折起来。倘或太太问姑娘为什么使了这些钱,敢是我们就中取势了?这还了得!"一行说,一行就哭了。司棋听不过,只得勉强过来,帮着绣桔问着那媳妇。迎春劝止不住,自拿了一本《太上感应篇》来看。

(第七十三回,页1015~1018)

(1)此段对二小姐迎春的刻画极为精彩,可谓是出神入化。脂砚斋评曰:"妙极!一直画出一个懦弱小姐来。"[1] 请你结合选段内容鉴赏曹雪芹是如何刻画迎春之"懦弱"的?

_____

_____

_____

[1]《脂砚斋评石头记》,上海三联书店,2011,页790。

（2）曹雪芹写故事真是"不慌不忙"，二小姐迎春之前一直存在却从未真正登场，这回算是第一次为她搭建了舞台，却是由她的奶妈惹事儿引起的，实在是妙极，充分表现了她的存在感极低。在这场戏中，除了迎春，曹雪芹还顺带着刻画了邢夫人这一角色，请结合邢夫人对迎春说的那番话，谈谈自己对邢夫人的认识与理解。

_____

_____

_____

6. 阅读文段，回答问题。

　　一时，人回："都齐备了。"贾母方扶着人上山来。王夫人等因说："恐石上苔滑，还是坐竹椅上去。"贾母道："天天有人打扫，况且极平稳的宽路，何必不疏散疏散筋骨。"于是贾赦、_____等在前导引，又是两个老婆子秉着两把羊角手罩，鸳鸯、琥珀、尤氏等贴身搀扶，邢夫人等在后围随，从下逶迤而上，不过百馀步，至山之峰脊上，便是这座敞厅。因在山之高脊，故名曰_____。于厅前平台上列下桌椅，又用一架大围屏隔作两间。凡桌椅形式皆是圆的，特取团圆之意。上面居中_____坐下，左垂首_____、贾珍、_____、贾蓉，右垂首贾政、_____、贾环、_____，团团围坐。只坐了半壁，下面还有半壁馀空。

　　　　　　　　　　　　　　（第七十五回，页1053~1054）

（1）在横线上填写相应的内容。
（2）中秋赏月，贾母感叹"人少"，作者这样设笔有怎样的表达效果？

_____

_____

二、阅读进阶

7. 阅读文段，回答问题。

三人正没开交，可巧宝钗、黛玉、宝琴、探春等因恐迎春今日不自在，都约来安慰他。走至院中，听得两三个人较口。探春从纱窗内一看，只见迎春倚在床上看书，若有不闻之状。探春也笑了。小丫鬟们忙打起帘子，报道："姑娘们来了。"迎春方放下书起身。那媳妇见有人来，且又有探春在内，不劝而自止了，遂趁便要去。

探春坐下，便问："才刚谁在这里说话？倒像拌嘴似的。"迎春笑道："没有说什么，左不过是他们小题大作罢了。何必问他。"探春笑道："我才听见什么'金凤'，又是什么'没有钱只和我们奴才要'，谁和奴才要钱了？难道姐姐和奴才要钱了不成？难道姐姐不是和我们一样有月钱的，一样有用度不成？"司棋绣桔道："姑娘说的是了。姑娘们都是一样的，那一位姑娘的钱不是由着奶奶妈妈们使，连我们也不知道怎样是算帐，不过要东西只说得一声儿。如今他偏要说姑娘使过了头儿，他赔出许多来了。究竟姑娘何曾和他要什么了。"

探春笑道："姐姐既没有和他要，必定是我们或者和他们要了不成！你叫他进来，我倒要问问他。"迎春笑道："这话又可笑。你们又无沾碍，何得带累于他。"探春笑道："这倒不然。我和姐姐一样，姐姐的事和我的也是一般，他说姐姐就是说我。我那边的人有怨我的，姐姐听见也即同怨姐姐是一理。咱们是主子，自然不理论那些钱财小事，只知想起什么要什么，也是有的事。但不知金累丝凤因何又夹在里头？"那王住儿媳妇生恐绣桔等告出他来，遂忙进来用话掩饰。探春深知其意，因笑道："你们所以糊涂。如今你奶奶已得了不是，趁此求求二奶奶，把方才的钱尚未散人的拿出些来赎取了就完了。比不得没闹出来，大家都藏着留脸面；如今既是没了脸，趁此时纵有十个罪，也只一人受罚，没有砍两颗头的理。你依我，竟是和二奶奶说去。在这里大声小气，如何使得。"

这媳妇被探春说出真病，也无可赖了，只不敢往凤姐处自首。探春笑道："我不听见便罢，既听见，少不得替你们分解分解。"谁知探春早使个眼色与待书出去了。

（第七十三回，页1018~1019）

（二）

又到探春院内，谁知早有人报与探春了。探春也就猜着必有原故，所以引出这等丑态来，遂命众丫鬟秉烛开门而待。

一时众人来了。探春故问何事。凤姐笑道："因丢了一件东西，连日访察不出人来，恐怕旁人赖这些女孩子们，所以越性大家搜一搜，使人去疑，倒是洗净他们的好法子。"探春冷笑道："我们的丫头，自然都是些贼，我就是头一个窝主。既如此，先来搜我的箱柜，他们所有偷了来的都交给我藏着呢。"说着，便命丫头们把箱柜一齐打开，将镜奁、妆盒、衾袱、衣包若大若小之物一齐打开，请凤姐去抄阅。凤姐陪笑道："我不过是奉太太的命来，妹妹别错怪我。何必生气。"因命丫鬟们快快关上。

平儿丰儿等忙着替待书等关的关，收的收。探春道："我的东西倒许你们搜阅；要想搜我的丫头，这却不能。我原比众人歹毒，凡丫头所有的东西我都知道，都在我这里间收着，一针一线他们也没的收藏，要搜所以只来搜我。你们不依，只管去回太太，只说我违背了太太，该怎么处治，我去自领。你们别忙，自然连你们抄的日子有呢！你们今日早起不曾议论甄家，自己家里好好的抄家，果然今日真抄了。咱们也渐渐的来了。可知这样大族人家，若从外头杀来，一时是杀不死的，这是古人曾说的'百足之虫，死而不僵'，必须先从家里自杀自灭起来，才能一败涂地！"说着，不觉流下泪来。凤姐只看着众媳妇们。

周瑞家的便道："既是女孩子的东西全在这里，奶奶且请到别处去罢，也让姑娘好安寝。"凤姐便起身告辞。探春道："可细细的搜明白了？若明日再来，我就不依了。"凤姐笑道："既然丫头们的东西都在这里，就不必搜了。"探春冷笑道："你果然倒乖。连我的包袱都打开了，还说没翻。明日敢说我护着丫头们，不许你们翻了。你趁早说明，若还要翻，不妨再翻一遍。"凤姐知道探春素日与众不同的，只得陪笑道："我已经连你的东西都搜查明白了。"探春又问众人："你们也都搜明白了不曾？"周瑞家的等都陪笑说："都翻明白了。"

那王善保家的本是个心内没成算的人，素日虽闻探春的名，他自为众人没眼力没胆量罢了，那里一个姑娘家就这样起来；况且又是庶出，他敢怎么。他自恃是邢夫人陪房，连王夫人尚另眼相看，何况别个。今见探春如此，他只当是探春认真单恼凤姐，与他们无干。他便要趁势作脸献好，因越众向前拉起探春的衣襟，故意一掀，嘻嘻笑道："连姑娘身上我都翻了，果然没有什么。"凤姐见他这样，忙说："妈妈走罢，别疯疯颠颠的。"一语未了，只听"拍"的一声，王家的脸上早着了探春一掌。

探春登时大怒，指着王家的问道："你是什么东西，敢来拉扯我的衣裳！我不过看着太太的面上，你又有年纪，叫你一声妈妈，你就狗仗人势，天天作耗，专管生事。如今越性了不得了。你打谅我是同你们姑娘那样好性儿，由着你们欺负他，就错了主意！你搜检东西我不恼，你不该拿我取笑。"说着，便亲自解衣卸裙，拉着凤姐儿细细的翻。又说："省得叫奴才来翻我身上。"

凤姐平儿等忙与探春束裙整袂，口内喝着王善保家的说："妈妈吃两口酒就疯疯颠颠起来。前儿把太太也冲撞了。快出去，不要提起了。"又劝探春休得生气。探春冷笑道："我但凡有气性，早一头碰死了！不然，岂许奴才来我身上翻贼赃了。明儿一早，我先回过老太太、太太，然后过去给大娘陪礼，该怎么，我就领。"

那王善保家的讨了个没意思，在窗外只说："罢了，罢了，这也是头一遭挨打。我明儿回了太太，仍回老娘家去罢。这个老命还要他做什么！"探春喝命丫鬟道："你们没听他说的这话，还等我和他对嘴去不成。"待书等听说，便出去说道："你果然回老娘家去，倒是我们的造化了。只怕舍不得去。"凤姐笑道："好丫头，真是有其主必有其仆。"探春冷笑道："我们作贼的人，嘴里都有三言两语的。这还算笨的，背地里就只不会调唆主子。"平儿忙也陪笑解劝，一面又拉了待书进来。周瑞家的等人劝了一番。凤姐直待服侍探春睡下，方带着人往对过暖香坞来。

（第七十四回，页1033~1035）

"凤姐知道探春素日与众不同的"，请你结合以上两个选段，谈一谈贾探春与其他姑娘有何不同之处？

_____

_____

_____

_____

8. 阅读文段，回答问题。

可巧这日尤氏来看凤姐，坐了一回，到园中去又看过李纨。才要望候众姊妹们去，忽见惜春遣人来请，尤氏遂到了他房中来。惜春便将昨晚之事细细告诉与尤氏，又命将入画的东西一概要来与尤氏过目。

尤氏道："实是你哥哥赏他哥哥的，只不该私自传送，如今官盐竟成了私盐了。"因骂入画"糊涂脂油蒙了心的。"惜春道:"你们管教不严,反骂丫头。这些姊妹,独我的丫头这样没脸,我如何去见人。昨儿我立逼着凤姐姐带了他去,他只不肯。我想,他原是那边的人,凤姐姐不带他去,也原有理。我今日正要送过去,嫂子来的恰好,快带了他去。或打,或杀,或卖,我一概不管。"

入画听说,又跪下哭求,说:"再不敢了。只求姑娘看从小儿的情常,好歹生死在一处罢。"尤氏和奶娘等人也都十分了解,说他"不过一时糊涂了,下次再不敢的。他从小儿服侍你一场,到底留着他为是。"谁知惜春虽然年幼,却天生地一种百折不回的廉介孤独僻性,任人怎说,他只以为丢了他的体面,咬定牙断乎不肯。更又说的好:"不但不要入画,如今我也大了,连我也不便往你们那边去了。况且近日我每每风闻得有人背地里议论什么多少不堪的闲话,我若再去,连我也编派上了。"

尤氏道:"谁议论什么?又有什么可议论的!姑娘是谁,我们是谁。姑娘既听见人议论我们,就该问着他才是。"惜春冷笑道:"你这话问着我倒好。我一个姑娘家,只有躲是非的,我反去寻是非,成个什么人了!还有一句话:我不怕你恼,好歹自有公论,又何必去问人。古人说得好'善恶生死,父子不能有所勖助',何况你我二人之间。我只知道保得住我就够了,不管你们。从此以后,你们有事别累我。"

尤氏听了,又气又好笑,因向地下众人道:"怪道人人都说这四丫头年轻糊涂,我只不信。你们听才一篇话,无原无故,又不知好歹,又没个轻重。虽然是小孩子的话,却又能寒人的心。"众嬷嬷笑道:"姑娘年轻,奶奶自然要吃些亏的。"惜春冷笑道:"我虽年轻,这话却不年轻。你们不看书不识几个字,所以都是些呆子,看着明白人,倒说我年轻糊涂。"

尤氏道:"你是状元榜眼探花,古今第一个才子。我们是糊涂人,不如你明白,何如?"惜春道:"状元榜眼难道就没有糊涂的不成。可知他们也有不能了悟的。"尤氏笑道:"你倒好。才是才子,这会子又作大和尚了,又讲起了悟来了。"惜春道:"我不了悟,我也舍不得入画了。"尤氏道:"可知你是个心冷口冷心狠意狠的人。"惜春道:"古人曾也说的'不作狠心人,难得自了汉'。我清清白白的一个人,为什么教你们带累坏了我!"

尤氏心内原有病,怕说这些话。听说有人议论,已是心中羞恼激射,只是在惜春分上不好发作,忍耐了大半。今见惜春又说这句,因按捺不住,因问惜春道:"怎么就带累了你了?你的丫头的不是,无故说我,我倒忍了这半日,你倒越发得了意,只管说这些话。你是千金万金的小姐,我们以后就不亲近,仔细带累了小姐的美名。即刻就叫人将入画带了过去!"说着,便赌气起身去了。惜春道:"若果然不来,倒也省了口舌是非,大家倒还清净。"尤氏也不答话,一径往前边去了。

(第七十四回,页1029)

(1) 选文中的"昨晚之事"是什么事?请复述一下。

_____
_____
_____

(2) 三春真是各有各态啊!继二姐姐登场后,惜春也首次隆重登场,谁知这一登场却是着实惊人,别看年龄小,说出的话却是老成决绝之语,尤其是对从小服侍自己的入画,竟没有一丝一毫留恋,正如她自己所言:"我不了悟,我也舍不得入画了"。请结合选文中的内容,谈谈你对惜春这句话的理解。

_____
_____
_____

9. 阅读文段,回答问题。

(一)

　　小丫头子答应了,走入怡红院,正值晴雯身上不自在,睡中觉才起来,正发闷,听如此说,只得随了他来。素日这些丫鬟皆知王夫人最嫌趫妆艳饰语薄言轻者,故晴雯不敢出头。今因连日不自在,并没十分妆饰,自为无碍。及到了凤姐房中,王夫人一见他钗軃鬓松,衫垂带褪,有春睡捧心之遗风,而且形容面貌恰是上月的那人,不觉勾起方才的火来。王夫人原是天真烂漫之人,喜怒出于心臆,不比那些饰词掩意之人,今既真怒攻心,又勾起往事,便冷笑道:"好个美人!真像个病西施了。你天天作这轻狂样儿给谁看?你干的事,打量我不知道呢!我且放着你,自然明儿揭你的皮!宝玉今日可好些?"

　　晴雯一听如此说,心内大异,便知有人暗算了他。虽然着恼,只不敢作声。他本是个聪敏过顶的人,见问宝玉可好些,他便不肯以实话对,只说:"我不大到宝玉房里去,又不常和宝玉在一处,好歹我不能知道,只问袭人麝月两个。"王夫人道:"这就该打嘴!你难道是死人,要你们作什么!"

　　晴雯道:"我原是跟老太太的人。因老太太说园里空大人少,宝玉害怕,所以拨了我去外间屋里上夜,不过看屋子。我原回过我笨,不能服侍。老太太骂了我,说:'又不叫你管他的事,要伶俐的作什么。'我听了这话才去的。不过十天半个月之内,宝玉闷了大家顽一会子就散了。至于宝玉饮食起坐,上一层有老奶奶老妈妈们,下一层又有袭人麝月秋纹几个人。我闲着还要作老太太屋里的针线,所以宝玉的事竟不曾留心。太太既怪,从此后我留心就是了。"

　　王夫人信以为实了,忙说:"阿弥陀佛!你不近宝玉是我的造化,竟不劳你费心。既是老太太给宝玉的,我明儿回了老太太,再撵你。"因向王善保家的道："你们进去，好生防他几日，不许他在宝玉房里睡觉。等我回过老太太，再处治他。"喝声"去！站在这里，我看不上这浪样儿！谁许你这样花红柳绿的妆扮！"晴雯只得出来，这气非同小可，一出门便拿手帕子握着脸，一头走，一头哭，直哭到园门内去。

（第七十四回，页1029~1031）

（二）

王善保家的等搜了一回，又细问这几个箱子是谁的，都叫本人来亲自打开。袭人因见晴雯这样，知道必有异事，又见这番抄检，只得自己先出来打开了箱子并匣子，任其搜检一番，不过是平常动用之物。随放下又搜别人的，挨次都一一搜过。

到了晴雯的箱子，因问："是谁的，怎不开了让搜？"袭人等方欲代晴雯开时，只见晴雯挽着头发闯进来，豁啷一声将箱子掀开，两手捉着底子朝天，往地下尽情一倒，将所有之物尽都倒出。王善保家的也觉没趣，看了一看，也无甚私弊之物。回了凤姐，要往别处去。

凤姐儿道："你们可细细的查，若这一番查不出来，难回话的。"众人都道："都细翻看了，没什么差错东西。虽有几样男人物件，都是小孩子的东西，想是宝玉的旧物件，没甚关系的。"凤姐听了，笑道："既如此咱们就走，再瞧别处去。"

（第七十四回，页1029）

（三）

晴雯道："阿弥陀佛，你来的好，且把那茶倒半碗我喝。渴了这半日，叫半个人也叫不着。"宝玉听说，忙拭泪问："茶在那里？"晴雯道："那炉台上就是。"宝玉看时，虽有个黑沙吊子，却不像个茶壶。只得桌上去拿了一个碗，也甚大甚粗，不像个茶碗，未到手内，先就闻得油膻之气。宝玉只得拿了来，先拿些水洗了两次，复又用水汕过，方提起沙壶斟了半碗。看时，绛红的，也太不成茶。晴雯扶枕道："快给我喝一口罢！这就是茶了。那里比得咱们的茶！"宝玉听说，先自己尝了一尝，并无清香，且无茶味，只一味苦涩，略有茶意而已。尝毕，方递与晴雯。只见晴雯如得了甘露一般，一气都灌下去了。

宝玉心下暗道："往常那样好茶，他尚有不如意之处；今日这样。看来，可知古人说的'饱饫烹宰，饥餍糟糠'，又道是'饭饱弄粥'，可见都不错了。"一面想，一面流泪问道："你有什么说的，趁着没人告诉我。"晴雯呜咽道："有什么可说的！不过挨一刻是一刻，挨一日是一日。我已知横竖不过三五日的光景，就好回去了。只是一件，我死也不甘心的：我虽生的比别人略好些，并没有私情密意勾引你怎样，如何一口死咬定了我是个狐狸精！我太不服。今日既已担了虚名，而且临死，不是我说一句后悔的话，早知如此，我当日也另有个道理。不料痴心傻意，只说大家横竖是在一处。不想平空里生出这一节话来，有冤无处诉。"说毕又哭。

宝玉拉着他的手，只觉瘦如枯柴，腕上犹戴着四个银镯，因泣道："且卸下这个来，等好了再戴上罢。"因与他卸下来，塞在枕下。又说："可惜这两个指甲，好容易长了二寸长，这一病好了，又损好些。"晴雯拭泪，就伸手取了剪刀，将左手上两根葱管一般的指甲齐根铰下；又伸手向被内将贴身穿着的一件旧红绫袄脱下，并指甲都与宝玉道："这个你收了，以后就如见我一般。快把你的袄儿脱下来我穿。我将来在棺材内独自躺着，也就像还在怡红院的一样了。论理不该如此，只是担了虚名，我可也是无可如何了。"宝玉听说，忙宽衣换上，藏了指甲。晴雯又哭道："回去他们看见了要问，不必撒谎，就说是我的。既担了虚名，越性如此，也不过这样了。"

（第七十七回，页 1087~1088）

针对这三段选文,再结合第五回中晴雯的判词"霁月难逢,彩云易散。心比天高,身为下贱。风流灵巧招人怨。寿夭多因毁谤生,多情公子空牵念",谈谈你对晴雯这一人物的理解。

_____
_____
_____
_____

三、探究提升

10. 阅读文段,回答问题。

(一)

贾琏忙也立身说道:"好姐姐,再坐一坐,兄弟还有事相求。"说着便骂小丫头:"怎么不沏好茶来!快拿干净盖碗,把昨儿进上的新茶沏一碗来。"说着向鸳鸯道:"这两日因老太太的千秋,所有的几千两银子都使了。几处房租地税通在九月才得,这会子竟接不上。明儿又要送南安府里的礼,又要预备娘娘的重阳节礼,还有几家红白大礼,至少还得三二千两银子用,一时难去支借。俗语说'求人不如求己'。说不得,姐姐担个不是,暂且把老太太查不着的金银家伙偷着运出一箱子来,暂押千数两银子支腾过去。不上半年的光景,银子来了,我就赎了交还,断不能叫姐姐落不是。"

鸳鸯听了,笑道:"你倒会变法儿,亏你怎么想来。"贾琏笑道:"不是我扯谎,若论除了姐姐,也还有人手里管的起千数两银子的,只是他们为人都不如你明白有胆量。我若和他们一说,反吓住了他们。所以我'宁撞金钟一下，不打破鼓三千'。"一语未了，忽有贾母那边的小丫头子忙忙走来找鸳鸯，说："老太太找姐姐半日，我们那里没找到，却在这里。"鸳鸯听说，忙的且去见贾母。

（第七十二回，页1000）

（二）

凤姐冷笑道："我也是一场痴心白使了。我真个的还等钱作什么，不过为的是日用出的多，进的少。这屋里有的没的，我和你姑爷一月的月钱，再连上四个丫头的月钱，通共一二十两银子，还不够三五天的使用呢。若不是我千凑万挪的，早不知道到什么破窑里去了。如今倒落了一个放帐破落户的名儿。既这样，我就收了回来。我比谁不会花钱？咱们以后就坐着花，到多早晚是多早晚。这不是样儿：前儿老太太生日，太太急了两个月，想不出法儿来，还是我提了一句，后楼上现有些没要紧的大铜锡家伙四五箱子，拿去弄了三百银子，才把太太遮羞礼儿搪过去了。我是你们知道的，那一个金自鸣钟卖了五百六十两银子。没有半个月，大事小事倒有十来件，白填在里头。今儿外头也短住了，不知是谁的主意，搜寻上老太太了。明儿再过一年，各人搜寻到头面衣服，可就好了！"

旺儿媳妇笑道："那一位太太奶奶的头面衣服折变了不够过一辈子的，只是不肯罢了。"凤姐道："不是我说没了能耐的话，要像这样，我竟不能了。昨晚上忽然作了一个梦，说来也可笑，梦见一个人，虽然面善，却又不知名姓，找我。问他作什么，他说娘娘打发他来要一百匹锦。我问他是那一位娘娘，他说的又不是咱们家的娘娘。我就不肯给他，他就上来夺。正夺着，就醒了。"旺儿家的笑道："这是奶奶的日间操心，常应侯宫里的事。"

一语未了，人回："夏太府打发了一个小内家来说话。"贾琏听了，忙皱眉道："又是什么话，一年他们也搬够了。"凤姐道："你藏起来，等我见他，若是小事罢了，若是大事，我自有话回他。"贾琏便躲入内套间去。这里凤姐命人带进小太监来，让他椅子上坐了吃茶，因问何事。

那小太监便说："夏爷爷因今儿偶见一所房子，如今竟短二百两银子，打发我来问舅奶奶家里，有现成的银子暂借一二百，过一两日就送过来。"凤姐儿听了，笑道："什么是送过来，有的是银子，只管先兑了去。改日等我们短了，再借去也是一样。"小太监道："夏爷爷还说了，上两回还有一千二百两银子没送来，等今年年底下，自然一齐都送过来。"凤姐笑道："你夏爷爷好小气，这也值得提在心上。我说一句话，不怕他多心，若都这样记清了还我们，不知还了多少了。只怕没有；若有，只管拿去。"因叫旺儿媳妇来，"出去不管那里先支二百两来。"旺儿媳妇会意，因笑道："我才因别处支不动，才来和奶奶支的。"凤姐道："你们只会里头来要钱，叫你们外头弄去就不能了。"说着叫平儿，"把我那两个金项圈拿出去，暂且押四百两银子。"

平儿答应了，去半日，果然拿了一个锦盒子来，里面两个锦袱包着。打开时，一个金累丝攒珠的，那珍珠都有莲子大小；一个点翠嵌宝石的。两个都与宫中之物不离上下。一时拿去，果然拿了四百两银子来。凤姐命与小太监打叠起一半，那一半命人与了旺儿媳妇，命他拿去办八月中秋的节。

那小太监便告辞了，凤姐命人替他拿着银子，送出大门去了。这里贾琏出来笑道："这一起外祟何日是了！"凤姐笑道："刚说着，就来了一股子。"贾琏道："昨儿周太监来，张口一千两。我略应慢了些，他就不自在。将来得罪人之处不少。这会子再发个三二百万的财就好了。"一面说，一面平儿服侍凤姐另洗了面，更衣往贾母处去伺候晚饭。

（第七十二回，页1003~1005）

（三）

原来贾珍近因居丧，每不得游玩旷朗，又不得观优闻乐作遣。无聊之极，便生了个破闷之法。日间以习射为由，请了各世家弟兄及诸富贵亲友来较射。因说："白白的只管乱射，终无禆益，不但不能长进，而且坏了式样，必须立个罚约，赌个利物，大家才有勉力之心。"因此在天香楼下箭道内立了鹄子，皆约定每日早饭后来射鹄子。

贾珍不肯出名，便命贾蓉作局家。这些来的皆系世袭公子，人人家道丰富，且都在少年，正是斗鸡走狗、问柳评花的一干游侠纨裤。因此大家议定，每日轮流作晚饭之主——每日来射，不便独扰贾蓉一人之意。于是天天宰猪割羊，屠鹅戮鸭，好似临潼斗宝一般，都要卖弄自己家的好厨役好烹炮。不到半月工夫，贾赦贾政听见这般，不知就里，反说这才是正理，文既误矣，武事当亦该习，况在武荫之属。两处遂也命贾环、贾琮、宝玉、贾兰等四人于饭后过来，跟着贾珍习射一回，方许回去。

贾珍志不在此，再过一二日便渐次以歇臂养力为由，晚间或抹抹骨牌，赌个酒东而已，至后渐次至钱。如今三四月的光景，竟一日一日赌胜于射了，公然斗叶掷骰，放头开局，夜赌起来。家下人借此各有些进益，巴不得的如此，所以竟成了势了。外人皆不知一字。

（第七十五回，页1048~1049）

（四）

果然贾珍煮了一口猪，烧了一腔羊，备了一桌菜及果品之类，不可胜记，就在会芳园丛绿堂中，屏开孔雀，褥设芙蓉，带领妻子姬妾，先饭后酒，开怀赏月作乐。将一更时分，真是风清月朗，上下如银。贾珍因要行令，尤氏便叫佩凤等四个人也都入席，下面一溜坐下，猜枚划拳，饮了一回。贾珍有了几分酒，益发高兴，便命取了一竿紫竹箫来，命佩凤吹箫，文花唱曲，喉清嗓嫩，真令人魄醉魂飞。唱罢复又行令。

那天将有三更时分，贾珍酒已八分。大家正添衣饮茶，换盏更酌之际，忽听那边墙下有人长叹之声。大家明明听见，都悚然疑畏起来。贾珍忙厉声叱咤，问："谁在那里？"连问几声，没有人答应。尤氏道："必是墙外边家里人也未可知。"贾珍道："胡说。这墙四面皆无下人的房子，况且那边又紧靠着祠堂，焉得有人。"一语未了，只听得一阵风声，竟过墙去了。恍惚闻得祠堂内槅扇开阖之声。只觉得风气森森，比先更觉凉飒起来；月色惨淡，也不似先明朗。众人都觉毛发倒竖。贾珍酒已吓醒了一半，只比别人撑持得住些，心下也十分疑畏，便大没兴头起来。勉强又坐了一会子，就归房安歇去了。

（第七十五回，页1052）

　　结合上面的选文及前八十回的内容，试着分析贾府败落的原因，并从这十一回当中再找出一处预示着贾府没落的情节。

四、真题重现

2013·江苏高考·简答题

《红楼梦》中,抄检大观园时,在入画的箱子里寻出一大包金银锞子、一副玉带板子和一包男人的靴袜等物;在司棋的箱子里发现一双男子的锦带袜、一双缎鞋和一个小包袱,包袱里有一个同心如意和她表弟潘又安写的大红双喜笺。入画和司棋分别是谁的丫鬟?在处置入画和赶走司棋时,她们的主子各是什么态度?

2014·江苏高考·简答题

《红楼梦》不同的版本中,凹晶馆联诗一回,黛玉的名句,一为"冷月葬花魂",一为"冷月葬诗魂"。请从小说情节和主题两个方面,分别说明"葬花魂"与"葬诗魂"的依据。

本节参考答案

一、基础了解

1.（1）第七十回：林黛玉重建桃花社　史湘云偶填柳絮词

第七十一回：嫌隙人有心生嫌隙　鸳鸯女无意遇鸳鸯

第七十二回：王熙凤恃强羞说病　来旺妇倚势霸成亲

第七十三回：痴丫头误拾绣春囊　懦小姐不问累金凤

第七十四回：惑奸谗抄检大观园　矢孤介杜绝宁国府

第七十五回：开夜宴异兆发悲音　赏中秋新词得佳谶

第七十六回：凸碧堂品笛感凄清　凹晶馆联诗悲寂寞

第七十七回：俏丫鬟抱屈夭风流　美优伶斩情归水月

第七十八回：老学士闲征姽婳词　痴公子杜撰芙蓉诔

第七十九回：薛文龙悔娶河东狮　贾迎春误嫁中山狼

第八十回：美香菱屈受贪夫棒　王道士胡诌妒妇方

（2）①桃花社　诗社原创设在秋季，现在是春季，万物更新，恰好黛玉又写了一首《桃花行》很受赞赏，所以大家决定将"海棠社"改名为"桃花社"重新开始活动　林黛玉　当天王子腾夫人来访、第二天是探春的生日、与王家亲戚走动等事情，让众人都不得闲　史湘云

②飘泊亦如人命薄，空缱绻，说风流。——贾探春

三春事业付东风，明月梅花一梦。——薛宝钗

好风频借力，送我上青云！——薛宝琴

也难绾系也难羁，一任东西南北各分离。——林黛玉

（连线：第一句连薛宝琴，第二句连薛宝琴→林黛玉；实际：①→薛宝琴，②→林黛玉，③→薛宝钗，④→贾探春）

③贾探春　④周瑞家的　赵姨娘　邢夫人　替贾赦向贾母强要鸳鸯

邢夫人　邢夫人　邢夫人　凤姐儿　邢夫人　因鸳鸯一事邢夫人不受贾母喜欢了，凤姐儿的风头反而胜过了自己，而且南安太妃要见姑娘，贾母只叫了探春，没有迎春的事儿，于是心里很不受用，再加上下人们造谣生事，挑拨离间，所以才会心中怀恨　⑤迎春　司棋　⑥王善保家的　邢夫人　邢夫人在大观园从傻大姐手里查到了十锦春意香袋，转交王夫人，王夫人恼怒非常，再加上王善保家的添油加醋，在王夫人耳边造谣生事，让王夫人注意到晴雯，这个性格直爽不羁、聪明风流之人触及了王夫人的忌讳，于是她便决定要彻查大观园。　⑦贾政　贾政是家中的长辈，平时不苟言笑，这回头一次要讲笑话了，自然很让人期待　宝玉　贾兰　贾赦　因为贾赦的笑话中讲了一个偏心的母亲，这恰好应和了因为之前鸳鸯事件贾母对贾赦和邢夫人冷淡了许多，仿佛也是有偏心之意了，所以贾母说这句话自嘲，其实也说明贾母确实更喜欢贾政一些。　贾环　贾赦　⑧凹晶馆　妙玉　晴雯　在病中被王夫人冤枉勾引宝玉而被赶出怡红院，在她哥哥嫂嫂家里病逝　芳官等戏子　被王夫人一起赶出大观园后决定斩断情根出家为尼　林四娘　芙蓉　晴雯　晴雯　迎春　夏金桂　夏金桂　香菱　秋菱

2. 所谓"哀音"即文中所说的伤悼之音，是一种悲伤的、消极的情感抒发。宝玉说"姐姐断不许妹妹有此伤悼语句"，可以看出来宝钗是一名特别讲实际效用、具有正能量的人，从她劝说林妹妹看书就能看到她明白做人难在用心持正，不管是经世济学还是追求至情至性，重要的都是一个"正"字，所以大家写柳絮词，宝钗偏要为柳絮翻案，让它变得骄傲、有志气。林妹妹因自小离家，亲人离世，小小年纪就备尝人生之悲凉，因此黛玉不喜欢春天，她说明明知道早晚要凋谢，所以今日越繁华，明日就越悲凉。这一首《桃花行》中写道"桃花帘外开仍旧，帘中人比桃花瘦"，虽然窗外桃花开得正盛，但屋内人却黯然憔悴。别的姐

妹在芒种节忙着玩耍，林妹妹却忙着葬花，这不正是林妹妹的性情吗？再如最后十句："胭脂鲜艳何相类，花之颜色人之泪；若将人泪比桃花，泪自长流花自媚。泪眼观花泪易干，泪干春尽花憔悴。憔悴花遮憔悴人，花飞人倦易黄昏。一声杜宇春归尽，寂寞帘栊空月痕！"这十句中频繁出现的意象有"泪"，什么颜色的呢？是像胭脂一样鲜艳的颜色，那不就是血泪嘛；还有"憔悴花"，当花朵憔悴了，眼泪也流干了，暗合"绛珠仙草还泪"之说；还有"黄昏"，昏昏暗暗，以及声声啼血的"杜宇"和映照在孤独一人的屋子里的"月"，徒有月光，没有团圆和美满。这些意象组合在一起怎能不让人心生悲凉？从姑娘们的性格来看，宝钗、宝琴、湘云、探春都断不会作出如此诗歌的，迎春和惜春又没有这样的才气，所以这首诗的作者肯定是林黛玉无疑。再加上宝玉曾经无数次读林妹妹的诗，林妹妹写诗什么风格，他一定是非常清楚的。宝玉不赞诗作，他怜惜黛玉这个人，"却滚下泪来"，可见其爱之深切。

3. 两支凤凰风筝，一支喜字风筝，三支风筝绞在一起，预示了探春的婚姻，她将来嫁的人家应该很有地位，毕竟是凤凰风筝嘛，又有大喜字。用风筝来预示未来的婚姻状况，也与前文相呼应。第五回探春判词中一句"清明涕送江边望，千里东风一梦遥"；第六十二回探春掣的花签是"日边红杏倚云栽"。由此而知，探春这是要远嫁啊，还能不能回来就真的不好说了。

4.（1）B　（2）探春所说的大家族中的"烦难"大概是指家族中人多心多，难免会有人眼睛盯着彼此的利益；此外嫡出、庶出，身份地位分得也很清楚。就如探春自己，虽然是千金大小姐，但却很难有自己的自由，也会被卷进这些利益之争中，不比小家小户亲人之间情感更加纯粹。　（3）D　（4）李纨对宝玉的评价，让我们想到了建立诗社大家互相起名字时宝钗给宝玉起的名字"富贵闲人",只会安享富贵,凡事不问不管,落得个闲在。《红楼梦》中宝玉的生命价值有两个选择面向,其实总是在一种矛盾中徘徊,一个是性情闲在派,一个是经世致用派,众人皆期待宝玉选择后者。宝玉却一直"执迷不悟"。李纨在这里说宝玉不顾后事,也是一种委婉的劝讽。承载着家族期望的宝玉表现得如此"于国于家无望",也预示着家族的衰败命运。

5.(1)人人都知道迎春是"二木头",也都会写"懦弱"二字,只是若要真的刻画出一个人的软弱劲儿来却是十分不易的。曹雪芹笔力深厚,描写十分传神。

第一是动作描写,抓住一个细节在恰当的关口反复出现,强化了人物懦弱、不善言辞的特点。比如"低着头弄衣带",仔细想想,凤姐儿、探春、宝钗一类人物何曾有过这等动作,低头是一种示弱,弄衣带则表示紧张,况且再加上邢夫人问她奶妈聚赌的事情,她半晌不说话,更是让人着急。除了这个细节,还有当绣桔质问奶妈的儿媳妇时,迎春竟然置身事外,拿起了《太上感应篇》来读。首先,丫鬟为了她的金凤和王住儿媳妇讲理,作为小姐,迎春不仅不训问王住儿家的,竟然还看起了书,摆明了是嫌烦,自己不想参与。其次,她看的书也和她的性情大有关系,作为道教经典,讲的是劝善惩恶、因果报应,只是当她身边的人为非作歹的时候,单是企望虚无的因果报应,恰是无能无才的表现。

第二我们来看迎春的语言应对。邢夫人质问她奶妈聚赌的事情,她半晌不说话,好不容易说话了,却辩解对方是奶妈,自己教训不得。当奶妈的媳妇儿来耍赖的时候,她还想不再追究奶妈私自拿累丝金凤一事,可见其为人处世不利索,过于软弱,很容易被人欺负。

第三,曹雪芹运用了衬托的手法。迎春身边的绣桔,虽是个丫鬟,但是无论是思路还是口齿都比迎春强太多，若是没有她，迎春恐怕是要完败给王住儿媳妇儿了。有这样伶俐的丫鬟在身边，迎春真是被比下去了。

（2）从邢夫人对迎春说的那番话中我们可以读出以下几点信息。

第一，邢夫人心胸比较狭隘，缺少大家族中长媳该有的气度。比如，她来和迎春说迎春奶妈聚赌被抓的事情，并不是真切地关心迎春，而是觉得这件事丢了自己的脸。她在和迎春说话时用的是"咱们"，同是荣国府的媳妇儿，自己的丈夫和贾政是同父同母亲兄弟，但这个"咱们"一说出来是不包含贾政一家人的，也不包括王熙凤。自从要鸳鸯失败之后，再加上别有心思之人的撺掇，邢夫人的心渐渐地被嫉妒和恨意包裹住了。

第二，邢夫人对凤姐和贾琏更是没好气，故意在迎春面前挑拨他们兄妹之间的关系，心思不正。从她的言语中，我们也知道了迎春的身世，她说"从前看来，你两个的娘，只有你娘比如今赵姨娘强十倍的，你该比探丫头强才是"，原来迎春不是邢夫人生的，而且她现在也没有了母亲，是可怜人。这也说明了为什么后来迎春的婚事邢夫人并不在意。同时，我们还知道了贾琏也不是邢夫人的孩子，邢夫人一直没有孩子，这也能回答为什么她和凤姐之间并不亲近，因为不是亲儿媳，再加上凤姐和自己的亲姑妈王夫人更亲近，这也是邢夫人之所以会渐渐防着凤姐、厌恶凤姐的一个原因吧。

可见，这个没有子嗣的邢夫人心胸既不够开阔，容易计较，容易记仇，也不够有爱心，不仅对迎春之事不关心，连自己的亲侄女邢岫烟之事她也不上心。

6.（1）贾政　凸碧山庄　贾母　贾赦　贾琏　宝玉　贾兰

（2）家庭聚会本是最热闹的，然而随着事件的推移，参加家庭聚会的人却越来越少，一方面说明了宁荣二府的嫡系子孙实在不兴盛，另一方面也说明了其他各房也各有各的心思,各有各的艰难,并不能真正团结在一起,虚情假意的多,真心聚会的少。此处用贾母的感慨意在突出一个大家族逐步走向分崩离析的过程。

二、阅读进阶

7. 好一个贾探春！不得不感叹,这两段看得特别过瘾、解气。本来迎春在那里说话读得人都憋坏了,结果探春一出场,立马就感觉神清气爽。

  探春的与众不同之处一：极聪明又极为热心。宝钗、黛玉也聪明,但是她二人是不会在公共场合轻易替人出头的,湘云倒是能替人出头,可是太莽撞不够机灵（比如得知邢岫烟被欺负之后的表现）,只有贾探春,心里既明白,又真的能够付诸行动,帮人解围（比如鸳鸯一事,帮助王夫人在贾母面前解围）,而且说话既有逻辑又干净利落,还很有气场。她看迎春在读书,笑了一笑,这一笑分明就是知道自己姐姐的脾性,然后进屋。单见探春进来,王住儿媳妇已受到威慑。探春坐下后,话一出口,就让人心中怕了三分,"才刚谁在这里说话？倒像拌嘴似的",这话明摆着就是在质问王住儿媳妇怎么敢在姑娘屋里吵架,这一问就绝不是迎春能说出来的。

  探春的与众不同之处二：对丫鬟的调教极有章法,而且很有行事的心机。比如,她对待书使一个眼色,待书就知道要去请平儿姑娘；别人家姑娘都是在不知所以中被抄检,只有探春是从自己的眼线那里得到情报,竟然敞开大门秉烛以待,太有气势了。

  探春的与众不同之处三：她看事情很通透,很冷静,有领导风范。比如检抄大观园,别的姑娘都没说什么,偏偏是探春说出了最让人心惊的一段话,几天前还在说甄家被抄,今天咱们自己就从自己家里开始了。她说:"可知这样大族人家,若从外头杀来,一时是杀不死的,这是古人曾说的'百足之虫,死而不僵',必须先从家里自杀自灭起来,才能一败涂地!"这话真是对贾府最大的谶语啊!如果一家人之间还不能彼此信任,主子防着仆人,仆人算计主子,人人自危,这个家还能好吗?所以,这也是探春不让别人来搜自己丫鬟箱子的用意。她说"我的东西倒许你们搜阅,要想搜我的丫头,这却不能。我原比众人歹毒,凡丫头所有的东西我都知道,都在我这里间收着,一针一线他们也没的收藏,要搜所以只来搜我。你们不依,只管去回太太,只说我违背了太太,该怎么处治,我去自领"。这个姑娘真是有大将风度,若是男人,真的是能干出一份事业的。

最后,探春还有一处不同的,那就是十分看重自己的尊严,决不允许自己作为贾府千金小姐的身份被像王善保家的这种心术不正的婆子玷污。而王善保家的不知道探春的厉害,竟然去掀她的衣襟,结果挨了重重的一巴掌,被痛骂一顿,实属活该。王夫人是因为爱护宝玉心切,也因为晴雯长相太好触动了她的心病,所以才失去了理智,听了王善保家的馊主意来抄园子,如果她能够听探春说一说,恐怕就不会如此了。

好一个三姑娘啊,邢夫人有一句话没说错,迎春比她这个妹妹真是差远了。

8.(1)"昨晚之事"就是王善保家的和王熙凤一起去查抄大观园,从惜春的丫鬟入画那里查到了很多钱财和男人的物品,这些东西是宁府的贾珍赏给入画哥哥的,结果入画的叔叔婶婶好赌,哥哥怕把这些钱财拿回去糟蹋了,于是便私自让人把东西传到园子里,让入画帮忙看管,谁承想这次查抄竟然查了出来,于是惜春想要让人把入画带走。

(2)在第七回送宫花处,我们便知道惜春从小的玩伴是尼姑,仿佛也预示了她后来"青灯伴古佛"的结局。惜春在四春中年纪最小,按理说应该是最活泼、最可爱的一个女孩子，可是她在大观园中的存在感也不高，平时喜欢画画，这一点从刘姥姥进大观园，贾母指定让惜春画园子一事儿就能看出。画画时需要独处，需要安静，这倒正合了她的口味。然而她在四春中，却是最执拗、最孤介耿直的，认准的事情决不允许商量，也决不允许不干净的人和事靠近自己，仿佛是有精神洁癖。这次她与尤氏的对话，确实让人感觉惜春很不近人情，但仔细一想，连惜春这么小的孩子都知道宁国府有多乱，那么也就可想宁府的肮脏程度了，怪不得连柳湘莲说宁国府只有看门的两只石狮子干净。惜春很可怜，父亲（贾敬）一心炼丹不问世事，自己的哥哥（贾珍）又浪荡放纵，她从小养在荣国府贾母身边，自然就希望自己能够干干净净清清白白，不要被宁国府牵连，可是，人生在世谁又能真正干净？但凡有情感上的牵绊，很多事情就解决不了，所以她说"我不了悟，我也舍不得入画了"，意思就是，如果她不能参悟佛理，明白七情六欲皆为虚妄的话，她自然是不能割舍与入画的情谊了。她割舍得了入画，也割舍得了整个宁府，包括宁府的富贵、宁府的肮脏。她没有什么可仰仗依赖的，认定谁也保全不了谁，所以不如趁现在干干净净撒开手好。惜春是一个看破红尘之人，虽然她现在不在佛门，却比在佛门的妙玉更像一个槛外人。

9. 判词处处映照了晴雯的结局。第一，"霁月难逢，彩云易散"暗合"晴雯"的名字，又暗示了"晴雯"的结局——虽然名字有"晴"，然而却是很难碰到；虽然名字中有"雯"，然而美丽灿烂的云彩却易散难聚，这不就是说"晴雯"命途多舛嘛。晴雯在怡红院总共不到六年（从宝玉写给晴雯的诔文中可以知道），不算长，本来因为相貌好、口齿伶俐、性格直爽，深得宝玉喜欢，然而谁承想却被王夫人视为了眼中钉、肉中刺，必拔之而后快。这也正是"心比天高，身为下贱。风流灵巧招人怨"。在怡红院里，宝玉对女孩子们的爱护又恰恰助长了她的个性，让她平时为人过于专横任性，连李嬷嬷都敢骂，这也是她和那些婆子妈妈们结怨的一个原因吧。而她之所以会被王夫人盯上也正是因为有像王善保家的这些素日看不惯她言行的人，以及她得罪了的婆子们散布谣言，恶意中伤。她的性格确实高傲，从她对待搜查箱子一事中就能够看出，其他丫鬟都是老老实实打开箱子让人查，可她偏偏是将箱子倒了个底儿朝天，一方面说明自己心中对此事的不满，另一方面也彻彻底底地表示自己的清白。但又有什么用呢，主子喜欢的是像袭人这种低调行事，处处谦卑，以主子心意为自己心意的丫鬟。所以，"勇"于出头、"勇"于说话、"勇"于追求自我的晴雯就只能"寿夭多因毁谤生，多情公子空牵念"了。在王夫人眼中，长得风流灵巧的女人大概都是狐狸精，会勾引男人（这恐怕是结合了她自己的切身体会吧），然而谁能想到在怡红院里，最干净的恐怕就是晴雯了，她和宝玉之间要多清白有多清白，从她临死前和宝玉说自己担了虚名就能看出，恐怕袭人、麝月、秋纹，谁都没她清白，然而最后却是她被认定不干净，这真是最大的不公啊。

三、探究提升

10. 其一，家族中的子弟不肖，不能撑起贾府之未来。其二，贾府内中已然空虚，却还担着虚名，放不下大家族的架子，少不得各种应酬和花销。无奈之际，贾琏、王熙凤，甚至王夫人都开始打贾母财物的主意。而我们在第六回和刘姥姥一起看到的那个炫酷的自鸣钟在第七十二回也再次登场了，只不过人是物非，它已经被王熙凤卖掉了，只卖了五百多两银子，真是贵买贱出，此一时彼一时啊。其三，因元妃在宫中，所以打点宫内的太监们也是一项巨大的开支。元妃是支撑贾府地位最重要的一根柱子，可不能倒。太监们也深知这一点，故而不断变相勒索侵吞。

其四，府中下人只顾私利，心完全不在一处，从这十一回来看，仆人们各种挑拨离间，各种兴风作浪，嗜赌成性，这个家能好才怪。

当然，这四大原因中最重要的还是贾府子弟不肖，这恐怕也是贾珍在中秋前夜听到从祠堂传来的一声叹息的原因。还记得第五回宁荣二公请求警幻仙姑去教化点醒贾宝玉，那次失败后，秦可卿又在梦中尝试点醒凤姐儿，然而也失败了，所以贾府的祖先们也只能看着儿孙们作乱，徒留一声叹息。

四、真题重现

略

后四十回阅读须知

（一）阅读"粗"发现

第八十一回之后，我们在阅读中会发现有很多地方与前面不相符。

浅层面的，如探春的丫鬟，前面是待书，后面是侍书。贾蓉的续妻前面为许氏，后面为胡氏。

情节上前后不一致的，如柳五儿本来已死（第七十七回），可是在第八十七回又出现了。

内容表现上过于粗糙的，如巧姐时大时小（第八十四回、第八十八回尚幼小，第九十二回已经迎风长大，第一一七回提到是十三四岁）；增加了过多鬼怪之说，显得阴气森森的，如宝玉说自己的玉夜晚在帐子里放红光、贾母让给元妃批八字、水月庵的师父夜里看到炕上一男一女来索命等，赵姨娘之死更是让人瞠目。

人物的对话、生活的细节，也缺少了生动性和丰富性。

人物气质表现上也令人感到别扭，如黛玉开始注意自己的服装（第八十五回、九十四回），宝玉眼里也看到了黛玉的穿着（第八十九回）；林黛玉开始赞美八股文章了（第八十二回）；黛玉还顺应贾母之话，认为怡红院里枯萎了一年的海棠十一月里盛开是吉兆，是因为宝玉爱读书了（第九十四回）。

此外，为了实现最后宝玉考中科第的目标，贾政又开始催逼宝玉念书、习八股。这与前面贾政的转变也接不上去。（第七十五回中秋夜宴，贾政让宝玉作诗，并赏他海南带回来的扇子两把；此外，与第七十八回的相关内容不符。）

当然，最重要的是，前八十回里处处影射、隐喻的人物命运结局，在后续章节里没有得到一以贯之的表现，如香菱、湘云、李纨、王熙凤等。还有贾府的颓败结局，本来是"树倒猢狲散""落了片白茫茫大地真干净"，续书里却在抄家之后，又出现翻转，最终能够再沐皇恩，重受垂怜。

（二）《红楼梦》版本纷纭说

关于《红楼梦》的流行版本，简单来说，主要是两种。

其一，只有前八十回的手抄本系统，书上保留着脂砚斋等人的评语，被称为"脂批本"系统。脂批是小说中非常重要的补充，在阅读中可以引导启发读者。

其二，一百二十回印刷本系统，这个版本由程伟元和高鹗补上了小说情节和故事结局，删去了所有的评语，被称为"程高本"系统。程高本系统还对原八十回的部分章节和内容做了改写。

自《红楼梦》一百二十回本诞生以来，便有很多文墨官司。

张爱玲七八岁就读过它，之后到精熟的地步，她说"我唯一的资格是实在熟读《红楼梦》，不同的本子不用留神看，稍微眼生点的字自会蹦出来"。[①] 在张爱玲看来，"《红楼梦》未完还不要紧，坏在狗尾续貂成了附骨之疽——请原谅我这混杂的比喻"。

周汝昌也认为，一百二十回本对原作破坏性大，特别主张不应当标明"曹雪芹　高鹗　著"，这样给人的理解是，两人组成"写作班子"合著而成，而实际上，曹雪芹去世近三十年后（以1764年为其卒年），程伟元、高鹗才出版了一百二十回本。

关于后四十回的内容出处，也有完全新续、曹雪芹原本写完了全本后因政治原因而被篡改等诸多研究观点。

也有很多专家赞赏一百二十回本，如林语堂、白先勇等。在此，再提供两个学者的审美观点。

---

① 《红楼梦魇·自序》，张爱玲，北京，十月文艺出版社，2006，页1。

胡适：

我们平心而论，高鹗补的四十回，虽然比不上前八十回，也确然有不可埋没的好处。他写司棋之死，写鸳鸯之死，写妙玉的遭劫，写凤姐的死，写袭人的嫁，都是很有精彩的小品文字。最可注意的是这些人都写作悲剧的下场。还有那最重要的"木石前盟"一件公案，高鹗居然忍心害理地教黛玉病死，教宝玉出家，作一个大悲剧的结束，打破中国小说的团圆迷信。这一点悲剧的眼光不能不令人佩服。①

夏志清：

既然没有后四十回我们便无法估价这本小说的伟大，那么，对后四十回进行批评攻击并且仅仅根据前八十回来褒奖作者，我认为这是文学批评中一种不诚实的做法。如果曹雪芹生前的确没有完成他的小说，或者我们不满于大体上仍出于作者之手的后四十回，那么我们对他的天才及成就的评价也应做相应的改变。但是任何一个公正的读者，只要在读这部小说时没有对其作者问题抱有先入之见，那他就不会有任何理由贬低后四十回，因为它们提供了令人折服的证据，证明了这部作品的悲剧深度和哲学深度，而这一深度是其他任何一部中国小说都不曾达到的。②

目前，人民文学出版社的校注本，共一百二十回，参考了学术界的最新研究成果，最新版本为校注本第四版，将作者改为了"曹雪芹著 无名氏续 程伟元、高鹗整理"。

---

① 《胡适红楼梦研究论述全编·红楼梦考证》，上海古籍出版社，1988，页117。
② 《中国古典小说史论·红楼梦》，夏志清著，胡益民等译，江西人民出版社，2001，页268。

十八 第八十一至九十八回

第八十一至九十八回内容速看

此十八回内容：宝玉再次入塾，贾政和贾代儒督促他往科考上努力。黛玉做梦，梦中被逼嫁，身体每况愈下。宝玉心生感应，身体有恙，贾母为此心烦。元妃也身体欠安，宣召亲丁入宫探问。元妃病愈后，贾母开始念叨宝玉的婚事，并夸赞宝钗，凤姐向贾母提起"金玉"之缘，薛姨妈初步应允。薛蟠离家在外，打死了人，这起人命官司一直在打点赎罪，又一直拖延审理。秋意已浓，黛玉抚琴，妙玉动情，惜春缘寂。黛玉听闻宝玉定亲，绝望之际只求速死，之后又好得迅速，贾母对于宝黛情感有所察觉，让凤姐在大观园管理上再精细些。甄家仆人包勇投靠贾府。水月庵事件将贾府拖入舆情危机。怡红院枯萎了的海棠于十一月开花，引来众人观赏和议论。通灵宝玉丢失，元妃薨逝。宝玉丧魂失魄，精神失常。王子腾入京途中病逝。贾政放了江西粮道马上起程。凤姐设计调包，宝玉宝钗大婚，黛玉得知消息，焚诗稿，魂归离恨天。宝玉于潇湘馆痛祭黛玉，紫鹃细诉黛玉临终情景。

红楼叙事中的喜悲交转

一、基础了解

1.（1）袭人心细，据其察言观色，贾母、王夫人将未来的宝二奶奶属意于_____，她在宝玉上学时，特意去潇湘馆，聊起了尤二姐的悲剧。黛玉却说："但凡家庭之事，_____，_____。"这句话的言外之意是_____
_____。

（2）黛玉因天凉，吩咐丫鬟们晾晒毛衣服，黛玉在绢包儿里看到一些旧物：_____、_____、_____。黛玉见此"不觉的簌簌泪下"，因为_____。

（3）宝玉丢失了颈上宝玉，园子里众人找寻。林之孝托刘铁嘴测字，字为"赏"，测算的意思是_____，二为_____。妙玉扶乩，其词曰：_____。于是，众人便去当铺和有松树的山子石底下搜寻。

（4）黛玉知道宝玉宝钗定亲的消息后，第一反应脱口而出的是"_____！"她强撑着去看望已经搬到贾母处的宝玉，两人只管对着脸傻笑。黛玉问："宝玉，你为什么病了？"宝玉笑道："_____。"

二、阅读进阶

2. 阅读文段，根据小说情节，发布一则"今日头条"，并拟制评论区回复，展现事件的社会影响力（评论区的网友身份酌情自拟）。要求：符合新闻报道的体裁要求，具备新闻要素；标题醒目，叙述清楚。温馨提示：

可参看一些新闻报道，了解其行文特点。

（一）

凤姐又作情央贾琏先支三个月的供给，叫他写了领字，贾琏批票画了押，登时发了对牌出去。银库上按数发出三个月的供给来，白花花二三百两。贾芹随手抓一块，撂与掌平的人，叫他们吃茶罢。于是命小厮拿回家，与母亲商议。登时雇了大叫驴，自己骑上；又雇了几辆车，至荣国府角门前，唤出二十四个人来，坐上车，一径往城外铁槛寺去了。

（第二十三回，页310~311）

（二）

你在家庙里干的事，打谅我不知道呢。你到了那里自然是爷了，没人敢违拗你。你手里又有了钱，离着我们又远，你就为王称霸起来，夜夜招聚匪类赌钱，养老婆小子。这会子花的这个形象，你还敢领东西来？领不成东西，领一顿驮水棍去才罢。等过了年，我必和你琏二叔说，换回你来。

（第五十三回，页726）

（三）

一日贾政早起刚要上衙门，看见门上那些人在那里交头接耳，好像要使贾政知道的似的，又不好明回，只管咕咕唧唧的说话。贾政叫上来问道："你们有什么事，这么鬼鬼祟祟的？"门上的人回道："奴才们不敢说。"贾政道："有什么事不敢说的？"门上的人道："奴才今儿起来开门出去，见门上贴着一张白纸，上写着许多不成事体的字。"贾政道："那里有这样的事，写的是什么？"门上的人道："是水月庵里的腌臜话。"贾政道："拿给我瞧。"门上的人道："奴才本要揭下来，谁知他贴得结实，揭不下来，只得一面抄一面洗。刚才李德揭了一张给奴才瞧，就是那门上贴的话。奴才们不敢隐瞒。"说着呈上那帖儿。贾政接来看时，上面写着：

> 西贝草斤年纪轻，水月庵里管尼僧。
>
> 一个男人多少女，窝娼聚赌是陶情。
>
> 不肖子弟来办事，荣国府内出新闻。

贾政看了，气得头昏目晕，赶着叫门上的人不许声张，悄悄叫人往宁荣两府靠近的夹道子墙壁上再去找寻。随即叫人去唤贾琏出来。

（第九十三回，页 1293~1294）

（四）

不多时，赖大来了。贾琏便与他商量。赖大说："这芹大爷本来闹的不像了。奴才今儿到庵里的时候，他们正在那里喝酒呢。帖儿上的话是一定有的。"贾琏道："芹儿你听，赖大还赖你不成。"贾芹此时红涨了脸，一句也不敢言语。还是贾琏拉着赖大，央他："护庇护庇罢，只说是芹哥儿在家里找来的。你带了他去，只说没有见我。明日你求老爷也不用问那些女孩子了，竟是叫了媒人来，领了去一卖完事。果然娘娘再要的时候儿，咱们再买。"赖大想来，闹也无益，且名声不好，就应了。贾琏叫贾芹："跟了赖大爷去罢，听着他教你。你就跟着他。"说罢，贾芹又磕了一个头，跟着赖大出去。到了没人的地方儿，又给赖大磕头。赖大说："我的小爷，你太闹的不像了。不知得罪了谁，闹出这个乱儿。你想想谁和你不对罢。"贾芹想了一想，忽然想起一个人来。

（第九十三回，页 1294~1295）

3. 宝黛爱情悲剧走到了尽头,黛玉焚稿、宝玉哭灵是续书中的经典场景。

(1)请梳理第八十一至九十八回里宝黛故事的发展脉络。

_____
_____
_____
_____

(2)第八十三回王太医为二玉诊病,指出黛玉之病是"因平日郁结所致","这病时常应得头晕,减饮食,多梦,每到五更,必醒个几次。即日间听见不干自己的事,也必要动气,且多疑多惧。不知者疑为性情乖诞,其实因肝阴亏损,心气衰耗,都是这个病在那里作怪。"

(第八十三回,页1171)

这段文字从一个医者的角度对林黛玉的身体和性情进行了展现,你同意王太医的诊断吗?请说明理由。

(题外话:王太医终于回来了,要是当日王太医在京,尤二姐腹中之子或可保存,尤二姐就不至于香消玉殒了。)

_____
_____
_____

(3)阅读文段,回答问题。

只见宝玉把眉一皱,把脚一跺道:"我想这个人生他做什么!天地间没有了我,倒也干净。"黛玉道:"原是有了我,便有了人;有了人,便有无数的烦恼生出来,恐怖,颠倒,梦想,更有许多缠碍。——才刚我说的都是顽话,你不过是看见姨妈没精打彩,如何便疑到宝姐姐身上去?姨妈过来原为他的官司事情心绪不宁，那里还来应酬你？都是你自己心上胡思乱想，钻入魔道里去了。"宝玉豁然开朗，笑道："很是，很是。你的性灵比我竟强远了，怨不得前年我生气的时候，你和我说过几句禅语，我实在对不上来。我虽丈六金身，还借你一茎所化。"黛玉乘此机会说道："我便问你一句话，你如何回答？"宝玉盘着腿，合着手，闭着眼，嘘着嘴道："讲来。"黛玉道："宝姐姐和你好你怎么样？宝姐姐不和你好你怎么样？宝姐姐前儿和你好，如今不和你好你怎么样？今儿和你好，后来不和你好你怎么样？你和他好他偏不和你好你怎么样？你不和他好他偏要和你好你怎么样？"宝玉呆了半晌，忽然大笑道："①任凭弱水三千，我只取一瓢饮。"黛玉道："②瓢之漂水奈何？"宝玉道："③非瓢漂水，水自流，瓢自漂耳！"黛玉道："④水止珠沉，奈何？"宝玉道："⑤禅心已作沾泥絮，莫向春风舞鹧鸪。"黛玉道："禅门第一戒是不打诳语的。"宝玉道："有如三宝。"黛玉低头不语。

（第九十一回，页1271~1272）

请用自己的语言解读下面这几句禅语的意思。

①任凭弱水三千，我只取一瓢饮。

②瓢之漂水奈何？

③非瓢漂水，水自流，瓢自漂耳！

④水止珠沉，奈何？

⑤禅心已作沾泥絮，莫向春风舞鹧鸪。

（4）宝黛爱情悲剧最后，两人皆心有所向，却身不由己。虽为续书，但很多文段具有动人心魄的力量。请选择一处情节，就具体内容进行品味赏析。

_____
_____
_____

三、探究提升

4. 阅读文段，回答问题。

　　且说贾政这日正与詹光下大棋，通局的输赢也差不多，单为着一只角儿死活未分，在那里打劫。门上的小厮进来回道："外面冯大爷要见老爷。"贾政道："请进来。"小厮出去请了，冯紫英走进门来。贾政即忙迎着。……

　　贾政对冯紫英道："有罪，有罪。咱们说话儿罢。"冯紫英道："小侄与老伯久不见面，一来会会，二来因广西的同知进来引见，带了四种洋货，可以做得贡的。一件是围屏，有二十四扇槅子，都是紫檀雕刻的。中间虽说不是玉，却是绝好的硝子石，石上镂出山水人物楼台花鸟等物。一扇上有五六十个人，都是宫妆的女子，名为《汉宫春晓》。人的眉目口鼻以及出手衣褶，刻得又清楚又细腻。点缀布置都是好的。我想尊府大观园中正厅上却可用得着。还有一个钟表，有三尺多高，也是一个小童儿拿着时辰牌，到了什么时候他就报什么时辰。里头也有些人在那里打十番的。这是两件重笨的，却还没有拿来。现在我带在这里两件却有些意思儿。"就在身边拿出一个锦匣子，见几重白绵裹着，揭开了绵子，第一层是一个玻璃盒子，里头金托子大红绉绸托底，上放着一颗桂圆大的珠子，光华耀目。冯紫英道："据说这就叫做母珠。"因叫拿一个盘儿来。詹光即忙端过一个黑漆茶盘，道："使得么？"冯紫英道："使得。"便又向怀里掏出一个白绢包儿，将包儿里的珠子都倒在盘里散着，把那颗母珠搁在中间，将盘置于桌上。看见那些小珠子儿滴溜滴溜滚到大珠身边来，一回儿把这颗大珠子抬高了，别处的小珠子一颗也不剩，都粘在大珠上。詹光道："这也奇怪。"贾政道："这是有的。所以叫做母珠，原是珠之母。"那冯紫英又回头看着他跟来的小厮道："那个匣子呢？"那小厮赶忙捧过一个花梨木匣子来。大家打开看时，原来匣内衬着虎纹锦，锦上叠着一束蓝纱。詹光道："这是什么东西？"冯紫英道："这叫做鲛绡帐。"在匣子里拿出来时，叠得长不满五寸，厚不上半寸。冯紫英一层一层的打开，打到十来层，已经桌上铺不下了。冯紫英道："你看里头还有两折，必得高屋里去才张得下。这就是鲛丝所织，暑热天气张在堂屋里头，苍蝇蚊子一个不能进来，又轻又亮。"贾政道："不用全打开，怕叠起来倒费事。"詹光便与冯紫英一层一层折好收拾。冯紫英道："这四件东西价儿也不很贵，两万银他就卖。母珠一万，鲛绡帐五千，《汉宫春晓》与自鸣钟五千。"贾政道："那里买得起。"冯紫英道："你们是个国戚，难道宫里头用不着么？"贾政道："用得着的很多，只是那里有这些银子。等我叫人拿进去给老太太瞧瞧。"冯紫英道："很是。"

贾政便着人叫贾琏把这两件东西送到老太太那边去，并叫人请了邢、王二夫人凤姐儿都来瞧着，又把两样东西一一试过。贾琏道："他还有两件：一件是围屏，一件是乐钟。共总要卖二万银子呢。"凤姐儿接着道："东西自然是好的，但是那里有这些闲钱。咱们又不比外任督抚要办贡。我已经想了好些年了，像咱们这种人家，必得置些不动摇的根基才好，或是祭地，或是义庄，再置些坟屋。往后子孙遇见不得意的事，还是有点儿底子，不到一败涂地。我的意思是这样，不知老太太、老爷、太太们怎么样。若是外头老爷们要买，只管买。"贾母与众人都说："这话说的倒也是。"贾琏道："还了他罢。原是老爷叫我送给老太太瞧，为的是宫里好进。谁说买来搁在家里？老太太还没开口，你便说了一大些丧气话！"

说着，便把两件东西拿了出去，告诉了贾政，说老太太不要。便与冯紫英道："这两件东西好可好，就只没银子。我替你留心，有要买的人，我便送信给你去。"冯紫英只得收拾好，坐下说些闲话，没有兴头，就要起身。贾政道："你在我这里吃了晚饭去罢。"冯紫英道："罢了，来了就叨扰老伯吗！"贾政道："说那里的话。"正说着，人回："大老爷来了。"贾赦早已进来。彼此相见，叙些寒温。不一时摆上酒来，肴馔罗列，大家喝着酒。至四五巡后，说起洋货的话，冯紫英道："这种货本是难消的，除非要像尊府这种人家，还可消得，其馀就难了。"贾政道："这也不见得。"贾赦道："我们家里也比不得从前了，这回儿也不过是个空门面。"冯紫英又问："东府珍大爷可好么？我前儿见他，说起家常话儿来，提到他令郎续娶的媳妇，远不及头里那位秦氏奶奶了。如今后娶的到底是那一家的，我也没有问起。"贾政道："我们这个侄孙媳妇儿，也是这里大家，从前做过京畿道的胡老爷的女孩儿。"紫英道："胡道长我是知道的。但是他家教上也不怎么样。也罢了，只要姑娘好就好。"

贾琏道："听得内阁里人说起，贾雨村又要升了。"贾政道："这也好，不知准不准。"贾琏道："大约有意思的了。"冯紫英道："我今儿从吏部里来，也听见这样说。雨村老先生是贵本家不是？"贾政道："是。"冯紫英道："是有服的还是无服的？"贾政道："说也话长。他原籍是浙江湖州府人，流寓到苏州，甚不得意。有个甄士隐和他相好，时常周济他。以后中了进士，得了榜下知县，便娶了甄家的丫头。如今的太太不是正配。岂知甄士隐弄到零落不堪，没有找处。雨村革了职以后，那时还与我家并未相识，只因舍妹丈林如海林公在扬州巡盐的时候，请他在家做西席，外甥女儿是他的学生。因他有起复的信要进京来，恰好外甥女儿要上来探亲，林姑老爷便托他照应上来的，还有一封荐书，托我吹嘘吹嘘。那时看他不错，大家常会。岂知雨村也奇，我家世袭起，从代字辈下来，宁荣两宅人口房舍以及起居事宜，一概都明白，因此遂觉得亲热了。"因又笑说道："几年间门子也会钻了。由知府推升转了御史，不过几年，升了吏部侍郎，署兵部尚书。为着一件事降了三级，如今又要升了。"冯紫英道："人世的荣枯，仕途的得失，终属难定。"贾政道："像雨村算便宜的了。还有我们差不多的人家就是甄家，从前一样功勋，一样的世袭，一样的起居，我们也是时常往来。不多几年，他们进京来差人到我这里请安，还很热闹。一回儿抄了原籍的家财，至今杳无音信，不知他近况若何，心下也着实惦记。看了这样，你想做官的怕不怕？"贾赦道："咱们家是最没有事的。"冯紫英道："果然，尊府是不怕的。一则里头有贵妃照应，二则故旧好亲戚多，三则你家自老太太起至于少爷们，没有一个习钻刻薄的。"贾政道："虽无习钻刻薄，却没有德行才情。白白的衣租食税，那里当得起。"贾赦道："咱们不用说这些话，大家吃酒罢。"大家又喝了几杯，摆上饭来。吃毕，喝茶。冯家的小厮走来轻轻的向紫英说了一句，冯紫英便要告辞了。贾赦贾政道："你说什么？"小厮道："外面下雪，早已下了榍子了。"贾政叫人看时，已是雪深一寸多了。贾政道："那两件东西你收拾好了么？"冯紫英道："收好了。若尊府要用，价钱还自然让些。"贾政道："我留神就是了。"紫英道："我再听信罢。天气冷，请罢，别送了。"贾赦贾政便命贾琏送了出去。

（第九十二回，页1281~1286）

（1）冯紫英向贾府兜售四件珍宝，请描述其特点。

（2）《红楼梦》中少见如此文字，平和淡定地谈家中景况、谈亲朋旧友、谈后辈子侄。请梳理文段中的信息，并联想一下，看哪些信息与小说前文有所呼应。

5. 第四回里提到的护官符上的几大家族分别是什么？请梳理薛蟠之案的来龙去脉，并由此探究几大家族之间的荣辱关系。

四、真题重现

2012·江苏高考·简答题

"若问渠侬多少恨，数完庭榭堕飘花。一声你好香消散，别院笙箫月影斜。"这首诗末两句写了《红楼梦》中哪两件事？前一件事发生在大观园中的什么地方？

本节参考答案

一、基础了解

1.（1）林黛玉　不是东风压了西风　就是西风压了东风　正室和侧室之间难免会有纷争，总是会出现一方压倒另一方的情况，想要和平共处是非常困难的　（2）题帕诗　剪破了的香囊扇袋　剪坏了的通灵宝玉上的穗子　它们都是和宝玉情感加深的见证　（3）珠子宝石之类的东西丢失　去当铺可寻到　噫！来无迹，去无踪，青埂峰下倚古松。欲追寻，山万重，入我门来一笑逢　（4）我问问宝玉去　我为林姑娘病了

二、阅读进阶

2. 略

3.（1）

回目	宝黛爱情悲剧尾声	相关人物的心思
81	宝玉去上学了，没时间经常陪黛玉。	思念秦钟。
82	宝玉下学回来，仍是想着先去潇湘馆。 黛玉心知宝玉的情意，但却苦于无人可帮着落定婚姻，日有所思夜有所梦。梦中由贾雨村做媒，自己被逼迫嫁给继母的亲戚做续弦，虽百般恳求，但贾母等人拒绝救助。梦中，宝玉因为黛玉不相信自己，用刀子挖心给黛玉看。 噩梦醒来，黛玉病情加重，咳嗽中带出血来。	袭人思及晴雯与香菱的结局与景况，为未来的自己谋划，黛玉多心，不好相处，便到黛玉处探其口气。 薛姨妈的婆子来帮助宝钗给黛玉送蜜饯荔枝，感叹黛玉长得好，"天仙似的"，说"怨不得我们太太说这林姑娘和你们宝二爷是一对儿"。

续表

回目	宝黛爱情悲剧尾声	相关人物的心思
83	黛玉噩梦之夜，宝玉也为梦所魇。	贾母为黛玉之身体心烦。 周瑞家的来向凤姐回事，提到黛玉之病，说紫鹃要支用月钱。
84	无	贾母和贾政商量着要给宝玉定亲。薛姨妈来看望贾母，贾母称赞宝钗。 贾政新来的一个门客王尔调（王作梅，请注意其谐音），介绍张大老爷家的独生女。贾母不赞许这门亲事。凤姐提出，"宝玉""金锁"是天配的姻缘。
85	贾政升为工部郎中，阖府欢喜。众人到贾母处道喜。宝黛二人见面，互相问候，凤姐说二人"相敬如宾"，黛玉因此联想到自己与宝玉的婚姻，"满脸绯红"。宝玉想对黛玉说贾芸送信来的事情，却又戛然而止。 荣国府为黛玉过生日。生日宴上唱的戏是《冥升》，寓意黛玉未婚而亡。	贾母问是否跟薛姨妈提亲，王夫人回复，薛姨妈十分愿意，只是薛蟠不在家，需要跟薛蟠商量一下。贾母提醒，先不要提起此事，等一切商定后再说。袭人知道家里开始给宝玉提亲了。她又去潇湘馆探问黛玉口气，但又担心惹到黛玉，略坐之后，搭讪了几句就出来了。 贾芸进来求见宝玉，留下一封信，宝玉回来后，浏览信件，很是气愤。（读至第一一七回，可以了解这封信的内容是贾芸为宝玉做媒拉纤，也就可以理解为何宝玉要跟黛玉没头没脑地说起贾芸来了）
86	宝黛在潇湘馆共话琴谱和琴曲。黛玉以"知音"之说暗许于二人之情。看到王夫人送来的兰花有几枝双朵儿，联想到自己的婚姻问题，黛玉不禁感伤起来。	无
87	宝钗的信件和探春等人的探望，让黛玉更加思念家乡，更添孤凄之感。天凉捡拾衣物，看到了宝玉的旧物。黛玉抚琴以自遣。	宝玉、妙玉在惜春处见面，一起于潇湘馆外听黛玉琴声，妙玉叹黛玉忧思之深。

续表

回目	宝黛爱情悲剧尾声	相关人物的心思
88	无	无
89	十月中旬了，宝玉见雀金裘而思晴雯，之后来到潇湘馆，两人再谈到"知音"，彼此心里有很多话，却又无可深谈。 黛玉听到紫鹃和雪雁在门外关于宝玉定亲的私下聊天，无望之下，决意自伤自戕，最后命悬一线。	无
90	雪雁向侍书求证宝玉定亲一事，方知由小红嘴里传来的信息是假的。病床上的黛玉求生之意复萌。	众人皆为黛玉之病感到纳罕、惊奇。贾母猜到黛玉心思，定下了隐瞒宝玉亲事的处理原则，同时叮嘱凤姐要盯紧园子。
91	宝钗生病，很长时间没有过贾府来，黛玉劝宝玉去探望。二人之间有一番禅语交锋，以表心意。	贾政、王夫人、贾母、薛姨妈商量宝玉亲事的日程安排：冬天放定，明春过礼，过了老太太生日，就定下娶亲的具体日子。
92	无	十一月初一，贾母办消寒会，大家都来拜会，因为定亲的缘故，邢岫烟和宝钗未到场。宝玉不明所以。
93	无	无
94	黛玉病渐好。紫鹃明白，黛玉的病，都是因为宝玉。 十一月里，看海棠花开时，宝玉失玉。	紫鹃从鸳鸯那里得知傅试家的婆子常来，也为的是希望傅家的姑娘与宝玉结亲。紫鹃打定主意，以后更加尽心服侍黛玉。
95	黛玉因宝玉失玉而一悲一喜。喜的是玉丢了，金玉姻缘也无从说起了；悲的是如此一来，甚是不祥。 宝玉不再上学，不言不语，心智逐渐糊涂起来。黛玉想着宝玉姻缘应该在自己这儿，开始讲究男女大妨，不肯过来看望宝玉。	贾母在办完元妃丧事后，知道了宝玉的情况，将宝玉搬出大观园，搬到自己院落。

续表

回目	宝黛爱情悲剧尾声	相关人物的心思
96	宝玉仍在昏沉中。正月里,贾母、贾政等决定迎娶宝钗冲喜。黛玉在前来为贾母请安的路上无意中从傻大姐儿那儿得知宝玉迎娶宝钗的事情。黛玉失魂。	袭人非常高兴宝玉将要迎娶的是宝钗。她向王夫人禀明她所了解的宝黛之间的情感状态。贾母为宝玉的心事而为难,凤姐献上调包计。
97	黛玉吐血,奄奄一息。撑起病危之躯,烧掉题诗帕子。宝玉为终于可以娶林妹妹而一心高兴,新娘旁边的雪雁让他更加确认这一点。待掀开喜帕,发现是宝钗后,宝玉心神更加溃散糊涂。黛玉情况凶险,紫鹃打发人求助于寡居之人李纨。	贾母等人得知宝黛之间的心事实情,抓紧请来薛姨妈商定迎娶宝钗事宜。一连几日,黛玉处无人过问探望。紫鹃来回贾母,贾母鸳鸯等都不在,遇到墨雨,才得知这天夜里宝玉就迎娶宝钗。雪雁被叫走,以帮助大家欺瞒宝玉,顺利完婚。
98	黛玉气绝之际,身旁仅有紫鹃和奶妈。幸好探春和李纨帮忙,叫林之孝家的过来。回门礼之后,宝玉病情加重,念念不忘林妹妹,宝钗便以林妹妹已死的消息为猛药,下给宝玉。宝玉病势见好,执意前往潇湘馆,在贾母、王夫人、凤姐等陪同下,痛哭于黛玉灵前,向紫鹃了解黛玉临终之情形。	宝钗尽心救治宝玉,柔情相待。宝钗婚后第二天送走贾政。凤姐将黛玉死讯禀告贾母和王夫人。众人皆是悲痛。

(2)①不同意王太医的说法。

其实,在整本书阅读中,我们发现,自第三十六回(识分定情悟梨香院),特别是第四十五回(金兰契互剖金兰语)之后,黛玉"多疑多惧"便无从说起了。大观园里诗兴盎然,众人互有欣赏。但黛玉因心思缜密,敏感纤弱,动辄洒泪,众人皆知。正如贾母所言:"林丫头一来二去的大了,他这个身子也要紧。我看那孩子太是个心细。"

②同意王太医的说法。

黛玉对于宝玉的情感归属是有要求的，她希望自己能够与宝玉步入婚姻。看上去，黛玉不着急，每每紫鹃劝黛玉要早做筹谋时，黛玉就呵斥过去。其实，是因为黛玉也没有什么办法可以促成此事。在传统社会里，一个闺秀怎好自己去长辈那里求取姻缘；而宝玉虽然爱黛玉，但在此事上，他也不敢越雷池。于是，便只能等待。在这样的生活中，黛玉多疑多惧，只为这一份情感无处可归宿。如此一来，身体逐渐垮下去；身体不好，便更加不可能成为荣国府合适的宝二奶奶人选。最终，在无助无奈中死去。

（3）①我只和你一个人好。（我只选择你一个人。）　　②好不成，怎么办？（外部环境不允许，怎么办？）　　③不是好不成，是心不坚。（外部环境是外部环境，我是我，我属于我自己。）　　④我死了，你怎么办？（一切都消亡了，你待如何？）　　⑤那我也就万念俱寂，决心去做和尚了。

此番禅语，表现了宝玉在爱情上心志坚定，但全是不祥之语。他们谈完之后，老鸦还"呱呱"地叫了几声。故而，虽然回目里有"布疑阵"字眼，但实际上正是摆明了说二人的情感结局。

（4）如第九十六回"泄机关颦儿迷本性"，黛玉听闻傻大姐无意间透露宝玉迎娶宝钗的消息后，从在园中不知所往，到随着紫鹃到贾母处探望宝玉，再到强撑着走回潇湘馆，吐出一口血来，言行举止中，震惊、茫然、惶惑、绝望以及痴情、痛苦，还硬挺着一份尊严和体面，读来令人心旌摇摇。

三、探究提升

4.（1）"汉宫春晓"围屏——二十四扇，足够大；紫檀木制，原料精贵；中间是类玉的硝子石，上有精美雕刻。钟表——三尺多高的自鸣钟。母珠——母珠有桂圆般大小，子珠自动聚拢到母珠身边。鲛绡纱——薄而透、轻而软的上等好纱。

（2）其一，冯紫英拿着这样的洋货来兜售，是因为他认为贾府这样的人家需要置办贡品，一般人家生活中并不会用到。这与贾府的簪缨袭爵之家相呼应。

其二，自鸣钟，在小说中出现过两架。一架是冯紫英嘴上所描述的，他说此自鸣钟与围屏一起售价五千两。另外一架在刘姥姥第一次进贾府时，用她的眼睛打量过，那钟声曾吓唬过她，也是一个贵重的大物件。凤姐屋里的这架自鸣钟，现在已经典当出去了。

第七十二回，王熙凤与旺儿媳妇谈及放账、收账等事。凤姐说起自己掌家的不易，要估算府里的日常用度，解决府里的很多问题："前儿老太太生日，太太急了两个月，想不出法儿来，还是我提了一句，后楼上现有些没要紧的大铜锡家伙四五箱子，拿去弄了三百银子，才把太太遮羞礼儿搪过去了。我是你们知道的，那一个金自鸣钟卖了五百六十两银子。没有半个月，大事小事倒有十来件，白填在里头。"到这里，我们知道，贾府里称这个为自鸣钟。刘姥姥再来贾府，可就见不着了，王熙凤卖了五百六十两银子。买时贵，卖时贱啊。

其三，鲛绡纱，让我们联想到了第四十回里出现的"软烟罗"。软烟罗是"软厚轻密"，且有四样颜色，"雨过天晴""秋香色""松绿的""银红的"。鲛绡纱是"又轻又亮"。

其四，母珠，可看作是家族聚散之吸引力。贾赦一句话"我们家里也比不得从前了。这回儿也不过是个空门面"，倒真是少见的敞亮，直让人感觉不似贾赦的话。贾赦对家事的分析与前文多处有呼应，如第五十三回，贾珍评说荣国府的话。四件珍宝，共要价两万两，贾府的确已经无能为力。别说两万两，这会儿两千两，甚至两百两也成问题了。

其五，王熙凤提到的挽救家族颓势的办法，那不正是第十三回里写到的秦可卿临死前托梦凤姐的警醒之语吗？当时凤姐醒来，梦已大半忘却。这些重要的措施一概没有落实。锦绣之路，恍惚之间已到尽头。

其六，贾政评说贾府之人道："虽无刁钻刻薄，却没有德行才情。白白的衣租食税，那里当得起。"其铺垫处最早可一直到前溯第二回冷子兴演说荣国府时对贾府子弟的评说。其实，贾政还是太不了解自己的家族子弟了，如贾环、贾芹等，自是德行有亏，自己的兄长贾赦也有为非作歹之时。还记得贾赦与贾雨村一起讹骗石呆子的扇子吧。宁国府贾珍、贾蓉父子，则更是令人不齿。有意思的是，贾府子弟更多的阴险都用在了贾府内部，未曾见他们一致对外为贾府争取过什么，倒是想方设法为了从贾府获取更多的私利。

其七，对话中谈到贾雨村和甄家，特别是贾雨村，在这里基本明确了他散落在前八十回里的全部信息（评说贾雨村的话，很不类贾政口吻）。甄家是贾家的故交，可是甄家落难，贾家除了感叹，并未有唇亡齿寒之感，相反，从贾母到贾政，都是置身事外的态度。我们读到后面，会气愤于贾雨村对贾家的落井下石，但其实，贾府之于甄府，也情感缺失。可能，这是复杂朝政带来的敏感性与只求自保的必然结果吧。

其八，可笑贾赦主观臆断，妄自忖度，"咱们家是最没有事的。"冯紫英吹捧道："果然，尊府是不怕的。一则里头有贵妃照应，二则故旧好亲戚多，三则你家自老太太起至于少爷们，没有一个刁钻刻薄的。"很快贵妃死去，未留子嗣；故旧本身就已失势，或者明哲保身，亲戚更是迅速凋敝下去；而家中人口，也并不全是善类。所谓"人无远虑，必有近忧"。殊不知，甄家的现在正是贾府的未来。

5. 四大家族：贾、史、王、薛

在薛蟠人命官司一事的处理中，连带出家族背景"一损俱损"的社会关系。

薛蟠惹下了很多事端，经过多方打点，大多数最终化解消弭。家世的煊赫给了一个少年轻狂肆意的理由，他不了解这些外在的东西其实都是脆弱与易逝的。将他最终从这条快车道上拽下马的第一个人物，是他迎娶的夏金桂。薛蟠原以为世间众人拿他无可奈何，现在却是他拿夏金桂无可奈何。这个给薛蟠和薛家带来了无尽烦恼的媳妇，不仅让薛姨妈束手无策，也让薛蟠彻底失去了威风。

接着，连锁事件便出现了。因为想要避开令他头疼的家，薛蟠就借个由头南下置货而离家。在平安县遇到他喜欢的戏子蒋玉菡，请他吃饭。只因酒店里名叫张三的跑堂多看了蒋玉菡几眼，他便心中有气。第二天再到酒店，故意生事，掷出酒碗将张三打死。

这是薛蟠手里的第二条人命。因为惧怕受刑，他承认张三是斗殴致死。消息传回来，薛家开始营救薛蟠。按夏金桂的说法："平常你们只管夸他们家里打死了人一点事也没有，就进京来了的，如今撺掇的真打死人了。平日里只讲有钱有势有好亲戚，这时候我看着也是唬的慌手慌脚的了。"估计薛蟠也认为这次人命官司的结果和十五岁时候的应该没有什么两样，他顺着原来的生活轨道行事，却不曾意识到，生活轨道正在悄然偏离原来的方向，事件的发展远远超过了薛蟠的认知。

贾政托人知会平安知县，薛姨妈又打点了几千两银子，案件得以重审翻供，没有定薛蟠死罪。逢周贵妃薨，知县及上司需要在丧礼上应对差事，案件一直没有了结。

薛蟠打死人的消息是在林黛玉生日那天送来的，黛玉生日是二月十二日。春天过去了，秋冬过去了，薛蟠一直被收押在太平县。这期间，贾政的长女、入宫被封为贵妃的贾元春于十二月十九日薨。又是一年来到。正月十五前后，本来升任内阁大学士的王子腾死在赴京的路上。贾政在外放的任上看到了刑部奏本，薛蟠的案件审理过程受到质疑，遭到驳审，太平知县被革职。"又托人花了好些钱，总不中用，依旧定了个死罪，监着守候秋天大审。"薛家皇商名字被清退，家底几乎被掏空，薛蟠的酒肉朋友、薛家的伙计们都随之四散。

再往后读，王子腾死后又因为海疆之事办理不善被参劾，子侄受到牵连；贾政降调回京；贾赦因为"交通外官"被查抄家产，罪状颇多。根系相连的几大家族相继衰亡破败。

（摘自《细读红楼梦：末世里的深情与荒唐》[①]）

四、真题重现

略

[①] 《细读〈红楼梦〉：末世里的深情与荒唐》，于鸿雁、白楠茁著，教育科学出版社，页 18~19。略有修改。

十九　第九十九至一一四回

第九十九至一一四回内容速看

此十六回内容：贾政外放，于吏治事务上颇显迂腐无能，只能受下属摆布。探春定亲远嫁。凤姐在大观园中受到惊吓，尤氏也在大观园里中邪犯病。大观园变成阴森之地。贾政被弹劾。夏金桂害人反害己。倪二因求助不成，怀恨牵出贾府逼张华退婚娶尤二姐之事。就在贾政回家的接风宴上，锦衣军奉旨查抄贾府。虽然帝王对贾政网开一面，复其世袭爵位，但贾府危急时刻，无人可支撑维系。贾雨村迅速与贾府划清界限。万事萧索之际，宝钗过了生日。宝玉渴望梦中与黛玉相会。贾母逝世，鸳鸯自尽殉主，迎春被丈夫逼死，妙玉被强盗掳走，凤姐含恨而亡。江南甄家蒙恩起复。

宝玉在大观园生活了多长时间

一、基础了解

1.（1）贾政外放，任上收到一封信，里面的内容是_____
_____。这件事传回贾府，大家既觉得必然如此，但又伤心，是因为_____。

（2）王熙凤进大观园，遇到了_____（人名）的灵魂，问了她一句："婶娘只管享荣华受富贵的心盛，把我那年说的立万年永远之基都付于东洋大海了"，这与第十三回_____（人名）临死前向王熙凤托梦的情节相呼应。

（3）王熙凤因在大观园内见鬼一事，对鬼神之事上了心，于是便去散花寺抽签，抽到了一支上上签，上面写着"_____"。众人都觉得好，只有宝钗感觉是别有解说。到了后来，我们才明白，其正解是_____。

（4）贾府被查抄的罪责主要是宁府_____，荣府_____。朝廷对贾家的处罚是_____
_____。

（5）查抄贾府事件中，先后有_____和_____宣读过旨意，他们都尽力维护安抚贾府。具体执行人_____，隶属锦衣卫，手段狠辣。他回禀王爷时，还提到"王爷虽是恩典，但东边的事，这位王爷办事认真，想是早已封门。"由此推测，查封宁国府的可能是_____。

（6）贾太君去世后，鸳鸯拉住王熙凤和她说了一番话，那番话的核心意思是_____
_____
_____。

（7）第九十九至一一四回中，金陵十二钗中的女子大部分都有了结局，请你将下面的表格补充完整。

人物	结局	判词
		才自精明志自高，生于末世运偏消。 清明涕送江边望，千里东风一梦遥。
史湘云		
		欲洁何曾洁，云空未必空。 可怜金玉质，终陷淖泥中。
贾迎春		
王熙凤		
	被母亲王熙凤托付给了刘姥姥	

二、阅读进阶

2. 阅读文段，回答问题。

(一)

　　正在思算，只见一个小丫头过来说："鸳鸯姐姐请奶奶。"凤姐只得过去。只见鸳鸯哭得泪人一般，一把拉着凤姐儿说道："二奶奶请坐，我给二奶奶磕个头。虽说服中不行礼，这个头是要磕的。"鸳鸯说着跪下。慌的凤姐赶忙拉住，说道："这是什么礼，有话好好的说。"鸳鸯跪着，凤姐便拉起来。鸳鸯说道："老太太的事一应内外都是二爷和二奶奶办，这种银子是老太太留下的。老太太这一辈子也没有糟踏过什么银钱，如今临了这件大事，必得求二奶奶体体面面的办一办才好。我方才听见老爷说什么诗云子曰，我不懂；又说什么'丧与其易，宁戚'，我听了不明白。我问宝二奶奶，说是老爷的意思老太太的丧事只要悲切才是真孝，不必糜费图好看的念头。我想老太太这样一个人，怎么不该体面些！我虽是奴才丫头，敢说什么，只是老太太疼二奶奶和我这一场，临死了还不叫他风光风光！我想二奶奶是能办大事的，故此我请二奶奶来求作个主。我生是跟老太太的人，老太太死了我也是跟老太太的，若是瞧不见老太太的事怎么办，将来怎么见老太太呢！"凤姐听了这话来的古怪，便说："你放心，要体面是不难的。况且老爷虽说要省，那势派也错不得。便拿这项银子都花在老太太身上，也是该当的。"鸳鸯道："老太太的遗言说，所有剩下的东西是给我们的，二奶奶倘或用着不够，只管拿这个去折变补上。就是老爷说什么，我也不好违老太太的遗言。那日老太太分派的时候不是老爷在这里听见的么。"凤姐道："你素来最明白的，怎么这会子那样的着急起来了。"鸳鸯道："不是我着急，为的是大太太是不管事的，老爷是怕招摇的，若是二奶奶心里也是老爷的想头，说抄过家的人家丧事还是这么好，将来又要抄起来，也就不顾起老太太来，怎么处！在我呢是个丫头，好歹碍不着，到底是这里的声名。"凤姐道："我知道了，你只管放心，有我呢！"鸳鸯千恩万谢的托了凤姐。

（第一一〇回，页1477）

（二）

鸳鸯见凤姐这样慌张，又不好叫他回来，心想："他头里作事何等爽利周到，如今怎么掣肘的这个样儿。我看这两三天连一点头脑都没有，不是老太太白疼了他了吗！"那里知邢夫人一听贾政的话，正合着将来家计艰难的心，巴不得留一点子作个收局。况且老太太的事原是长房作主，贾赦虽不在家，贾政又是拘泥的人，有件事便说请大奶奶的主意。邢夫人素知凤姐手脚大，贾琏的闹鬼，所以死拿住不放松。鸳鸯只道已将这项银两交了出去了，故见凤姐掣肘如此，便疑为不肯用心，便在贾母灵前唠唠叨叨哭个不了。邢夫人等听了话中有话，不想到自己不令凤姐便宜行事，反说凤丫头果然有些不用心。王夫人到了晚上叫了凤姐过来说："咱们家虽说不济，外头的体面是要的。这两三日人来人往，我瞧着那些人都照应不到，想是你没有吩咐。还得你替我们操点心儿才好。"凤姐听了，呆了一会，要将银两不凑手的话说出，但是银钱是外头管的，王夫人说的是照应不到，凤姐也不敢辨，只好不言语。邢夫人在旁说道："论理该是我们做媳妇的操心，本不是孙子媳妇的事。但是我们动不得身，所以托你的，你是打不得撒手的。"凤姐紫涨了脸，正要回说，只听外头鼓乐一奏，是烧黄昏纸的时候了，大家举起哀来，又不得说。凤姐原想回来再说，王夫人催他出去料理，说道："这里有我们的，你快快儿的去料理明儿的事罢。"

凤姐不敢再言，只得含悲忍泣的出来，又叫人传齐了众人，又吩咐了一会，说："大娘婶子们可怜我罢！我上头捱了好些说，为的是你们不齐截，叫人笑话。明儿你们豁出些辛苦来罢。"那些人回道："奶奶办事不是今儿个一遭儿了，我们敢违拗吗？只是这回的事上头过于累赘。只说打发这顿饭罢，有的在这里吃，有的要在家里吃，请了那位太太，又是那位奶奶不来。诸如此类，那得齐全。还求奶奶劝劝那些姑娘们不要挑饬就好了。"凤姐道："头一层是老太太的丫头们是难缠的，太太们的也难说话，叫我说谁去呢。"众人道："从前奶奶在东府里还是署事，要打要骂，怎么这样锋利，谁敢不依。如今这些姑娘们都压不住了？"凤姐叹道："东府里的事虽说托办的，太太虽在那里，不好意思说什么。如今是自己的事情，又是公中的，人人说得话。再者外头的银钱也叫不灵，即如棚里要一件东西，传了出来总不见拿进来。这叫我什么法儿呢。"众人道："二爷在外头倒怕不应什么？"凤姐道："还提那个，他也是那里为难。第一件银钱不在他手里，要一件得回一件，那里凑手。"众人道："老太太这项银子不在二爷手里吗？"凤姐道："你们回来问管事的便知道了。"众人道："怨不得我们听见外头男人抱怨说：'这么件大事，咱们一点摸不着，净当苦差！'叫人怎么能齐心呢？"凤姐道："如今不用说了，眼面前的事大家留些神罢。倘或闹的上头有了什么说的，我和你们不依的。"众人道："奶奶要怎么样他们敢抱怨吗，只是上头一人一个主意，我们实在难周到的。"凤姐听了没法，只得央说道："好大娘们！明儿且帮我一天，等我把姑娘们闹明白了再说罢咧。"众人听命而去。

（第一一〇回，页1479）

（三）

至次日，卯正二刻便过来了。那宁国府中婆娘媳妇闻得到齐，只见凤姐正与来升媳妇分派，众人不敢擅入，只在窗外听觑。只听凤姐与来升媳妇道："既托了我，我就说不得要讨你们嫌了。我可比不得你们奶奶好性儿，由着你们去。再不要说你们'这府里原是这样'的话，如今可要依着我行，错我半点儿，管不得谁是有脸的，谁是没脸的，一例现清白处治。"说着，便吩咐彩明念花名册，按名一个一个的唤进来看视。

一时看完，便又吩咐道："这二十个分作两班，一班十个，每日在里头单管人客来往倒茶，别的事不用他们管。这二十个也分作两班，每日单管本家亲戚茶饭，别的事也不用他们管。这四十个人也分作两班，单在灵前上香添油，挂幔守灵，供饭供茶，随起举哀，别的事也不与他们相干。这四个人单在内茶房收管杯碟茶器，若少一件，便叫他四个描赔。这四个人单管酒饭器皿，少一件，也是他四个描赔。这八个单管监收祭礼。这八个单管各处灯油、蜡烛、纸札，我总支了来，交与你八个，然后按我的定数再往各处去分派。这三十个每日轮流各处上夜，照管门户，监察火烛，打扫地方。这下剩的按着房屋分开，某人守某处，某处所有桌椅古董起，至于痰盒掸帚，一草一苗，或丢或坏，就和守这处的人算账描赔。来升家的每日揽总查看，或有偷懒的，赌钱吃酒的，打架拌嘴的，立刻来回我。你有徇情，经我查出，三四辈子的老脸就顾不成了。如今都有定规，以后那一行乱了，只和那一行说话。素日跟我的人，随身自有钟表，不论大小事，我是皆有一定的时辰。横竖你们上房里也有时辰钟。卯正二刻我来点卯，巳正吃早饭，凡有领牌回事的，只在午初刻。戌初烧过黄昏纸，我亲到各处查一遍，回来上夜的交明钥匙。第二日仍是卯正二刻过来。说不得咱们大家辛苦这几日罢，事完了，你们家大爷自然赏你们。"

说罢，又吩咐按数发与茶叶、油烛、鸡毛掸子、笤帚等物。一面又搬取家伙：桌围、椅搭、坐褥、毡席、痰盒、脚踏之类。一面交发，一面提笔登记，某人管某处，某人领某物，开得十分清楚。众人领了去，也都有了投奔，不似先时只拣便宜的做，剩下的苦差没个招揽。各房中也不能趁乱失迷东西。便是人来客往，也都安静了，不比先前一个正摆茶，又去端饭，正陪举哀，又顾接客。如这些无头绪、荒乱、推托、偷闲、窃取等弊，次日一概都蠲了。

（第十四回，页 182~183）

(1) 文段（一）中，鸳鸯说的"丧与其易，宁戚"这句话出自_____（书名），原话是_____。

(2) 文段（一）中，鸳鸯说："我想老太太这样一个人，怎么不该体面些！"请你结合全书中的相关内容，谈一谈你对贾母的印象。

_____

_____

_____

(3) 贾母去世时，贾府刚刚被抄家，贾政怕外人说闲话，所以想丧事从简，只要心中有悲戚即可，银钱另有谋划。邢夫人也是别有心思。可是鸳鸯却认为贾母的葬礼不能太过于简陋，还是要隆重体面一些。你更认可谁？你怎么看这个问题？

_____

（4）阅读文段（二）和文段（三），同是操办葬礼，协理宁国府时的王熙凤何等利落威严，可是到了此时却处处受到掣肘，感到事事难办，为什么会有这样的变化？

3. 阅读文段，回答问题。

　　只见平儿同刘姥姥带了一个小女孩儿进来，说："我们姑奶奶在那里？"平儿引到炕边，刘姥姥便说："请姑奶奶安。"凤姐睁眼一看，不觉一阵伤心，说："姥姥你好？怎么这时候才来？你瞧你外孙女儿也长的这么大了。"刘姥姥看着凤姐骨瘦如柴，神情恍惚，心里也就悲惨起来，说："我的奶奶，怎么这几个月不见，就病到这个分儿。我糊涂的要死，怎么不早来请姑奶奶的安！"便叫青儿给姑奶奶请安。青儿只是笑，凤姐看了倒也十分喜欢，便叫小红招呼着。刘姥姥道："我们屯乡里的人不会病的，若一病了就要求神许愿，从不知道吃药的。我想姑奶奶的病不要撞着什么了罢？"平儿听着那话不在理，便在背地里扯他。刘姥姥会意，便不言语。那里知道这句话倒合了凤姐的意，扎挣着说："姥姥你是有年纪的人，说的不错。你见过的赵姨娘也死了，你知道么？"刘姥姥诧异道："阿弥陀佛！好端端一个人怎么就死了？我记得他也有一个小哥儿，这便怎么样呢？"平儿道："这怕什么，他还有老爷太太呢。"刘姥姥道："姑娘，你那里知道，不好死了是亲生的，隔了肚皮子是不中用的。"这句话又招起凤姐的愁肠，呜呜咽咽的哭起来了。众人都来劝解。

巧姐儿听见他母亲悲哭，便走到炕前用手拉着凤姐的手，也哭起来。凤姐一面哭着道："你见过了姥姥了没有？"巧姐儿道："没有。"凤姐道："你的名字还是他起的呢，就和干娘一样，你给他请个安。"巧姐儿便走到跟前，刘姥姥忙着拉着道："阿弥陀佛，不要折杀我了！巧姑娘，我一年多不来，你还认得我么？"巧姐儿道："怎么不认得。那年在园里见的时候我还小，前年你来，我还合你要隔年的蝈蝈儿，你也没有给我，必是忘了。"刘姥姥道："好姑娘，我是老糊涂了。若说蝈蝈儿，我们屯里多得很，只是不到我们那里去，若去了，要一车也容易。"凤姐道："不然你带了他去罢。"刘姥姥笑道："姑娘这样千金贵体，绫罗裹大了的，吃的是好东西，到了我们那里，我拿什么哄他顽，拿什么给他吃呢？这倒不是坑杀我了么。"说着，自己还笑，他说："那么着，我给姑娘做个媒罢。我们那里虽说是屯乡里，也有大财主人家，几千顷地，几百牲口，银子钱亦不少，只是不像这里有金的，有玉的。姑奶奶是瞧不起这种人家，我们庄家人瞧着这样大财主，也算是天上的人了。"凤姐道："你说去，我愿意就给。"刘姥姥道："这是顽话儿罢咧。放着姑奶奶这样，大官大府的人家只怕还不肯给，那里肯给庄家人。就是姑奶奶肯了，上头太太们也不给。"巧姐因他这话不好听，便走了去和青儿说话。两个女孩儿倒说得上，渐渐的就熟起来了。

（第一一三回，页1514~1515）

（1）刘姥姥可以说是曹雪芹在人物塑造方面的一个典范。一个乡野妇人，看似与高高在上的荣国府没有任何交集，但通读整部《红楼梦》，我们却发现，刘姥姥恰恰是贾府兴衰的一个见证者。请你结合整部《红楼梦》，梳理刘姥姥与贾府之间的故事，完成下面的表格。

次数	目的	相关主要人物	刘姥姥眼中的荣国府
一进荣国府	寻求贾府帮助，讨要生活费。	王熙凤、周瑞家的	
二进荣国府			
三进荣国府			
四进荣国府			
五进荣国府			

（2）阅读第一一三回王熙凤与刘姥姥的对话，内心不免感慨唏嘘。请结合全书故事，谈谈自己的体会和感受。

_____

_____

_____

三、探究提升

4. 阅读文段，回答问题。

　　再说凤姐停了十馀天，送了殡。贾政守着老太太的孝，总在外书房。那时清客相公渐渐的都辞去了，只有个程日兴还在那里，时常陪着说说话儿。提起"家运不好，一连人口死了好些，大老爷和珍大爷又在外头，家计一天难似一天。外头东庄地亩也不知道怎么样，总不得了呀！"程日兴道："我在这里好些年，也知道府上的人那一个不是肥己的。一年一年都往他家里拿，那自然府上是一年不够一年了。又添了大老爷珍大爷那边两处的费用，外头又有些债务，前儿又破了好些财，要想衙门里缉贼追赃是难事。老世翁若要安顿家事,除非传那些管事的来,派一个心腹的人各处去清查清查,该去的去,该留的留,有了亏空着在经手的身上赔补,这就有了数儿了。那一座大的园子人家是不敢买的。这里头的出息也不少,又不派人管了。那年老世翁不在家,这些人就弄神弄鬼儿的,闹的一个人不敢到园里。这都是家人的弊。此时把下人查一查,好的使着,不好的便撵了,这才是道理。"贾政点头道:"先生你所不知,不必说下人,便是自己的侄儿也靠不住。若要我查起来,那能一一亲见亲知。况我又在服中,不能照管这些了。我素来又兼不大理家,有的没的,我还摸不着呢。"程日兴道:"老世翁最是仁德的人,若在别家的,这样的家计,就穷起来,十年五载还不怕,便向这些管家的要也就够了。我听见世翁的家人还有做知县的呢。"贾政道:"一个人若要使起家人们的钱来,便了不得了,只好自己俭省些。但是册子上的产业,若是实有还好,生怕有名无实了。"程日兴道:"老世翁所见极是。晚生为什么说要查查呢!"贾政道:"先生必有所闻。"程日兴道:"我虽知道些那些管事的神通,晚生也不敢言语的。"贾政听了,便知话里有因,便叹道:"我自祖父以来都是仁厚的,从没有刻薄过下人。我看如今这些人一日不似一日了。在我手里行出主子样儿来,又叫人笑话。"

(第一一四回,页1524)

(1)《红楼梦》塑造的人物形象众多,他们身份各异,性情也各异。贾府中的清客同样是我们在阅读中不可忽视的一个特殊群体。所谓"清客"是明清时对一个特殊人群的称呼,这些人各有自己的专长和本事,除了能用自己的一技之长陪着豪门权贵清闲凑趣外,也是主人处理相关事务的好帮手。此文段中的程日兴就是这样一位贾府的清客。从前文得知,程日兴是_____(职业),他特别擅长_____。在修建营造大观园时,他就出过不少力。除了程日兴,你能再列举出三个贾府中的清客吗？

（2）以上文段主要是程日兴为贾政分析贾府面临的情况和日后的管理方式，从程日兴所说的内容上来看，你认为他分析得是否有道理，为什么？

5.《红楼梦》后四十回续书中，有很多与前文照应之处，彼此遥相呼应，正应了因果之说。请你在第九十九至一一四回中找到一处这样的情节，写明这一情节与之前哪一回中的哪一处情节相呼应，并谈谈自己的感受。

四、真题重现

2018·江苏高考·简答题

《红楼梦》"散余资贾母明大义，复世职政老沐天恩"一回中，贾母得知府中库藏已空、入不敷出的实情后，将自己多年的积蓄拿出来，以渡难关。请结合这一情节，分析贾母的形象特点。

本节参考答案

一、基础了解

1.（1）调到海疆的周老爷向贾政提亲，想结儿女亲家 探春要远嫁到海疆，恐怕以后见上一面都很困难 （2）秦可卿 秦可卿 （3）王熙凤衣锦还乡 预示着王熙凤要魂归故里 （4）贾珍引诱世家子弟聚赌，强占良民妻女不遂凌逼致死 贾赦交通外官，包揽词讼，虐害百姓 抄家宁府，贾珍革去世职，派往海疆效力赎罪。荣府贾赦发往台站效力赎罪；贾琏革去职衔。 （5）西平郡王 北静王爷 赵全 忠顺王爷 （6）虽然现在贾府状况艰难，但是希望凤姐儿能够多花些心思，不要吝惜银子，风风光光地送贾母走。

（7）

人物	结局	判词
贾探春	远嫁海疆	才自精明志自高，生于末世运偏消。清明涕送江边望，千里东风一梦遥。
史湘云	嫁人后时间不长便守寡	富贵又何为，襁褓之间父母违；展眼吊斜晖，湘江水逝楚云飞。
妙玉	被一伙强盗劫走，遭受羞辱玷污	欲洁何曾洁，云空未必空。可怜金玉质，终陷淖泥中。
贾迎春	被丈夫凌辱致死	子系中山狼，得志便猖狂。金闺花柳质，一载赴黄粱。
王熙凤	含恨去世	凡鸟偏从末世来，都知爱慕此生才。一从二令三人木，哭向金陵事更哀。
巧姐	被母亲王熙凤托付给了刘姥姥	势败休云贵，家亡莫论亲。偶因济刘氏，巧得遇恩人。

二、阅读进阶

2.（1）《论语》 林放问礼之本，子曰："大哉问！礼，与其奢也，宁俭；丧，与其易也，宁戚。"

（2）贾母是贾府中的长辈，也是整个家族内眷的最高管理层。她地位高，赢得子孙晚辈的尊敬。

首先，作为贾府的长者，贾母虽然重在颐养天年，但她并不糊涂。她一方面极其宠爱晚辈，将孙子孙女一概都收到自己身边养着，尤其对宝玉更是宠爱有加，这也使得贾宝玉能够在贾府任意发展自己的天性，甚至有些任性。贾母对自己远道而来的外孙女儿林黛玉，以及自己儿媳妇的外甥女薛宝钗，还有侄孙女儿史湘云，甚至是薛宝钗的堂妹薛宝琴都甚为关爱。在老太太这里，所有聪慧、善良、漂亮、可爱的孩子她都喜欢。

其次，贾母为人亲切友善。第二十九回，贾府初一去清虚观打醮，一个十二三岁的小道士不小心撞到了凤姐儿的怀里，王熙凤扇了他一嘴巴还要打。贾母看到了，便有了以下这一段："快带了那孩子来，别唬着他。小门小户的孩子，都是娇生惯养的，那里见的这个势派。倘或唬着他，倒怪可怜见的，他老子娘岂不疼得慌？"你看，凤姐儿明显就是一个大门户中作威作福的人，而贾母却能够体谅他人的情感，知道怜惜更弱小的人，更有素质、更有修养。再比如刘姥姥进大观园的时候，贾母就和刘姥姥聊得非常开心，并没有贵族上流人家的架子。刘姥姥临走时，她还送了很多好东西。

更难得的是，贾母为人不死板、不刻薄，大原则上的问题不能触碰，但是小处却很是灵活机变。面对甄家来的婆子拉着宝玉的手看个不停，宝玉也并没有不礼貌的言行，贾母就很明白地说了一段话："我们这会子也打发人去见了你们宝玉，若拉他的手，他也自然勉强忍耐一时。可知你我这样人家的孩子们，凭他们有什么刁钻古怪的毛病儿，见了外人，必是要还出正经礼数来的。若他不还正经礼数，也断不容他刁钻去了。就是大人溺爱的，是他一则生的得人意，二则见人礼数竟比大人行出来的不错，使人见了可爱可怜，背地里所以才纵他一点子。若一味他只管没里没外，不与大人争光，凭他生的怎样，也是该打死的。"可见，贾母对晚辈儿的疼爱也是有分寸的，并不是一味的溺爱。这也说明了为什么她不爱贾环，不爱贾赦，因为他们自身做人就有问题。

在贾府被查抄后，贾母焚香祝告天地，一人承担罪孽，只求饶恕子孙，令人动容。临走前，贾母将自己的体己积蓄全都拿了出来分给子孙，极为妥当。她是见过大世面的人，也是享过大福的人，然而遇到事儿却并不怵懦，也不一味地哀怨，而是保持了基本的理智，这一点真的是叫人很敬佩。

最后，贾母还是一个很有学养，很有审美品位和艺术鉴赏能力的人，既对音乐有自己独到的审美态度，比如元宵节贾母点戏，只让用箫和笙笛；又有对文学艺术的鉴赏能力，比如贾母评价才子佳人小说一段，真的是极有见地；同时评价林黛玉的纱窗以及为薛宝钗布置居室等，都凸显了贾母的审美品位。

所以，这样的贾母自然会得到鸳鸯的敬意，竭力盼着其葬礼隆重些，甚至在考虑贾母去世后的情势后毫不留恋地随贾母而去。

（3）贾政有贾政的考虑，毕竟是刚刚抄过家，一是实力确实不如之前雄厚，还是要为将来打算，二是怕太隆重了又额外生事。鸳鸯则是从情感的角度出发来考虑，她跟随了贾母一辈子，从小就在贾母身边，贾母对待她又极好，所以，从情感的角度讲，一个荣华了一辈子的老人，走的时候却是如此寒碜低调，实在让她心里过不去。

（4）王熙凤料理秦可卿的后事，那是何等气派、何等威严、何等八面玲珑，可现如今却在贾母的葬礼上丢尽了颜面。一是自身身体精气神跟不上；二是贾家已经败掉，再也没有随意挥霍的银两任人支配；三是上下也不一条心，人心散了，又怎能办好事儿呢。可见凤姐儿是巧妇难为无米之炊了。

3.（1）

次数	目的	相关主要人物	刘姥姥眼中的荣国府
一进荣国府	寻求贾府帮助，讨要生活费。	王熙凤、周瑞家的	一派威严，豪华贵气
二进荣国府	报恩，将自家种的瓜果蔬菜送与贾府。	王熙凤、鸳鸯、贾母、宝玉及众姊妹	奢侈富贵，体恤亲善
三进荣国府	听说贾府出事，老太太过世，入府探望。	王熙凤、巧姐、平儿	大厦倾颓，凤姐求助于刘姥姥
四进荣国府	救巧姐跳出火坑。	王夫人、平儿、巧姐	已然败落，昔日风光早已不再
五进荣国府	贾府复官，家产领回。	王夫人、贾琏、平儿、巧姐	送巧姐回府，为巧姐做媒

（又及：一百二十回情节里，其实刘姥姥共进贾府六次。还有一次在第一一三回，巧姐儿与刘姥姥对话时，由巧姐儿之口，提到"前年你来，我还合你要隔年的蝈蝈儿"的事儿，但此次进府对情节发展没有什么推动作用，故而略去。）

（2）想当初，凤姐第一次见刘姥姥时，盛气凌人，连正眼都不带瞧，根本不把这个八竿子打不着的穷亲戚放在眼里，可谁承想，最后救了凤姐亲女儿的就是这位有情有义的刘姥姥。凤姐经历了人生最辉煌最巅峰的时刻，那时的她八面玲珑，无所不能，无所不为，可是谁又能想到人生的急转弯来得如此突然，在遭遇了人生的低谷之后，凤姐儿才真正懂得患难见真情，见到刘姥姥，将身后重要事情托付给她，也算是她生命最后阶段里得到的安慰了。人情冷暖，世态炎凉，荣华富贵，不过都是过眼云烟，只有真情最可贵。

三、探究提升

4.（1）古董商人　画美人　贾府清客还有詹光、单聘仁、卜固修等

（2）程日兴分析的情况主要是：贾府中人心不齐，大家都为自己的利益着想，人人中饱私囊，不尽职尽责。所以，程日兴提出的建议是彻查贾府中的子弟和下人，有问题的查清楚、查明白，把亏空补上后走人，把那些得力的留下。这是治本之计。多年来贾府从祖辈传下来善待下人的规矩，使得很多人钻了空子，这就需要贾政抹得开脸面，敢于得罪人，特殊时期必要有特殊的手段才行，但是贾政毕竟人善心软，做不了这样的事，也没有这样的手段。

5. ①第一〇四回醉金刚倪二被抓进牢中，家人求贾芸找贾府帮忙，可是贾芸在贾府并没有什么地位，连贾府都进不去，倪二和家人都觉得是贾芸忘恩负义。因为当初倪二给过贾芸二十两银子帮他，所以，倪二便将他听来的关于贾府强抢民女，就是当年贾琏娶尤二姐一事告到了官府。这与第二十四回倪二仗义疏财，第六十四回贾琏在贾珍、贾蓉的怂恿和帮助下偷娶尤二姐，以及第六十八回王熙凤唆使尤二姐的前未婚夫张华状告贾琏国孝家孝之中背旨瞒亲、仗财依势强逼退亲、停妻再娶等情节勾连起来。

②第一一二回赵姨娘临死时中了邪魔，也成为她之前做了那些阴毒之事

的报应。

③第一一三回中,王熙凤病中恍惚间看见了一男一女像是要上炕,那一男一女应该就是第十五、十六回中净虚求凤姐儿拆散的那对鸳鸯——张金哥和守备的儿子,他们因此双双殉情,此时前来向王熙凤索命。

四、真题重现

略

二十　第一一五至一二〇回

第一一五至一二〇回内容速看

此六回内容：甄贾宝玉相会，却不再可能成为知己。和尚到贾府，说要一万两银子，便可归还宝玉。宝玉再游太虚幻境，幡然领悟。贾政送贾母等灵柩一路向南，向曾经的家仆借银子，深感人世炎凉。贾琏离家探视贾赦。贾府无人操持，权力出现真空。惜春矢志出家，紫鹃陪侍。巧姐被亲舅舅和堂叔们合伙卖给外藩王爷，幸得刘姥姥相救。宝玉、贾兰叔侄俩考中举人，宝玉趁此出家。宝钗怀了身孕。袭人嫁给蒋玉菡。贾雨村、甄士隐叙旧，牵出众儿女的前世今生之缘。最终通灵宝玉回归青埂峰下，所历之事记录在巨石上，经空空道人之手抄录，最终托付于悼红轩的曹雪芹。

假作真时真亦假

一、基础了解

1.（1）贾宝玉见过甄宝玉后，感觉甄宝玉可惜生了一副和他一样的相貌，然而骨子里却是一个_____（宝玉对甄宝玉的评价），因为在二人谈话过程中，甄宝玉一直在说_____。

（2）贾宝玉在拿回通灵宝玉之后，魂魄出窍，随着和尚再次来到了"太虚幻境"，他看到的牌楼上有四个大字"真如福地"，两边写着一副对联：_____。宝玉此次在太虚幻境见到的人物有（按顺序填写）_____。

（3）惜春要出家，_____（人名）主动提出要跟着四姑娘，因为_____。

（4）贾政送贾母灵柩一路向南，因遇事不能前行，耽误了行程，盘缠吃紧，于是便给_____（人名）写了一封信，差人向他借银五百两，结果_____（人名）却只给了五十两，还告了很多苦，贾政十分生气。此人是贾家的下人，仗着主家才有了官做，第四十五回中，他的奶奶赖嬷嬷还为此亲自登门，邀请贾府人去家中吃酒，也算是谢恩。他没有爽快地为贾政提供银钱，怕主家责怪，于是便给自己的父亲_____写了一封信，让他设法告假，赎出身来。

（5）王熙凤的女儿巧姐被她的亲舅舅_____（人名）伙同贾芸、贾环卖给了外藩，最终是_____（称呼）救了巧姐。

（6）袭人最终嫁给了_____（人名），他们也是有缘之人，因为先前_____。

二、阅读进阶

2. 阅读文段,回答问题。

　　不言袭人从此又是一番天地。且说那贾雨村犯了婪索的案件,审明定罪,今遇大赦,褫籍为民。雨村因叫家眷先行,自己带了一个小厮,一车行李,来到急流津觉迷渡口。只见一个道者从那渡头草棚里出来,执手相迎。雨村认得是甄士隐,也连忙打恭。士隐道:"贾老先生别来无恙?"雨村道:"<u>老仙长到底是甄老先生</u>!何前次相逢觌面不认?后知火焚草亭,下鄙深为惶恐。今日幸得相逢,益叹老仙翁道德高深。奈鄙人下愚不移,致有今日。"甄士隐道:"前者老大人高官显爵,贫道怎敢相认!原因故交,敢赠片言,不意老大人相弃之深。然而富贵穷通,亦非偶然,今日复得相逢,也是一桩奇事。这里离草庵不远,暂请膝谈,未知可否?"

　　雨村欣然领命。两人携手而行,小厮驱车随后,到了一座茅庵。士隐让进雨村坐下,小童献上茶来。雨村便请教仙长超尘的始末。士隐笑道:"一念之间,尘凡顿易。老先生从繁华境中来,岂不知温柔富贵乡中有一宝玉乎?"雨村道:"怎么不知。近闻纷纷传述,说他也遁入空门。下愚当时也曾与他往来过数次,再不想此人竟有如是之决绝。"士隐道:"非也。这一段奇缘,我先知之。昔年我与先生在仁清巷旧宅门口叙话之前,我已会过他一面。"雨村惊讶道:"京城离贵乡甚远,何以能见?"士隐道:"神交久矣。"雨村道:"既然如此,现今宝玉的下落,仙长定能知之。"士隐道:"宝玉,即宝玉也。那年荣宁查抄之前,钗黛分离之日,此玉早已离世。一为避祸,二为撮合,从此夙缘一了,形质归一。又复稍示神灵,高魁贵子,方显得此玉那天奇地灵煅炼之宝,非凡间可比。前经茫茫大士渺渺真人携带下凡,如今尘缘已满,仍是此二人携归本处,这便是宝玉的下落。"雨村听了,虽不能全然明白,却也十知四五,便点头叹道:"原来如此!下愚不知。但那宝玉既有如此的来历,又何以情迷至此,复又豁悟如此?还要请教。"士隐笑道:"此事说来,老先生未必尽解。太虚幻境即是真如福地。一番阅册,原始要终之道,历历生平,如何不悟?仙草归真,焉有通灵不复原之理呢!"雨村听着,却不明白了。知仙机也不便更问,因又说道:"宝玉之事既得闻命,但是敝族闺秀如此之多,何元妃以下算来结局俱属平常呢?"士隐叹息道:"老先生莫怪拙言,贵族之女俱属从情天孽海而来。大凡古今女子,那'淫'字固不可犯,只这'情'字也是沾染不得的。所以崔莺苏小,无非仙子尘心;宋玉相如,大是文人口孽。凡是情思缠绵的,那结果就不可问了。"雨村听到这里,不觉拈须长叹,因又问道:"请教老仙翁,那荣宁两府,尚可如前否?"士隐道:"福善祸淫,古今定理。现今荣宁两府,善者修缘,恶者悔祸,将来兰桂齐芳,家道复初,也是自然的道理。"雨村低了半日头,忽然笑道:"是了,是了。现在他府中有一个名兰的已中乡榜,恰好应着'兰'字。适间老仙翁说'兰桂齐芳',又道宝玉'高魁子贵',莫非他有遗腹之子,可以飞黄腾达的么?"士隐微微笑道:"此系后事,未便预说。"雨村还要再问,士隐不答,便命人设具盘飧,邀雨村共食。

食毕,雨村还要问自己的终身,士隐便道:"老先生草庵暂歇,我还有一段俗缘未了,正当今日完结。"雨村惊讶道:"仙长纯修若此,不知尚有何俗缘?"士隐道:"也不过是儿女私情罢了。"雨村听了益发惊异:"请问仙长,何出此言?"士隐道:"老先生有所不知,小女英莲幼遭尘劫,老先生初任之时曾经判断。今归薛姓,产难完劫,遗一子于薛家以承宗祧。此时正是尘缘脱尽之时,只好接引接引。"士隐说着拂袖而起。雨村心中恍恍惚惚,就在这急流津觉迷渡口草庵中睡着了。

　　这士隐自去度脱了香菱，送到太虚幻境，交那警幻仙子对册。刚过牌坊，见那一僧一道，缥缈而来。士隐接着说道："大士、真人，恭喜，贺喜！情缘完结，都交割清楚了么？"那僧道说："情缘尚未全结，倒是那蠢物已经回来了。还得把他送还原所，将他的后事叙明，不枉他下世一回。"士隐听了，便拱手而别。那僧道仍携了玉到青埂峰下，将宝玉安放在女娲炼石补天之处，各自云游而去。从此后，"天外书传天外事，两番人作一番人。"

（第一二〇回，页 1601~1603）

（1）贾雨村见到甄士隐后说"老仙长到底是甄老先生"，看来他之前是见过甄士隐的，请你简要叙述之前他二人见面的情况。

（2）文中甄士隐说"仙草归真，焉有通灵不复原之理呢！"贾雨村并不知道其中道理，读了《红楼梦》全本后，请说一说这句话指的是什么？

（3）甄士隐说贾府日后"兰桂齐芳"，"兰"指的是贾兰，那么"桂"指的是谁？

三、探究提升

3. 阅读文段，回答问题。

（一）

　　这一日空空道人又从青埂峰前经过，见那补天未用之石仍在那里，上面字迹依然如旧，又从头的细细看了一遍，见后面偈文后又历叙了多少收缘结果的话头，便点头叹道："我从前见石兄这段奇文，原说可以闻世传奇，所以曾经抄录，但未见返本还原。不知何时复有此一佳话，方知石兄下凡一次，磨出光明，修成圆觉，也可谓无复遗憾了。只怕年深日久，字迹模糊，反有舛错，不如我再抄录一番，寻个世上清闲无事的人，托他传遍，知道奇而不奇，俗而不俗，真而不真，假而不假。或者尘梦劳人，聊倩鸟呼归去；山灵好客，更从石化飞来，亦未可知。"想毕，便又抄了，仍袖至那繁华昌盛的地方，遍寻了一番，不是建功立业之人，即系谋口谋衣之辈，那有闲情更去和石头饶舌。直寻到急流津觉迷渡口，草庵中睡着一个人，因想他必是闲人，便要将这抄录的《石头记》给他看看。那知那人再叫不醒。空空道人复又使劲拉他，才慢慢的开眼坐起，便接来草草一看，仍旧掷下道："这事我已亲见尽知。你这抄录的尚无舛错。我只指与你一个人，托他传去，便可归结这一新鲜公案了。"空空道人忙问何人，那人道："你须待某年某月某日某时到一个悼红轩中，有个曹雪芹先生，只说贾雨村言托他如此如此。"说毕，仍旧睡下了。

　　那空空道人牢牢记着此言，又不知过了几世几劫，果然有个悼红轩，见那曹雪芹先生正在那里翻阅历来的古史。空空道人便将贾雨村言了，方把这《石头记》示看。那雪芹先生笑道："果然是'贾雨村言'了！"空空道人便问："先生何以认得此人，便肯替他传述？"曹雪芹先生笑道："说你空，原来你肚里果然空空。既是假语村言，但无鲁鱼亥豕以及背谬矛盾之处，乐得与二三同志，酒馀饭饱，雨夕灯窗之下，同消寂寞，又不必大人先生品题传世。似你这样寻根究底，便是刻舟求剑，胶柱鼓瑟了。"那空空道人听了，仰天大笑，掷下抄本，飘然而去。一面走着，口中说道："果然是敷衍荒唐！不但作者不知，抄者不知，并阅者也不知。不过游戏笔墨，陶情适性而已！"后人见了这本奇传，亦曾题过四句为作者缘起之言更转一竿头云：

说到辛酸处，荒唐愈可悲。由来同一梦，休笑世人痴！

（第一二〇回，页 1604~1605）

（二）

后来，又不知过了几世几劫，因有个空空道人访道求仙，忽从这大荒山无稽崖青埂峰下经过，忽见一大块石上字迹分明，编述历历。空空道人乃从头一看，原来就是无材补天，幻形入世，蒙茫茫大士、渺渺真人携入红尘，历尽离合悲欢炎凉世态的一段故事。后面又有一首偈云：

无材可去补苍天，枉入红尘若许年。

此系身前身后事，倩谁记去作奇传？

诗后便是此石坠落之乡，投胎之处，亲自经历的一段陈迹故事。其中家庭闺阁琐事，以及闲情诗词倒还全备，或可适趣解闷；然朝代年纪，地舆邦国却反失落无考。

空空道人遂向石头说道："石兄，你这一段故事，据你自己说有些趣味，故编写在此，意欲问世传奇。据我看来，第一件，无朝代年纪可考；第二件，并无大贤大忠理朝廷治风俗的善政，其中只不过几个异样女子，或情或痴，或小才微善，亦无班姑、蔡女之德能。我纵抄去，恐世人不爱看呢。"石头笑答道："我师何太痴耶！若云无朝代可考，今我师竟假借汉唐等年纪添缀，又有何难？但我想，历来野史，皆蹈一辙，莫如我这不借此套者，反倒新奇别致，不过只取其事体情理罢了，又何必拘拘于朝代年纪哉！再者，市井俗人喜看理治之书者甚少，爱适趣闲文者特多。历来野史，或讪谤君相，或贬人妻女，奸淫凶恶，不可胜数。更有一种风月笔墨，其淫秽污臭，涂毒笔墨，坏人子弟，又不可胜数。至若佳人才子等书，则又千部共出一套，且其中终不能不涉于淫滥，以致满纸潘安、子建、西子、文君，不过作者要写出自己的那两首情诗艳赋来，故假拟出男女二人名姓，又必旁出一小人其间拨乱，亦如剧中之小丑然。且鬟婢开口即者也之乎，非文即理。故逐一看去，悉皆自相矛盾、大不近情理之话，竟不如我半世亲睹亲闻的这几个女子，虽不敢说强似前代书中所有之人，但事迹原委，亦可以消愁破闷；也有几首歪诗熟话，可以喷饭供酒。至若离合悲欢，兴衰际遇，则又追踪蹑迹，不敢稍加穿凿，徒为供人之目而反失其真传者。今之人，贫者日为衣食所累，富者又怀不足之心，纵一时稍闲，又有贪淫恋色、好货寻愁之事，那里去有工夫看那理治之书？所以我这一段故事，也不愿世人称奇道妙；也不定要世人喜悦检读，只愿他们当那醉淫饱卧之时，或避事去愁之际，把此一玩，岂不省了些寿命筋力？就比那谋虚逐妄，却也省了口舌是非之害，腿脚奔忙之苦。再者，亦令世人换新眼目，不比那些胡牵乱扯忽离忽遇，满纸才人淑女、子建文君红娘小玉等通共熟套之旧稿。我师意为何如？"

　　空空道人听如此说，思忖半晌，将《石头记》再检阅一遍，因见上面虽有些指奸责佞贬恶诛邪之语，亦非伤时骂世之旨；及至君仁臣良父慈子孝，凡伦常所关之处，皆是称功颂德，眷眷无穷，实非别书之可比。虽其中大旨谈情，亦不过实录其事，又非假拟妄称，一味淫邀艳约、私订偷盟之可比。因毫不干涉时世，方从头至尾抄录回来，问世传奇。从此空空道人因空见色，由色生情，传情入色，自色悟空，遂易名为情僧，改《石头记》为《情僧录》。东鲁孔梅溪则题曰《风月宝鉴》。后因曹雪芹于悼红轩中披阅十载，增删五次，纂成目录，分出章回，则题曰《金陵十二钗》，并题一绝云：

　　满纸荒唐言，一把辛酸泪。

　　都云作者痴，谁解其中味！

（第一回，页4~7）

（1）文段（一）中那个在草庵里熟睡的闲人是谁？他在整部《红楼梦》的故事中起到了怎样的作用？

_____

_____

（2）续书谈此书创作成因与开篇第一回相比较，有何异同？

_____

_____

（3）第一二〇回显然是要和第一回开篇有一个呼应，所以空空道人才会再一次经过大荒山无稽崖青埂峰，见到大石头上面又多了几行字来收缘结果。在续书中，贾府最后的结局并不坏，也算是起死回生，重又有了兴盛的根苗。可是，前文第五回中，宝玉在太虚幻境听到的曲子却是另一种结局：

　　【收尾·飞鸟各投林】为官的，家业凋零；富贵的，金银散尽；有恩的，死里逃生；无情的，分明报应。欠命的，命已还；欠泪的，泪已尽。冤冤相报实非轻，分离聚合皆前定。欲知命短问前生，老来富贵也真侥幸。看破的，遁入空门；痴迷的，枉送了性命。好一似食尽鸟投林，落了片白茫茫大地真干净！

（第五回，页86）

　　请你谈一谈，你更喜欢哪一种结局？为什么？

_____

_____

_____

四、真题重现

2022·北京高考·简答题

《红楼梦》甲戌本第一回开头，作者自道书名说：（空空道人）因空见色，由色生情，传情入色，自色悟空，遂易名为情僧，改《石头记》为《情僧录》。至吴玉峰题曰《红楼梦》。东鲁孔梅溪则题曰《风月宝鉴》。后因曹雪芹于悼红轩中披阅十载，增删五次，纂成目录，分出章回，则题曰《金陵十二钗》，并题一绝云："满纸荒唐言，一把辛酸泪。都云作者痴，谁解其中味。"

（1）除了《红楼梦》，这里还提到了小说另外四个书名。请从中任选三个，解释这些书名和作品内容有何关联。

（2）小说第五回中，贾宝玉神游太虚幻境时听到的仙乐套曲就叫《红楼梦》。今天的通行本也多以《红楼梦》为书名。结合作品内容，谈谈《红楼梦》作为书名的合理性。

2020·天津高考·微写作

在某校读书交流活动中，有同学说"我就读不进《红楼梦》"，有同学说"我就不爱读《三国演义》"，还有同学说"《论语》读起来才没劲呢"。请针对此现象，任选上述三本书中的一本，结合小说情节或《论语》名句，谈谈如何"走进经典"。要求100字左右。

本节参考答案

一、基础了解

1.（1）禄蠹　经世济国，文章显达之事　（2）假去真来真胜假，无原有是有非无　鸳鸯、尤三姐、晴雯、林黛玉、王熙凤、秦可卿　（3）紫鹃　她原是贾母身边的人，后来派去服侍黛玉，两人之间产生了很深的感情，黛玉走后她感念黛玉对她的好，可是黛玉不是贾家的人，她又是贾府的下人，难以从死。所以，若能陪着惜春修行，也算是了了她的一桩心事，也算是自己的造化　（4）赖尚荣　赖尚荣　赖大　（5）王仁　刘姥姥　（6）蒋玉菡　宝玉将袭人的汗巾子换给了蒋玉菡

二、阅读进阶

2.（1）第一〇三回，升任京兆府尹的贾雨村在知机县急流津看到了一座破败的小庙，见到了一个道士，这个道士就是甄士隐。不过贾雨村之前并未认出来，后来甄士隐为了点破他，还说了一句当年贾雨村写过的诗："玉在椟中求善价，钗于奁内待时飞"，贾雨村也是聪明人，感觉眼前的道士就是当年的甄士隐，但是因为急着上任赶路所以并没有相认，后来甄士隐所在的庙起了火，贾雨村也并未返回去救人。　（2）"仙草"指的是林黛玉，林黛玉前世是三生石边上的一株仙草，受到神瑛侍者的浇灌修成了女身，为报答神瑛侍者的浇灌之恩就下凡投胎成了贾宝玉的林

妹妹。仙草归真，指林黛玉泪尽而逝。"通灵"指的是被弃落的补天巨石，经僧道幻化，成为贾宝玉降生时口中所衔之玉。经历人世一番历练后，又回归青埂峰。（3）"桂"应该指的是贾宝玉和薛宝钗的儿子。

三、探究提升

3.（1）那个闲人就是贾雨村。贾雨村第一回出场，与甄士隐搭起了整个故事的框架，一甄一贾串起了神话世界和现实世界。第二回，又是贾雨村遇到了冷子兴，聊天中自然地将贾家的人物关系牵引了出来。第三回，贾雨村送林黛玉进贾府，正好攀附上了贾府。第四回，贾雨村审薛蟠一案，又引出了四大家族。可以说，曹雪芹通过一个贾雨村，让我们逐渐走进荣宁二府，并牵连出庞大的社会关系网，很好地展现了社会环境。

（2）续书第一二〇回谈此书创作成因，与第一回一样，戏谑其为游戏之作，只为陶冶性情。续书更强调因果轮回，"收缘结果"。第一回作者在戏谑自嘲中，又显出无尽沉痛，强调此书之真，此书之非落俗套，此书之创作不易，此书之渴求知音。

（3）从第五回的曲词来看，曹雪芹设定的故事结局是"来归来处，去归去处"，"飞鸟各投林"，"白茫茫大地真干净"最终，贾府彻底衰败消散。在前八十回中，曹雪芹也在相关回目的细节中提示了这一结局，如清虚观在神前拈戏，第一出是《白蛇记》，第二出是《满床笏》，第三出是《南柯梦》，从三出戏的内容就可以看出贾府的富贵繁华终归是一梦。其中既有曹雪芹本人深刻的生命经历，也是他要在《红楼梦》中表达的生命哲思。续书最终"沐皇恩贾家延世泽"。宁国府贾珍仍袭世职；荣国府贾赦免罪，贾政袭世职，丁忧期满仍升工部郎中，家产全部赏还，出家的宝玉被赏了一个"文妙真人"的道号；贾氏"兰桂齐芳"，家道复起。历来续书与原本之间牵扯出的文墨分析之作甚多，是"红学"重要的研究内容。读完整书，可寻来相关的研究文章读一读，以加深对《红楼梦》的理解。

四、真题重现

略